东方之梦松花湖

王大祥 著

吉林文史出版社

避暑休闲胜地——松花湖

国家AAAA风景区
国家级风景名胜区

有人说：

　　长白山有很多秘密，
但它却并不神秘。
　　松花湖似乎没有秘密，
但却绝对神秘！

目 录

前言：松湖序语　　　　　　001

印象松花湖

1. 青山绿水松花湖　　　　002
2. 人间仙境松花湖　　　　008
3. 如史如梦松花湖　　　　016
4. 康熙皇帝题诗松花江　　027
5. 乾隆皇帝题咏松花江　　029
6. 江泽民总书记题松花湖　030
7. 朱德、董必武唱和松花湖　031
8. 西哈努克旅居松花湖　　032
9. 彭丽媛高歌松花湖　　　033
10. 潜龙在渊·松花湖　　　034

山水梦境

1. 丰满电站
　　——中国水电之母　　043

坝下风光　　　　　　　　043
丰满电站　　　　　　　　044
日寇殖民之梦　　　　　　045
国民党祸国殃民的毒梦　　047
吉林人民的光明之梦　　　049

2. 松花湖　　　　　　　　050
　　——中国最早最大的人工湖
水域辽阔　　　　　　　　052
崖奇峰险　　　　　　　　052
林秀草芳　　　　　　　　053
鱼类丰富　　　　　　　　053
松花湖赋　　　　　　　　053

3. 佛手向天　湖畔禅林　056
　　——青山景区之佛手山
佛手砬子　　　　　　　　056
佛手山　　　　　　　　　057
无字佛碑　　　　　　　　058

老龟听经 059

石猴讲经 060

飞来石 061

天齐寺 062

4. 吉祥山水 养生福地 063

　　——松光景区

蝙蝠山 065

好运山 068

聚财山 069

平安岭 069

金龟岛 069

高僧释空与吉祥五山 070

疗养区 073

5. 双峰对峙 山水相映 075

　　——双峰岭景区

湖上风光 075

渔家客栈 076

双峰一岭 077

6. 幽静湖湾 梦幻仙境 083

　　——骆驼峰景区

三道碴子 084

悬羊崖 086

仙女山 093

7. 关东武陵 世外桃源 098

　　——北天门景区

月亮湾 098

问心石 102

原始人石器打造场 106

8. 松湖海市 水上乐园 108

　　——五虎岛景区

原始风情 109

元首行宫 112

金蛙石 117

9. 湖畔渔村 田园风光 119

　　——海浪山景区

渔村风情 119

大鹏山　　　　　　121

韩家林　　　　　　123

10. 山水秘境　八仙遗踪　130

　　——卧龙潭景区

　　卧龙潭　　　　131

　　仙松峰　　　　132

　　仙人洞　　　　134

　　浪卷石　　　　135

　　八仙过海　　　136

　　仙人指路　　　136

　　努尔哈赤行军图　137

　　女真渔猎图　　138

11. 凤舞湖湾　世外仙岛　139

　　——凤舞池景区　075

　　凤舞池　　　　139

　　苍鹭岛　　　　140

12. 历史迷踪　地质奇观　143

　　——石龙壁景区

　　石龙壁　　　　144

　　金蟾岛　　　　148

　　三清宫　　　　149

　　奇石坡　　　　150

　　石棺墓　　　　151

　　将军坟　　　　151

　　古代石棚墓　　152

　　额赫岛　　　　153

13. 山水画廊　鬼斧神工　157

　　——上湖景区

　　康大蜡　　　　158

　　肇大鸡　　　　160

　　蜂蜜砬子　　　161

　　牡丹砬子　　　162

善林寺	163	19.	龙豁口	268
烟筒砬子	164	20.	松花湖十大怪	270
三十二道砬子	165	21.	关东三宝	275
		22.	拉帮套	280
		23.	滑雪撵鹿	282

湖上风情

1. 神山圣水	167	24.	松江放排	284
2. 野人女真	170	25.	走觖艫	285
3. 满语趣意	173	26.	松湖水怪	288
4. 关东老酒	189	27.	棒打狍子瓢舀鱼	292
5. 关东饭菜	196	28.	春天捣一棍，秋来吃一顿	293
6. 松花江祭	201	29.	白山雪蛤	294
7. 白山挖参	206			
8. 松江采珠	208	**江湖同源**		
9. 白山狩猎	216	1. 天水松花江		296
10. 松水捕鱼	227	2. 大明船厂		299
11. 白山木帮	238	3. 大清船厂和吉林水师		303
12. 关东响马	244	4. 朱雀山		304
13. 江畔喊山	248	5、北山		305
14. 关东烟	249	6. 龙潭山		306
15. 湖畔民居	254	7. 小白山		307
16. 萨满教	258	8. 寒江雪柳·吉林雾凇		308
17. 雪道爬犁	259	9. 天外来客·吉林陨石		310
18. 冰上客栈	265			

前言：松湖序语

松花湖,粗犷而秀丽,浩淼而细腻,博大而精巧,豪放而娴雅,如诗如画,如幻如梦,亦真亦玄,所以被人誉为"东方之梦"。

松花湖景区众多,风光迥异,可概括为八个字:水旷、山幽、林秀、雪佳。

松花湖湖区山水景观宏大壮丽,林木景观瑰丽娟秀,人文景观质朴动人,自然物产丰饶广博,具有长白山区和松花江流域疏朗、豪迈、广博的山水人文情怀,是中国湖泊型风景名胜区的典型代表。

青山景区

青山景区位于松花湖风景区西部,自长吉高速公路可直接进入松花湖风景区西郊。此景区青山染绿,山峦巍峨,奇石峥嵘,形象各异,令人遐思。南部是大青山滑雪场景区,现有万科集团依托松花湖投资400亿元扩建的大青山滑雪场国际休闲度假村。北部充满神话传说和古老禅韵的佛手山前,坐落着规模宏伟、风格奇特的天齐庙,因而更增加了此区自然风光的无限魅力。

松光景区

　　松光景区以丰满大坝建筑景观和山体景观(弥勒禅林、双峰云岚)为主。位于松花湖风景区入口处。景区东山和西山两峰对峙，云缠雾绕。丰满拦江大坝手挽两山，横亘其间，景色宏伟壮丽、气象万千，被誉为"双峰云岚"。这里是松花湖的窗口景区。拦江大坝壁立千尺。每遇泄洪，便见飞流直下，如瀑如练，喷珠溅玉，涛声如雷，眩人耳目，震撼心灵，被誉为"龙闸飞瀑"。东山极顶拟建全国第四名楼——朱雀阁。登临此阁，可觉天高地阔，山重水复，览长白于眼下，聚松水于胸前，朗胸畅怀，心旷神怡。把酒临风，其乐何极！此景被誉为"飞阁流丹"。东山前怀，两道峰岭犹如巨大的罗汉椅的左右扶手，与山顶构成了三面环护的天然围拱。罗汉椅的山怀中坐落着规模宏伟的弥勒寺。此景被誉为"弥勒净土"。

湖光景区

　　湖光景区位于拦江大坝之上的湖区与东西湖畔。此景区分布着东福、西财、南禄、北安、中长寿的五座山岭岛屿。即湖东的蝙蝠山、西部的聚宝山、南部的好运山、北部的大佛岭、湖中的金龟岛。东西湖畔，各种建筑风格的疗养院星罗棋布，隐于绿林之内，画舫游艇穿梭于松花湖中。朝晖夕阴，风光旖旎，山水秀丽，气象万千，被云游来此的高僧释空誉为"吉祥山水，养生福地"。

双峰岭景区

  双峰岭景区位于丰满大坝西岸之山岭重叠处。景区山体峰峦起伏、秋叶五色斑斓。山下湖水辽阔而恬静。景区内以长白山植物区系针阔叶混交林的物候季相景观为主。此地森林茂密，人迹罕至，生态原始，环境幽静。公路环绕于湖滨，山径隐匿于密林。偶有一二村屯散落其中，可谓深山闻犬吠，密林有鸡啼。双峰岭景区以森林景观为主，以五花山色、气象云雾景观为主要特色。建设了以"百草常春"为主题的森林生态公园，并新建汽车自驾游基地和森林旅游设施。是春季踏青，夏游避暑，秋赏红叶，冬观冰雪的最佳去处。

骆驼峰景区

骆驼峰景区位于松花湖风景区中部。景区三面环水，碧波荡漾。南岸有三座石砬子耸立的山体探首于湖滨，状如神驼引颈痛饮松水。土名三道砬子，今名骆驼峰，或有文人命名为"骆驼卧滩"。此地森林茂密，远离人烟，早年曾流传着神驼渴饮的神话传说和众说纷纭的松花江绿林传奇。

北天门景区

北天门景区位于松花湖风景区东部北侧。景区峰峦巍峨，悬崖峭立，湖湾隐匿，湖水幽深。湖畔悬崖之上常有长白山珍奇异兽——悬羊贴壁登攀飞渡，往来如履平地，观之令人惊叹叫绝。武陵桃花源胜境般的月亮湾就隐逸于北天门之中。进得北天门，眼前豁然开朗。碧波之下，是湮灭了的名噪大清国的关东金王韩登举家的祖坟——韩家林。该景区是以"月湾戏水"为主题，以自然水体景观为特色，以欣赏湖光山色、体验水上活动为主要游览方式的互动式亲水景区。

海浪山景区

　　海浪山位于松花湖风景区的中心地带湖畔东侧。景区山峦起伏,山乡田园错落。从骆驼峰驰舟东望,只见一座巨大的仙女峰仰卧在松花湖东,头北脚南,仰脸望天,五官清晰,神态娴静。满头秀发流线式地散落头顶之北端,胸部高挺,双腿修直。这就是大清皇祖爱新觉罗·布库里雍顺的母亲——三仙女佛库伦石化后的仙女峰。传说佛库伦是想念在龙兴福地吉林开疆立业的满洲子孙而下凡来到这里。她贪恋

天伦之乐和这里的青山绿水,不愿再回天宫,因而舒适地安息在松花湖畔。海浪山景区中还有栩栩如生的大鹏山,传说是如来佛祖头上的金翅大鹏在此石化。大鹏山下散落着几个渔村,那里有典型的湖畔渔村习俗风情,入住此处,上山可以享受田园采摘,住宿可以品尝满族和渔家特色菜肴,下湖可以体验捕鱼的快乐。土话叫做"要吃瓜果摘一筐,要吃鱼虾捞一网"。

五虎岛景区

　　五虎岛位于松花湖风景区的中部南岸,兀立于浩瀚的松花湖中心,四周环水,岛屿巍峨。岛屿沿岸曲折绵延,水清沙白,仿古建筑隐于林间。这里充满了关于长白山猛虎和松花江猛龙相斗的诸多满汉传说。20世纪60年代,柬埔寨国家元首西哈努克亲王携同王妃莫尼克公主曾来此游玩。吉林市政府在其上为西哈努克亲王夫妇修建了柬埔寨吴哥风格的别墅。现在,五虎岛已经被开辟成别具风情的现代化游乐园。

卧龙潭景区

　　卧龙潭景区位于松花湖风景区的中部南岸,五虎岛景区东侧。外部是由燕翅岛、石佛岛、黑龙岛等构成的岛链。景区五个湖湾曲折相连。湖湾深处是充满着东海八仙故事

的仙松峰。仙松峰上古木翁郁,密林苍苍。树下怪石林立,峥嵘耸立。山中曲径通幽,
苔藓遍布。山径峰回路转,陡若天梯。奇石峭壁上,时有神秘古画,铁钩银划,绿苔斑
驳,不知何人所为。绝岩之上,奇松挺拔,古树婆娑。传说是东海八仙移来黄山劲松
所植。绝壁之下,有原始石台、石洞、石棋。登上绝壁峰巅,可以俯视整个松花湖绮丽
风光。

凤舞池景区

位于松花湖风景区的
中部,卧龙潭景区东部。景
区三面环山拥一池碧水,
湖滨树影婆娑,景区静谧
自然,没有任何人工雕琢
的痕迹。传说,这里因山清
水秀,风景幽雅,百鸟欢
聚,而引得凤凰来仪。传
说,此地有凤来仪时,曾引
得西侧的卧龙潭白龙戏

水。龙腾凤舞,成为松花湖上的大吉天象。现在,凤舞池景区因环境幽静,成为白鹭
的乐园。林中古树梢头,筑满了白鹭的枝巢。湖畔金色的沙滩之上,万千白鹭或悠闲
地伫立滩头,绅士般耐心地等待着鱼虾游来,或雅致地漫步徜徉于浅水之中,寻寻
觅觅,捕鱼为乐。偶有一两只引颈高歌,顷刻引来群鹤翔舞。而或碧波绿水之上,蓝
天白云之间,或有白鹭飞翔,或
有成群鹤鹭联袂飞舞,诗情画
意,蔚为壮观。

石龙壁景区

石龙壁风景区位于松花湖
风景区的东南部。景区东岸是
第四纪火山喷发冷凝后形成的
陡峭的玄武岩山体,后经松花
江千万年的荡涤冲刷,形成了
千百根石柱矗立水中,有如蛟

龙戏水,发人遐思。景区东部是金蟾岛和红叶谷渔港,西岸是奇松崖,奇松崖后有著名的石头河子三清观。相传,此道观为清朝的末代皇帝爱新觉罗·溥仪的老师化缘筹建,至今香火颇盛。上游有号称松花江第一险滩的额赫口(此系满语,汉语为恶河口)。

上湖景区

上湖景区自石龙壁景区至上游桦甸市红石湖之下。景区狭长,两岸群峰夹峙,碧水中流,蜿蜒曲折,长达百里。两岸有牡丹砬子、烟筒砬子、鹰嘴砬子、红石砬子、长蛇砬子、蜂蜜砬子以及联袂矗立的32道砬子,还有对峙江东西的康大蜡山脉和肇大鸡山脉。此景区原始荒蛮,地僻人稀,山崖壮丽,绿水秀美,被称为松花湖风景画廊。

印象松花湖

松花湖,

一颗坐落在国家历史文化名城吉林市东方的自然明珠,

一颗镶嵌在长白山脉万山丛中的波光浩瀚的生态之珠,

一颗焕发着"龙兴福地"梦幻般历史光芒的文化之珠,

一个承载着江城人承继历史、富民强国、辉映世界的中国梦想之珠。

展开卫星地图查找:

亚洲在世界的东方。

中国在亚洲的东方。

东北在中国的东方。

吉林省在东北的东方。

吉林市在吉林省的东方。

松花湖在吉林市的东方。

松花湖,

你有洪荒的自然,原始的生态,迷人的风采。

你有山水的秀丽神奇,历史的奥秘神圣、文化的诗画神韵;你如梦如幻般的风景,蕴含着自然、生态、历史、时尚、民族风情和科学奥秘交织在一起的令人眼花缭乱的错综复杂的神秘。于是,东北的,江南的,西北的,外国的……

不分地域,不分国籍,不论人种……

人们怀揣着东方之梦,背起行囊,朝圣般地向着松花湖出发。一个声音在心头轰鸣:

倘若不能探索东方之梦松花湖,

将是人生的一大遗憾。

1. 青山绿水松花湖

松花湖到底有多美?

中共中央前总书记江泽民曾书赞:青山绿水松花湖。

大诗人贺敬之曾诗赞松花湖:水明三峡少,林秀西子无,此行傲范蠡,输我松花湖。

到松花湖做什么?

观山,游水,赏绿,品岩,吸氧,捕鱼,探秘,玩雪,度假……

观 山

山,是松花湖的傲骨。

游览松花湖,令你心灵震撼的景象,首先是湖畔连绵起伏的山峦。

松花湖坐落在长白山万山丛中。极目之下,山岭之多令人感叹。举目远眺,周身环顾,涌入眼帘的是绿的山,青的山,蓝灰的山,苍茫的山,隐约的山,层层叠叠,一望无垠,直接天际。我敢说,如果不是身在松花湖中,你不可能会看见如此众多的山,如此绵延的山,如此重叠的山,如此无尽无休的山,如此千姿百态令你终生难忘

的山!

松花湖的山,不似江南喀斯特地貌的山那样拔地而起,突兀孤立,甚至小巧玲珑。它是玄武岩地貌火山岩的杰作。它博大、巍峨、连亘、雄浑、纵横万里,气势磅礴。"横看成岭侧成峰,远近高低各不同"。它有山,有岭,有峰,有峦,有崖,有岩,有岛,有屿,有礁,而且有形,有相。有的如泰山之雄伟,傲立群峰;有的如华山之险峻,峭拔挺立;有的如黄山之嵯峨,独具风骚;有的如峨眉之神秘,深藏玄机;有的如北岳之峥嵘,险对天下;有的如高原之平缓,云卷云舒……观之,令你眼界高远,意志弥坚,心潮澎湃,浮想联翩。

有人说,长白山是东北的自然之父,他播下了繁芜的物种,支撑起一片广袤的天空;松花江是东北的自然之母,她孕育了万千生灵,滋润着一片浩瀚的林海原野。面对如此广博的山野,你会觉得任何形容都难以恰如其分,唯有毛泽东写山的《十六字令》可抒发你的胸臆:

山,快马加鞭未下鞍,惊回首,离天三尺三。

山,倒海翻江卷巨澜,奔腾急,万马战犹酣。

山,刺破青天锷未残,天欲堕,赖以拄其间。

游 水

水,是松花湖的血肉。

松花湖,位于东北地区的吉林省吉林市东郊浩瀚的长白山万山丛中,是1937年

开始筑坝建设丰满水电站,1943年成功拦截松花江水后形成的大型人工高峡湖泊。湖泊全长180公里,湖水面积550平方公里,横跨吉林市、蛟河市、桦甸市,最大蓄水量108亿立方米,平均水深30—40米,最深处可达80米。可谓千里烟波浩淼,一望山岭苍茫。难怪大诗人贺敬之豪迈吟咏松花湖是"水明三峡少,林秀西子无。此行傲范蠡,输我松花湖。"

烟波浩淼,是说松花湖水势之大。它之雄浑可比洞庭湖——衔长白,吞松水,浩浩汤汤,横无际涯,朝晖夕阴,气象万千。

碧波荡漾,是说松花湖之美。放眼远眺,万顷碧波,镶嵌在长白山万山丛中,山水相依,山水相映,构成千姿百态的山环水绕之灵秀。

大野无风,松花湖静如处子,平滑如镜,碧澄见底,游鱼可数,青山倒影,鹤舞水中。观之心旷神怡,宠辱皆忘。

山风徐来,松花湖微波荡漾,粼粼闪光,如碧纱浣水,绿绸舞风。舟帆往来,如织梭驰骋;鸥起鹤落,如画中意境;水动山移,目醉神摇。观之畅襟朗怀,陶然可乐。

秋风萧瑟,松花湖洪波涌起,天高云淡,水天一色。日月之行,若出其中;星汉灿烂,若出其里。此乃松花湖金秋时节,万木斑斓,枫叶染丹。鸿雁高飞,鱼鹰低回,风景优美,气候宜人。湖畔渔村座座,炊烟袅袅;稻粱熟于山坡,牛羊牧于湖滩,渔舟荡于湖中,鱼鲜装满船舱。晨起朝晖共炊烟交织,夕归落霞与孤鹜齐飞。览此景致,如入画中,叫人身心陶醉,幸福之感油然而生。

寒冬时节,松花湖千里冰封,万里雪飘。青山绿水的松花湖变成了玉洁冰清的冰雪世界。湖周群山默立,万木萧萧,白雪皑皑,银装素裹。林间虎狼啸,冰面爬犁飞。好一派关东冰雪盛景!

这就是四季分明的松花湖,这就是千姿百态的松花湖。

她以超凡脱俗的秀丽风光,以典型的东北民俗文化的底蕴和丰富的物产资源,加之特殊的火山地形,构成了集养殖、发电、防洪、灌溉、城市用水、航运、旅游、

体育和科研为一体的国家级风景名胜区和国家AAAA级旅游景区。

1988年国务院批准松花湖为全国重点风景区。

赏绿

绿，是松花湖的风韵。

绿的山、绿的水，组成了绿色的松花湖。

绿色，是环保的概念，生命的象征。人类以及所有生命的繁衍生息，几乎都离不开绿色。月球上没有绿色，火星上也没有绿色，因而，那里没有生命。

绿色，是生命之源，是生命的本色。走进绿色，生命的张力立刻就会蓬勃起来。看见绿色，人们的心灵会立刻安静下来，朗润起来。

畅临松水赞碧波浩荡，喜观白山叹群峰葱茏。这是万千游人的感慨。

因为当你的视野刚刚接触到松花湖时，你就会被那铺天盖地的浓浓绿色所震撼，所陶醉。你会不折不扣地认为，自己的确走进了一个浑然一体的绿色梦境。

绿，曾是历代文人墨客追踪咏叹的对象。唐朝诗人贺知章《咏柳》诗曰："碧玉

妆成一树高，万条垂下绿丝绦。"但这绿只有"一树"和"万条"，而且绿得仅仅像"碧玉"，像"绿丝绦"，虽然纤秀，但绿得小气。它只能符合湖畔纤弱的湖柳之姿，与松花湖的绿相比，简直悬殊如滴水见沧海！

唐朝大诗人白居易《钱塘湖春行》有"最爱东湖行不足，绿杨荫里白沙堤"句。但白诗中绿的规模，仅仅是东湖之滨白沙堤旁的绿杨，虽则绿得鲜嫩可爱，然实在不能与松花湖铺天盖地的绿色锦绣般的绿相提并论。

唐朝诗人杜牧的《江南春绝句》有"千里莺啼绿映红"句，虽然绿的面积有千里之大，但其绿之气势，终究无法与松花湖的雄浑博大之绿比拟！

宋代王安石的《泊船瓜洲》曰："春风又绿江南岸。"此绿虽然形象地动化开来，而且范围大到长江之南，但终究绿得有些勉强，有些羞涩，与松花湖的绿相比，依然有种差强人意的感觉。

王安石《书湖阴先生壁》诗中有"一水护田将绿绕，两山排闼送青来"句，这绿色的田园风光虽然可爱，但终究只绿在一田和两山。而松花湖的绿，却是长白山逶迤连绵的千山万岭，松花湖浩瀚无垠的万顷碧波！

俱往矣，数天下之绿，还看松花湖。

春夏的松花湖，山是绿的，绿得一望无际，绿得气势磅礴，绿得几乎没有一丝一缕的杂色。

春夏的松花湖，水是绿的，绿得浩瀚无垠，绿得碧澄万里，绿得几乎让你忘记世间还有其他色彩。

春夏的松花湖，空气也是绿的，绿得通天贯地，绿得澄澈肺腑，绿得几乎没有一星半点儿的尘埃。轻轻地呼

吸一口,空气中也带着绿色的蓬勃,绿色的朗润,绿色的娇嫩,绿色的清纯。

难怪原中华人民共和国副主席董必武曾题诗:"湖上荡舟青入眼,四山松韵颂升平。"

这就是号称"东方之梦"的松花湖。

品 岩

岩,是松花湖健美的肌骨。

舟船游荡在松花湖中,沿岸嶙峋的礁岩会不时地吸引你的目光,引发你的联想。

唐宋八大家之一的柳宗元曾在《小石潭记》中精雕细刻过小石潭周边的岩石状貌:"全石以为底,近岸,卷石底以出,为坻,为屿,为嵁,为岩。青树翠蔓,蒙络摇缀,参差披拂。"读之如临其境,如观其岩。若品味松花湖畔的礁岩,会让你误以为那是柳宗元专为缩小版的松花湖的礁岩而描绘。

宋代大诗人苏东坡在《石钟山记》所书:"至莫夜月明,独与迈乘小舟,至绝壁下。大石侧立千尺,如猛兽奇鬼,森然欲捕人;而山上栖鹘,闻人声亦惊起,磔磔云霄间。"倘若你如苏夫子月夜乘舟荡漾在松花湖畔的礁岩之下,仰望峭拔崛峨的石龙壁,你会觉得自己已经进入苏轼的诗境。

明代吴承恩在《西游记》中如此描述礁岩:"丹崖怪石,削壁奇峰。丹崖上,彩凤双鸣;削壁前,麒麟独卧。峰头时听锦鸡鸣,石窟每观龙出入。林中有寿鹿仙狐,树上有灵禽玄鹤。瑶草奇花不谢,青松翠柏长青。仙桃常结果,修竹每留云。一条涧壑藤萝密,四面原堤草色新。"若你乘舟悄然驶入一座峭壁嶙峋的湖湾,崛峨的峭壁千姿

百态,直插云天。峭壁上绿树森森,苔藓绿敷,葛藤披拂。凌空苍鹰盘旋,山鸽飞翔;峭壁前的湖滩上,绿草如茵,牛马徜徉,牧铃叮咚……此时你一定会觉得,你已经驶入了吴承恩所描述的山水幻境。

2. 人间仙境松花湖

是神话中的蓬莱仙境？
是天堂上的阆苑瑶池？
是佛国中的西天净土？
是陶令笔下的桃花源？
不，这里就是松花湖。

森 林 氧 吧

世人誉松花湖为人间仙境，是因为松花湖如下特点显著：山青水秀，风光旖旎；生态原始、物种丰富；空气新鲜、环境幽静。

现在，无论是亚洲还是欧美，无论是迅猛发展着的中国还是已然科技和经济领先的美国、日本，生存环境的保护和选择，已经成为各国人民严重关注的焦点。尤其是空气质量的恶化，PM2.5的严重超标，几乎成为全人类的共同杀手。

地球上的空气，是地球上所有物种的共有财富，是大自然对人类的平等施舍。只要你在同一地域，无论你是身价过亿的商贾大鳄，还是不名一文的穷困寒士，不管你是位居政坛的高官，还是身处下层的平民，对空气的享受权利绝对平等。因而，选择居住和休假环境，又成为时下人们最关注的问题。天然森林氧吧，已位居世人首选。

天然森林氧吧，是以森林、清泉、山石、江河、瀑布、湖泊为基点，以对人体健康极为有益的高含量的森林空气——负氧离子和植物精气等生态因子为特色的最佳自然生态空气环境。

松花湖，是你梦寐以求避免PM2.5的毒害，享受新鲜空气的最佳地域，是大自然赐予人类的天然森林氧吧。湖区总面积达800多平方公里。这里有重叠的山峦，浩瀚的林海，辽阔的水域，芬芳的花草。仅水域面积即达550多平方公里，是大自然赋予的天然氧吧。

科学证实：一般环境下每立方厘米空气中，人类必需的离子中负氧离子含量为

1000个,而重工业区只有220—400个;厂房内仅有25—100个;城市居室大约100个;一般树林田野上空及附近负氧离子约为2000—3000个;而森林湖泊地区是负氧离子浓度最高之处。因这些地域内有较大的水域面积,因而空气中的负氧离子最高每立方厘米可达20000个。据有关单位测定,松花湖区空气中的负氧离子含量竟然高达60000多个!

据国外研究表明:负氧离子浓度高的森林空气,可以调解人体内血清素的浓度,有效缓和"血清素激惹综合症"引起的弱视、关节痛、恶心呕吐、烦躁郁闷等症状,能改善神经功能,调整代谢过程,提高人的免疫力。能成功地治疗高血压、气喘病、肺结核以及疲劳过度。对于支气管炎、冠心病、心绞痛、神经衰弱等20多种疾病也有较好的疗效。还能杀死感染性细菌,促进烧伤愈合。

松花湖是人们进行森林浴,摆脱环境污染尤其是空气污染的最理想的场所。

森林浴,是人们沉浸在清新的森林空气中进行的一种最为有益的养生活动。只要你走进松花湖区这个天然的森林氧吧,这里的青山绿水会立即对你进行全方位地、持续不断地森林沐浴。不管你是富豪还是平民,也无论你是妇孺老人还是青壮之人,不需要你动手辛劳,也不需要你花钱购买,辽阔的松花湖区洋溢着的富含负氧离子和植物精气的新鲜空气,会自然地通过你的呼吸进入你的体内,滋润你的肺腑,洗涤你的血液,舒朗你的神经,改善你的内循环,愉悦你的精神,让你解除疲惫,消散劳乏,松懈神经,愉悦精神,促

如梦如幻

进健康。

游客们说，无论你的心理压力多大，精神多紧张，只要你走进青山绿水的松花湖，你的神经会立刻松弛下来。

无论你的身体多么劳乏，只要你走进山清水秀的松花湖，你的疲劳就会自然消减，直到彻底消失。

无论你的心情多么抑郁，只要你走进生态自然的松花湖，你的郁闷会立刻化解，心情会逐渐舒朗并愉悦起来。

无论你的失眠症状多么严重，只要你走进宁静祥和的松花湖，你就会身心放松，身心舒泰。在明净的夜空下，在明媚的月色里，在清风梳林的琴韵声中，在细雨润物的回鸣声中，在鱼儿跃波的节奏声中，在夜莺啼鸣的伴奏声中，在昆虫浑唱的和鸣声中，你的身心会逐渐松弛下来，并怡怡然安然入睡……

松花湖远离城市的喧嚣，远离世人的纷扰，有着宁静、祥和、清新、辽阔的休养

生息环境,是休闲度假,调养身心,恢复健康的人间仙境。解放后,化工、冶炼等高污染行业和铁路运输等重体力部门,纷纷在松花湖畔建设了疗养院,每年都有一批批一线职工来松花湖畔疗养,待身体康复后方重返一线为祖国建设而继续奋斗。现在,每年春夏都有来自全国各地甚至外国的游客像候鸟一样纷纷向松花湖汇聚。

松花湖气候凉爽,温润可人。据测定,日常温度比市区低5—8度,夜间气温最热时仅20度,通常要盖着被子畅游梦乡。

来松花湖休假,你可以整个身心被动地沐浴在丰富的负氧离子之中,在观山、游水、品岩、捕鱼、赏雪的过程中完成大自然对你的身心洗礼。

自 然 画 廊

　　松花湖，是一个青山莽莽、绿水漪漪，如幻如仙的风景之梦。来此旅游的诗画家们说：松花湖，每一处都是诗，每一处都是画。

　　湖中，坐落着一百多座岛屿，如五虎岛、金蟾岛、额赫岛等，形态迥异，各尽其妙。湖畔矗立着数十座高大的山峰，横看成岭，侧看成峰。骆驼峰形如探首饮水的骆驼，形象惟妙惟肖；杨木顶子山浑圆巍峨，坐镇一方；康大蜡沟壑连绵，云雾缭绕；肇大鸡巍然屹立，雄踞湖西……还有闻名四方的石龙壁，峭立在松花湖的中段，百余米宽的湖面两岸，耸立着几十座20多米高的石壁，其倒影映入碧波荡漾的湖中，有如蛟龙卧波，神态生动。从石龙壁往南，有金牛坡、云波岸、鳌花台等景点，有的如犀牛望月，有的如云波拥天，有的如鳌鱼戏水，妙相天成。再往南，湖越窄，山越陡，峰越奇，石越峭，风景越优美。将军崖巍然陡立，南天门高入云天，鹰嘴石兀守湖畔，美松岩苍松满坡。还有充满传奇的牡丹峰，蜂巢满山的滴蜜峰，一槌擎天的棒槌峰，峰峦连绵的三十二道碴子等，千姿百态，胜景天成。更有一个个大大小小深浅不同的湖湾，一座座绿草茵茵、野花烂漫的湖滩……平湖观览，谁不赞叹大自然鬼斧神工，造化奇妙！

　　松花湖，山水相依，交互辉映。莽莽青山，叠叠峻岭，是壮丽的风景。渺渺烟波，浩浩绿水，是秀丽的风景。

　　松花湖，是山与水的最佳组合。

　　倘若没了重峦叠嶂的长白山群峰，就绝不会有那望断天涯的遐想；

　　倘若没了碧波浩荡的松花湖绿水，也绝不会有那水天一色的幻境。

临巍峨而看水,松花湖才有了优雅和婉丽;

据浩瀚而观山,长白山才有了阳刚和傲骨。

松花湖,朝晖夕阴,气象万千。朝迎东方早霞,湖光山色,霓虹彩妆,风景如画;暮送西山落照,渔舟唱晚,水澄沙黄,月色流光。

松花湖晴有晴的壮阔,雨有雨的阴柔。晴空万里时,水天一色,一碧万顷,山环水绕,横无际涯,可谓水光潋滟晴方好;阴雨绵绵时,烟雨迷茫,山水苍茫,云遮群山,雾障松水,真乃山水空濛雨亦奇。

一位多次游览松花湖的游客在博客中写道:

松花湖风霜雨雪,四季分明。

春季的松花湖,一湖春水,倒映群山。

芳林吐翠,杏花如云。

舟帆游荡,鸥飞鹤翔。

夏季的松花湖,水光潋滟,气象万千。

群峰竞秀,众山叠翠。

游艇穿梭,渔舟飘摇。

秋季的松花湖,一泓碧水,千山染丹。

芦花似雪,枫叶胜火。

山呈五彩,湖漾碧波。

冬季的松花湖,千里冰封,万里雪飘。

山舞银蛇,原驰蜡象。

爬犁驰骤,冬捕正忙。

乘游艇而遨游松花湖时,松花湖是一个心旷神怡的梦;

踞湖滩而垂钓松花湖时,松花湖是一个清静无为的梦;

看鸥飞鹤落,听渔歌互答时,松花湖是个诗情画意的梦;

避风湖湾,探秘山林时,松花湖是个世外桃源式的梦;

远观渔村,嘉禾遍地,炊烟袅袅,鸡犬相闻时,松花湖是个田园牧歌式的梦;

丽日当空,水光潋滟,云雾缭绕,山水空蒙时,松花湖是个超凡脱俗的梦……

朋友,到东方之梦——松花湖来吧!

这是一个追踪历史,发人深省的满族历史风情之梦。

这是一个休闲度假,怡情养性的幸福之梦。

这是一个寓教于乐,得益于游的增值之梦……

3. 如史如梦松花湖

走进了松花湖
就走进了
多姿多彩的
东方之梦

在喧嚣扰攘的现代社会人生旅途中,如果你能忽而遇到一片静谧的青山,一泓平静的湖水,几声婉转的鸟语,几缕淡淡的花香,你一定会精神为之一振,从而为之赞叹:好一处幽雅的所在! 莫非世外桃源?

如果你能有幸踏进一方浩大的天地:这里有连绵无垠的青山,山如青黛;有浩瀚碧澄的绿水,水如明镜;蓝天白云、青山绿树倒映于水中,轻舟画舫、樯橹舟帆行驶于水上;低头唯见锦鳞游泳于白云之上,鹤鹭翱翔于湖水之中;抬眼则见重叠的远山,金色的沙滩,静静的湖湾,翠绿的草坡和湖岸浓郁的林莽……再也听不见都市的喧嚣,再也看不见尘世的繁闹,到处是一派自然和谐、清净无染的气氛,那么,你一定会有范仲淹晴登岳阳楼,旷观洞庭湖的感觉——朗襟畅怀,心旷神怡,荣辱

皆忘,其喜洋洋者矣!此时,也许你会忽然恍惚起来,误认为这是梦境,但你却是觉醒的,有所感触的,因而,你只能认为自己来到了仙境——来到了一方远离尘世的世外桃源,一方"此景只应天上有"的梦幻所在,一方"不识此处真面目,只缘我在此景中"的迷茫和陶醉。

告诉你,这方有着梦幻般浩大风景的地方,这方一脚踏入就让你产生梦幻感的地方,就是吉林市松花湖。

人类崇尚美好的生活,憧憬美丽的生存环境,因而往往把这种崇尚和憧憬中的美好愿望和浪漫意境,称之为美梦。如若遇到了松花湖这样超乎自己生存环境的美丽所在,就称之为梦境。现代人几乎不相信人间还有松花湖这样的空灵纯净的山水胜境,所以,往往把这种现实中确实存在的美丽环境,称之为如梦如幻。

长白山地理绮梦

松花湖,一个亘古以来长白山造山运动的地理之梦。

当你走进松花湖区,看到长白山脉的层峦叠嶂,看到陡峭的危崖和大地褶皱般的千沟万壑,看到湖畔滨水林立的座座嶙峋石壁,你会感慨造物主的伟大,你会追思这特有的玄武岩地理地质地貌的形成之谜。

地理地质学论证:

距今约3000万年前第三纪的时候,地球开始进入了一个新的活动时期,即"喜马拉雅造山运动"。那时,大地开始褶皱般向上隆起,如同平铺在地的一床毛毯被从平地抓起,于是山脉开始成为大地的脊梁。

距今约60万年至1500万年（第四纪中—晚更新世）期间，中国东北的长白山区又经历了一个地壳活动的时期，地质上称为"长白山期"。于是，松花湖区的这一带，从此就形成了千山万岭的长白山区。

观山思史，也许，长白山造山运动离现在实在是个太过遥远的梦境。但是正是这个梦境，让自然嬗变，令沧海桑田，让我们的眼前出现了这样一片壮丽的山河——长白山和松花江。

看湖畔那些落满游人遐思目光的巍峨峰峦，那些让游人充分发挥想象力的嶙峋怪石，那一座座默默地壁立在湖水中峥嵘的断崖，那里不光记载着风化了的岁月，而且永远闪烁着长白山造山运动梦幻般的地理之光。

女真族历史迷梦

松花湖，一个纵横于长白林海、驰骋出东北大荒的民族历史之梦。

中国的东北，向来被称为大荒之野。辽阔无垠，荒蛮粗犷，少有人迹，是大荒之野的历史性格。但是，少有人迹并非没有人迹。如今的满族，便是世世代代生活在这片大荒之地的主要土著民族之一。中国史书中记载的3000多年前的春秋战国时期的肃慎族，便是今日满族的祖先。到公元2至4世纪的汉代，肃慎族称为"挹娄"；至公元5世纪魏晋南北朝时，挹娄称"勿吉"（读音"莫吉"）；至公元6至7世纪的唐代，勿吉称"黑水靺鞨"和"粟末靺鞨"；至公元9世纪的宋代起始，靺鞨更名为"女真"。在受辽朝统治的时候，又因避辽兴宗真名讳，"女真"改名为"女直"。

女真各部世代生活在东北的大荒之野。这是一个生于林荒，长于马背，弯弓射雕，骤马狩猎的马上民族。但是，唯独长白部落始终沿松花江畔而居住。他们进山围猎，临江撒网，过着半渔半猎的生活。

北宋时期，位于哈尔滨近郊的女真完颜部落崛起，不但统一了东北女真各部，而且建立了中华历史上第一个金国。到17世纪的明朝末年，位于辽宁的建州女真部落又逐渐强大起来，其首领努尔哈赤在东北建立了后金政权，并先后统一了东海女真、海西女真扈伦四部和野人女真各部。沿松花江而居的野人女真的长白部落，因濒临海西女真之乌拉部落，因而较早地为努尔哈赤所征服。明朝灭亡后的1635年农历10月13日，清太宗皇太极颁布谕旨，改女真族号为"满洲"，女真一词就此停止使用。后来满洲人又融纳了蒙古、汉等民族，逐渐形成了今天的满族。

女真人在历史上先后建立过金朝、东夏、扈伦、后金（清朝前身）等古代民族政权，最终，女真大汗努尔哈赤及其子皇太极，在明朝末年驱策满洲八旗铁骑，冲出长白山，冲进山海关，逐鹿中原，问鼎华夏，统治了中华民族近三百年！

看到松花湖畔的巍巍群山，我们就不由想起历史上英雄的女真族，想起世代沿松花江而居的女真长白部落，想起他们纵马弯弓，呼啸而出，为生存而战的一幕幕战斗场景。长白山中似乎至今仍回荡着他们粗犷的呼啸和呐喊，松花湖畔似乎至今还飘荡着他们居住的木刻楞、大窝棚的木筒烟囱冒出的袅袅炊烟。所以，松花湖是一个强族、兴国的历史之梦。

满 族 风 情 诗 梦

松花湖，一个围猎长白山、网撒松花江的满族民族风情之梦。

在古代，松花湖畔的长白山区，是夷族居住的大荒之野。许慎的《说文解字》说，夷乃人一弓也，即一人一弓。可见夷族是善射猎的民族。也有人图解夷字为"大弓"的合体字，金庸的《射雕英雄传》之命名，毛泽东的《沁园春·雪》中的诗句"一代天骄成吉思汗，只识弯弓射大雕"中所涉及的蒙古历史人物和北方故事，都是"夷人"的故事。因而，夷人，并非专指一个民族，而是指古代生活在北方的各部族之人。

历史上，生活在松花江畔的女真人即满人的祖先。到宋代始，方由完颜部落统一，并创建了金国，称为女真人。此时，东北的女真文明达到了历史空前的地位。他们不但消灭了长期统治他们的辽国，而且逐鹿中原，一举俘虏了宋徽宗、宋钦宗两位皇帝，吞并了宋朝的半壁江山，逼迫宋朝迁都江南，史称南宋。完颜希尹，即跟随金国皇帝南征北战之金国开国元勋，位居尚书，更是女真文字的创造者。完颜希尹及其家族墓，即埋葬在松花江畔吉林市郊的舒兰市小城镇村。

到明代，松花湖区的女真人属于野人女真之长白部落。此时长白女真部落因久居深山密林，生产力落后于松辽、松嫩平原其他部落，他们依然凭借世代相传的经验来识辨一年四季，以"青草几度"来判断年龄。崇山峻岭和山重水复的复杂地势以

湖畔民居

韩涛摄

及生产生活的多样化,炼就了长白女真人的娴熟骑术。史料《说郛》中记述他们"骑上下崖如飞,渡江河不用舟楫,俘马而渡",是说他们骑着马上下山崖如履平地,像飞行一样快捷;说他们泅渡松花江不用借助舟船,而是抓着马鬃或者马尾即可渡过汹涌的激流。其矫健、剽悍之态跃然纸上。

其实,松花江沿岸的长白女真部落,除了善于骑马射猎外,还善于捕鱼。他们把当时的主要水上捕鱼和水上交通的工具叫做"舢艋"(满语)。那是一种由巨大的独木刨挖而成的两头稍尖的独木舟。

松花江畔是个盛产关东三宝——"人参、貂皮、鹿茸角"和"棒打狍子瓢舀鱼,野鸡飞进饭锅里"的富庶之地。女真人射猎所获的农副产品除自用和就地交换外,还运出山外去出售,主要货物有东珠(松花江珍珠,亦称北珠)、人参、生金、松实、白附子、蜜腊、麻布之类。

松花湖区的长白女真习惯于依山而居,修筑木屋,如撮罗子、地窝堡、马架子房、木刻楞等。居室大门一律向着东南太阳升起的方向。家家户户烧火炕、烤火盆取暖、抗寒和除湿。他们久居深山,临水而居,多依靠林木生活,因陶器粗陋,瓷器又难以得到,于是盛行使用木器,碟、盆、勺、碗之类生活用具多为木制。解放后的20世纪70年代,松花湖区的居民仍然有使用木桶、木盆、木碗、木勺的习俗。

松花湖区地处寒冷地带,因而古代长白女真人的衣裳多用各种动物皮毛制作。

富人以貂鼠、狐貉皮为裘，贫者以牛、马、猪、羊、猫、犬，甚至用大鱼、大蛇之皮制作衣衫。

《元史·兵志》对居住在松花江沿岸的以捕鱼为生的长白女真人统称为"打鱼水达达"。《元史·地理志》还明确地记载女真人"以射猎为业"外，也兼事狩猎生产，尤其是居于山林地区被统称为"水达达"的那些女真人，主要靠狩猎为生。同时，也称这些居住深山老林中的女真为"吾者野人"，亦简称"吾者"、"兀者"、"斡者"、"斡拙"等。据考证，"吾者"，是"窝集"的同音异译。窝集，是深山老林之意，用作部落名称，意为住在密林深处的人。

汉族的闯关东梦

历史上，松花湖区原是以满族（女真）为主的少数民族生息繁衍的地方，可谓山重水复，人烟稀少。大明朱棣皇帝主政明朝时，曾三次派遣辽东都指挥使司骠骑将军刘清来吉林阿什哈达附近的松花江畔建立国家船厂，打造巨舰，以供明朝使节承载将士与物资，从吉林顺

江而下经略东北边陲黑龙江地区。自此，少数汉人迁居松花江畔，并带来了山海关以内的农耕文化。明朝灭亡、清朝建立不久，为开发东北，大清第一个坐上北京金銮殿龙椅的顺治皇帝，于1644年颁布《辽东招民开垦条例》，规定"招至百者，文授知县，武授守备"。自此"鲁民移民东北者甚多"，许多地区因移民而"地利大辟，户益繁息"。1656年，顺治皇帝又在吉林开设大清船厂；1658年，敕令在吉林建立吉林水师；1671年，康熙皇帝又在吉林敕建吉林乌拉城。从此关内的汉人便不断地迁徙至吉林

市，并逐渐散布于上游松花江畔，开始了与原土著民族满人的融合。此后的二百多年中，大量的关内汉人不断涌入东北，形成了历史上的闯关东潮。许多关里人为逃避兵荒战乱、地主盘剥和苛捐杂税，便携家带口突破清朝设置的"柳条边"的藩篱，钻进被大清皇室视为"龙兴福地"的吉林市上游松花江畔的深山密林中开荒种地，生息繁衍，并与当地土著满人交好融合，实现了闯关东梦。汉人带来的中原孔孟儒家文化开始不断地与当地的萨满文化交汇融合，逐渐形成了独具关东特色的东北黑土地文化，或曰长白山文化、松花江文化，其中包括农耕文化、渔猎文化、木帮文化、淘金文化、人参文化、航运文化、和绿林（土匪）文化等。

日本黄粱之梦

松花湖，一个日本帝国主义妄图久霸中国的侵略之梦。

面积狭小、资源匮乏、人口众多的岛国日本，自打军国主义萌生，便觊觎着日本海彼岸的中国的东北，它甚至把首次派驻中国东北的侵略部队都无耻地命名为"关东军"。

发源于长白山天池的松花江，水力资源极其丰富，日本侵略者对此垂涎日久。1936年，日本关东军司令部先后两次指令其扶持的傀儡"伪满洲国"出面，欲5年内在松花江上建成18万千瓦的丰满水电站，由"伪满"电气建设局局长本间德雄制定

了修建丰满水力电气发电所的规划。

"九一八事变"后，日本侵略者为了达到长期占领中国的目的，试图通过两个产业开发五年计划（即从1937年到1941年，从1942年到1946年），把中国东北变成他们赖以生存和进行侵略战争的物资供应基地。据伪满时期日本人发行的《松花江第一发电所工事写真帖》记载，丰满大坝计划建成重力坝，长1100米，高91米（最低岩盘上），蓄水量108亿立方米。工程之浩大，当时号称"亚洲第一"。该工程于1937年4月破土动工，1942年11月初具规模，大江截流，水库开始蓄水，1943年3月，1号机开始发电。丰满大坝从1937年破土动工到1943年春发电，仅仅用了5年多时间。在当时生产力水平低下、机械化程度不高的情况下，建成如此浩大的工程，所需劳工数量之多，劳动强度之大，世所罕见。由此可知日本帝国主义侵占中国的狼子野心。

然而，在中国人民的抗日战争和世界人民反法西斯战争的强大攻势下，日本帝国主义的水电之梦终成泡影，反而为中国人民留下了第一座大型水电站，成为中国的水电之母。丰满水库则成为中国人民的松花湖风景区。

爱 国 英 雄 之 梦

松花湖，一个充满着爱国主义的英雄之梦。

松花江的涛声，曾呼应着东北各族人民奋勇抗俄的呐喊；长白山的密林，曾燃烧起抗日联军抗击日寇的烽火。老爷岭中的密营，康大蜡山上的窝棚，肇大鸡山上的哨塔，红石崖上的山洞……一个个抗击日寇的感天动地的英雄故事，至今仍在松花湖上传颂。"我的家在松花江上……"的歌声，至今仍在耳畔萦绕。

人 民 幸 福 之 梦

松花湖，一个美丽富饶、造福于民的幸福之梦。

国家前副主席董必武咏叹"湖上荡舟青入眼，四山松韵颂升平"，中共中央前总书记江泽民则以"青山绿水"之成语，高度赞美其自然底蕴；国家前人大委员长朱德盛赞"丰满截江一坝横，松花湖内水清平"，国家前总理李鹏则以"水电之母"之结论,极度评价其能源功能;著名诗人贺敬之游湖题诗,直言长江三峡之水和杭州西湖之林远逊松花湖;著名歌唱家彭丽媛一曲《美丽富饶的松花湖》,更把松花湖之美推向极致。

4. 康熙皇帝题诗松花江

松花湖是松花江的女儿。所以，吉林松花湖的历史就是松花江的历史。

清康熙二十一年（1682）春末夏初，清圣祖皇帝玄烨东巡吉林，登战舰检阅吉林水师时，看到长白山层峦叠嶂、青山夹峙、峭壁林立，松花江波澜壮阔、浩荡奔流；吉林水师连樯接舰，旌旗翻飞，刀矛闪烁，于是豪情满腔，遂写下《松花江放船歌》。玄烨时年29岁，正是英姿勃发、踌躇满志的青年时代。他亲临边陲，在松花江的惊涛骇浪中视察水师、舰船，鼓舞东北军民反击沙俄侵略者的斗志，即兴写下了描绘吉林松花江沿岸的锦绣河山的北国风光诗篇。该诗大气纵横，感情奔放，颇有峰峦插天、涛澜动地之气，气脉贯通如行云流水、大江东去。

松花江放船歌

松花江，江水清，　夜来雨过春涛生，浪花叠锦绣縠明。
采帆画鹢随风轻，　箫韶小奏中流鸣，苍岩翠壁两岸横。
浮云耀日何晶晶？　乘流直下蛟龙惊，连樯接舰屯江城。
魏貅健甲皆锐精，　旌旄映水翻朱缨，我来问俗非观兵。
松花江，江水清，　浩浩瀚瀚冲波行，云霞万里开澄泓。

泛松花江

源分长白波流迅，支合乌江水势雄。木落霜空天气肃，旌麾过处映飞虹。

江中望雨

烟雨连江势最奇，漫天雾黑影迷离。掀翻波浪三千尺，疑是蛟龙出没时。

5. 乾隆皇帝题咏松花江

乾隆十九年（1754），清朝第二个东巡吉林的皇帝是清高宗乾隆皇帝弘历。乾隆皇帝恭奉太后携带皇子、大臣等，于旧历五月六日由圆明园出发，沿康熙帝第二次东巡的路线巡幸东北和吉林。期间，在吉林城西小白山望祭殿遥祭长白山神，在温得亨河（温德河）举行了祭江神仪式，游历了北山，并乘龙船、如意船、花船，由将军府对面的三道码头顺江而下，凭吊龙潭山，"祭龙潭"、封"神树"，并在山城近处的山林间进行了一次颇具规模的行猎活动。北山关帝庙的"灵著幽岐"及龙潭山观音堂的"福佑大东"等匾额，就是乾隆皇帝此次东巡留下的御笔。乾隆在吉林将军觉罗傅森、副都统额尔登额及打牲乌拉总管巴格的陪同下，在吉林城近处的松花江上，视察了吉林打牲乌拉总管衙门牲丁的打牲活动。驻跸吉林期间，即兴写下了《驻跸吉林将军署复得诗三首之一》。

驻跸吉林将军署
复得诗三首之一

爱新觉罗·弘历

星汉南来直北流，
漾廻潆沇卫神州。
城临镜水沧烟上，
地接屏山绿树头。
辐辏闾阎市中日，
往来舸舰织清秋。
设教徒入丹青画，
应拟宣城谢氏楼。

6. 江泽民题松花湖

　　1995年6月21日至27日，江泽民总书记到吉林省视察。6月24日，江总书记到吉林市松花湖旅游区考察。

　　时值吉林的仲夏，松花湖上鹤翔鸥飞，渔舟点点，游艇如梭。湖畔千峰竞秀，万山叠翠。蓝天白云、青山绿林，倒映在明镜似的松花湖中。游客们的欢声笑语在青山绿水间回荡。客轮在平静的湖水中缓缓地行驶着，如同进入蓬莱仙境。

　　昔日，日本帝国主义妄图长期侵占东北，用刺刀和狼狗强迫着中国数万劳工修建的丰满水电站，如今已成为重新站起来的新中国的"水电之母"。改革开放后，丰满水库已经被开发成风光旖旎的松花湖旅游区。江泽民同志临窗眺望湖光山色，若有所思，遂挥毫激书：

青山绿水松花湖

7. 朱德、董必武唱和松花湖

　　1964年7月9日，时任全国人大委员长朱德和中华人民共和国副主席董必武到东北考察时，游览松花湖。两位党和国家领导人为松花湖美丽的山水风光所感动，兴之所至，不由得题诗奉和。

朱德题 游松花湖
丰满截江一坝横，松花湖内水清平。四面青山新树植，带着风雨两舟行。

董必武依韵和诗 游松花湖
出门一笑大江横，冒雨驱车丰满行。湖上荡舟青入眼，四山松韵颂升平。

8. 西哈努克旅居松花湖

1972年5月21至23日,时任柬埔寨国家元首西哈努克亲王携夫人莫尼克公主,在时任全国人大副委员长、中央军委副主席徐向前元帅的陪同下,来吉林市参观访问。

访问期间,诺罗敦·西哈努克亲王和夫人莫尼克·西哈努克公主羡慕松花湖的山水胜境、绮丽风光,特别提出要游览松花湖。

吉林市政府为迎接这位中国人民的好朋友,按照柬埔寨的古典建筑风格,在碧波荡漾的松花湖中的五虎岛上,修建了座钓鱼台。如今,四十多年过去了,象征着中柬友谊的松花湖钓鱼台依然矗立在五虎岛上。无数中外游人游览松花湖时,都要前往五虎岛参观这座象征着中柬友谊的柬埔寨风格的钓鱼台,凭吊中国人民的老朋友,柬埔寨国王、太皇诺罗敦·西哈努克。

诺罗敦·西哈努克系诺罗敦和西索瓦两大王族的后裔,诺罗敦·苏拉玛里特国王和哥沙曼·尼亚里丽王后之子,1922年10月31日生于柬埔寨金边,1941年继承王位;1955年3月让位于其父,同年9月任首相;1960年其父去世后,就任国家

元首;1970年3月朗诺发动政变后到中国;1975年4月17日金边解放后回国,担任民柬国家元首;1976年4月宣布退休;1982年7月任民柬联合政府主席;1990年2月任柬埔寨主席;同年7月任柬埔寨全国最高委员会主席;1993年9月至2004年10月任柬埔寨国王,后为太皇;2012年10月15日在北京去世,享年90岁。

9. 彭丽媛高歌松花湖

　　20世纪80年代金秋时节,著名女高音歌唱家彭丽媛首先引吭高歌《美丽富饶的松花湖》,于是美丽富饶的松花湖形象随着彭丽媛的甜美歌声传遍五湖四海。此后,吉林省歌舞剧院歌舞团团长、国家一级演员刘春梅继而倾情演唱,使松花湖的形象普及愈广……改革开放至今三十多年来,《美丽富饶的松花湖》一直久唱不衰。如今全国各地,人们一听到《美丽富饶的松花湖》歌曲,就会联想到松花湖的青山绿水。走进松花湖的人们,一看到青山绿水,就会陶醉在优美的《美丽富饶的松花湖》的歌声中。

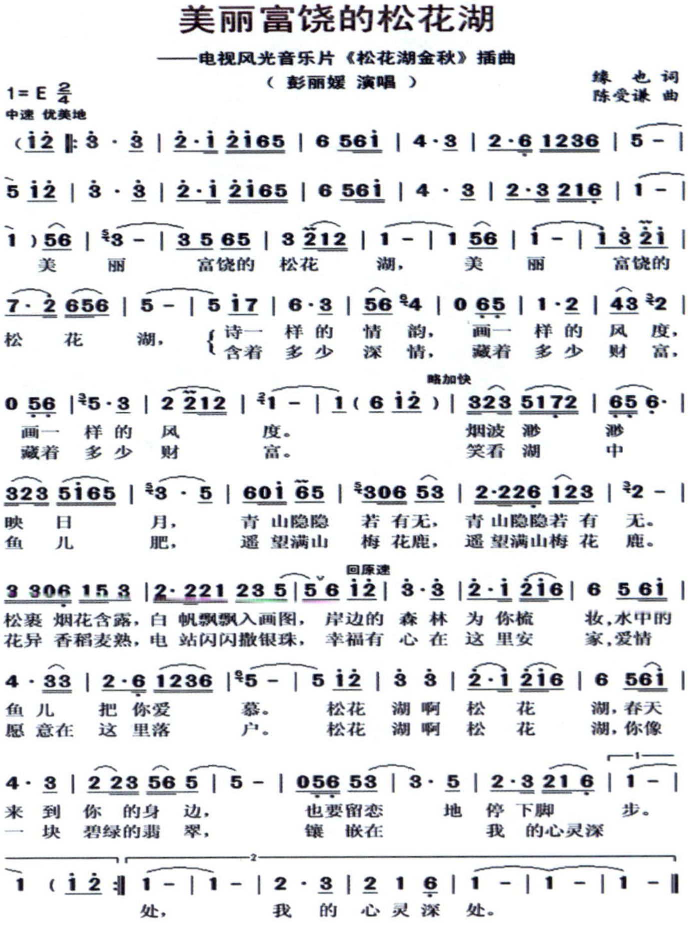

美丽富饶的松花湖

——电视风光音乐片《松花湖金秋》插曲

（彭丽媛　演唱）

缚也　词
陈受谦　曲

10. 潜龙在渊·松花湖

你从天池飞来，
长白山是你的风骨，
松花江是你的血脉，
江城吉林的历史
是你智慧的灵魂，
青山绿水林海
是你迷人的风采。
你从远古飞来，
耀武扬威，
展闪腾挪，
让高峡平湖
如梦如幻，
让崇山峻岭
绿浪澎湃，
让潜龙在渊的山水，
成为神仙境界。

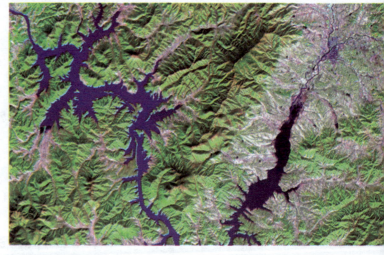

打开中国的卫星地图，聚焦东北地区的吉林省吉林市，聚焦、放大吉林市的松花湖，就会发现一条栩栩如生的游龙，张牙舞爪，耀武扬威地蜿蜒奔腾在墨绿色的万山丛中。这条飞舞的蛟龙，就是名闻遐迩的松花湖。

有人曾戏说，谁能从卫星地图中看出松花湖的端倪，谁就是我堂堂华夏民族的龙的传人。如果是外国人，那么他也必定具有尊龙、敬龙、爱龙的中华龙缘。

实际上，无论是谁，当他看到这幅从卫星上摄取的松花湖地图时，会立刻感到一种强烈的视觉冲击力扑面而来。凝目之下，一种更加强烈的震撼力会猛烈地撞击着你的心扉，并且随着想象力的增加，这种视觉的冲击力和心灵的震撼力会越来越强烈。

最为神奇的是,无论你怎样看,松花湖卫星图像都是一条在绿色的崇山峻岭间耀武扬威,矫夭蜿蜒的游龙。

正面看,这是一条回首摆尾的神龙,龙首在下方的松花湖石龙壁景区水域,龙嘴在松花江道的第一险滩额嚇口的拐弯处。你看神龙犄角支楞,脖颈回曲,鬓须猎猎,威风凛凛,正蜿蜒着长大的身躯,沿着松花江道逆势而上,向着长白山天池追根溯源。也许它要去探寻天池的奥秘吧! 风水先生说,这是"神龙戏水"图,吉林市是龙的故乡,是大清皇家御封的"龙兴之地"。

如果将此卫星图像倒过来欣赏,那么,松花湖又像一条矫夭飞腾的游龙。它仿佛正从天池游来,龙身在千山万壑间蜿蜒,龙首恰在丰满镇拦江大坝之上的松花湖疗养风景区水域。龙嘴在大坝处张开,于是一江大水从龙口中浩荡而出,蜿蜒曲折,呈S形盘绕着美丽的江城吉林市,形成了一幅世所罕见的"神龙吐水"的壮观图形。松花湖坝上双峰疗养区的巨人湖湾,正是巨龙威武的犄角。从拦江大坝之上的湖湾到骆驼湾景区水域,正是巨龙前伸的刚劲有力的脖颈,脖颈之后,是分别向两侧伸出的前肢,松北景区水域犹如神龙腾云驾雾时右前肢舒爪前探,旺起镇湖湾水域正如神龙的左前肢后蹬。蓬松的脊鳍正是五虎岛景区水域。卧龙潭景区、海浪山景区和凤舞池景区水域组成了神龙摆尾的遒劲后身。石龙壁景区水域多岔的湖湾,则组成了尾须蓬勃扎撒的龙尾。整幅图像,栩栩如生,生动形象,活泼矫健。江湖术士说,

这是"神龙喷水图",吉林市是大风水宝地。

也有人戏说,从松花江畔的朱雀山主峰俯看松花湖,虽然视野开阔,但只能看到辽阔的湖区青山碧水、朝晖夕阴、气象万千的风景,却不能被它的灵性震撼。但你如果能像神话中的孙悟空那样,一个跟头翻上千米碧霄,稳落洁白的云头再俯瞰松花湖时,(乘飞机鸟瞰松花湖不比孙悟空踏着云头看更实际吗)你会忽然惊奇地发现,一条矫健的游龙,张牙舞爪,威风凛凛,耀武扬威,矫夭腾挪,在长白山崇山峻岭中,掀起了一波波滔天绿浪。那时,你不得不震撼于天工造物的神奇!你不得不脱口惊叹,啊!这就是松花湖。当然,我们不得不说,这种戏说中的想象,本身就由这幅松花湖卫星图产生!

是的,从地理形胜看,发源于长白山天池的松花江,本身就充满了龙的神话。它穿过连绵青山,越过浩瀚林海,裹挟着众多的山溪河流,汇成一脉浩荡大水,一路奔腾至吉林市东南部的丰满镇,忽然遭遇了高达百米,宽达一千多米的拦江大坝的豪迈挽留,于是,立刻收束起粗犷与豪放,形成了一泓面积达500多平方公里的高山湖泊——温柔秀美的松花湖。

从历史上看,松花湖与龙的图腾的确有不解之缘。

公元1658年的大清初叶,顺治皇帝立刻命令遥驻东北边疆的宁古塔将军沙尔虎达率军前往吉林市创建八旗水师。1673年,吉林乌拉城建成。1685年康熙皇帝首次东巡吉林检阅吉林水师,以布置东北边疆的防务。期间,康熙皇帝在松花江畔设坛祭奠长白山、松花江,从此之后,吉林市乃至整个长白山脉和流经期间的松花江皆成了大清王朝的"龙兴之地"。

龙,是萨满教中最重要的图腾。而信奉万物有灵的萨满教的满族前身——女真长白部落,自古就居住在长白山中的松花江两岸。他们依山傍水,靠山射猎,临江撒网,对松花江充满了深

厚的感情。同样,神圣、神秘、神奇的松花江也在世世代代生活在松花江畔的女真长白部落部族中,产生、积累出许多难解之谜——

发源自长白山主峰白头山天池的松花江,何以能够穿越座座高山、道道峻岭而流经大半个东北?

激流澎湃、浩荡奔腾的松花江,何以规规矩矩地在山谷间流淌千年而不决口,不泛滥?

素以高山冷水著称的松花江中,何以有身形长达丈(一丈约等于3.3公尺)余的鲟鳇鱼,何以有鳌花、鳊花、鲦花和岛子,号称松花江美味"三花一岛"的数十种鱼鲜?

滔滔奔流的松花江中何以有如此之多的不但撒网可获,而且瓢舀可得的鱼类?

于是,他们归结于龙的创造,龙的恩赐。因为龙是万物之尊。于是,一个个龙与松花江的神话在江畔各民族中广为流传——

远古时代,长白山麓连日暴雨,洪水充溢山间,长久不消,山谷间成为浩瀚泽国。世世代代在山下拓荒种地的、依草放牧的、临水捕鱼的各族群众纷纷逃到山顶,过着无处居住,无处耕种、无处放牧的困苦生活。恰好,玉皇大帝殿前的大学士太白金星奉玉帝旨意巡视天下时,发现了长白山中的巨大水灾,于是,急奏玉皇大帝,请求速速治理长白山中的洪灾。

玉帝询问长白山区形成水灾的缘由,太白金星说此乃连日暴雨导致山中洪水充溢不泄而成。玉帝又问，洪水为何不泄？太白金星说，长白山山高石厚，无水道可泄洪，因而，洪水持久不退。玉皇大帝再问，如何解除长白山洪灾？太白金星回答，唯有开山劈岭，打通一条江河之道，方可泄洪于大海。

于是，玉皇大帝急令东海龙王敖广担负长白山之泄洪任务。

东海龙王敖广接旨后，立即召集四海龙王商议去长白山泄洪之事。经商议，决定派遣以白龙为首的十七条年轻力壮的神龙，立即从长白山千山万岭中打通一条江道，将洪水泻入东部大海。

据说，长白山中积水长度达到1700里，白龙立即将这1700里山岭分给十七条龙，每条龙担负100里的开山劈岭任务。这十七条龙各自来到自己的任务段落后，立即按照白龙的要求，挺起脖颈，奋起神力，用龙角逢山开山，逢岭破岭，历经几个月时间的辛勤开凿，终于把堵塞洪水的山岭打开一条河道，洪水遇到排泄的河道立刻汹涌泻出。

这条河道就是如今的松花江。

据说，这次开山劈岭打通松花江道的行动，整整累死了七条神龙。如今看到的松花湖沿岸那些刀削斧劈般的陡立石壁，就是当年神龙用犄角奋力黥开巨大的山岩留下的。所以，居住在松花江畔的长白部落的女真人（今之满族）深信松花江是神龙开辟的，至今神龙依然驻跸在松花江中。

松花江，即是神龙的化身，是满族人崇拜的图腾。

据有关资料记载，1944年，曾有龙坠落松花江畔，并且留有图片。现将有关资料辑录如下：

上海人民出版社编辑出版的1989年12月《中外书摘》第3卷第4期的《人间奇事》专栏里，题目为《我所看到的黑龙》回忆文章，由松花江畔的杜尔伯特对山奶牛场退休干部任殿元口述，其子杜尔伯特博物馆职工任青春整理。

任殿元老人于1994年3月初辞世。《中外书摘》在刊登这篇文稿的同时，还发表了任青春写给编辑部的一封信——编辑同志，《我所看到的黑龙》原文节选如下：

1944年8月（具体哪一天记不清了），我父亲任佰金领着我（任殿元，当时27岁）和渔民丛来顺（43岁）、谢八（38岁）等驾船出江打鱼。我们出江少则三五天，多则十几天，和我们一同出江的还有4只船、10多个人。

这天早晨，我们的船只行进到了牡丹江（为松花江某段的旧称）南岸（当时这里归肇源县管辖，位于肇源县城偏西北15公里处），突然发现陈家围子村后头围了许多人，估计要比陈家围子全村人还要多4倍。我们将船靠了岸，向岸边的一个人打听，那人小声地告诉我们："黑龙江里的黑龙落到沙滩上了！"一听这消息，我们既兴奋又紧张,我父亲说:"鱼上不上网也不差这一会儿,走,看看去!"5只船上的10多个人就全上了岸,我们几乎是跑着赶到的。

一看那场景,把我父亲那样的老"鱼鹰子"都吓呆了。但见一个黑色的巨型动物卧在沙滩上,它太大了!陈家围子的人用柳条子在它身上搭了个棚子,算起来得有20多米长。头部有10多米长,头颈比身子细,头像牛犊子脑袋那么大,略呈方形,上宽下窄,头上没有权角,只是在前额上长了一个扁铲形状的角,像牛角,短且直,根部粗约10厘米。脸形和画上画的龙差不多,长着七八根长须子,又粗又硬,还直抖动,嘴形特像鲇鱼嘴,又扁又宽,嘴有30多厘米长,闭着,看不到它的牙和舌。它闭着双眼,眼角围了一团苍蝇,它的眼皮一动,苍蝇就"嗡"的一声飞开了。它长着4个爪子,但看不准爪子有几个趾,因为爪子深深地插进了沙滩里,小腿比小伙子的胳膊还粗。它的身子前半部分粗,由于是趴在地上,能看出接近大人腰那么高,估计直径得有1米多。后腿以后的部分是尾巴,比前身细,但很长,足有八九米。整个形象就像个巨型4脚蛇(东北土话叫马蛇子,即蜥蜴类动物)。它通身是鳞,脊背上的鳞是铁青色的,足有冰盘那么大,形状和鲤鱼鳞差不多。肚皮和爪子上的鳞是粉白色的,瞅着比脊背上的鳞鲜嫩,并且略小于脊背上的鳞。脊背上的鳞干巴巴的,像晒干的鱼坯子(干鱼)。大群的苍蝇在它身上飞来飞去,它不时地抖动身上的鳞,发出干涩的"咔咔"声,每响一次,苍蝇就"嗡"的一声飞起来;声音一停,苍蝇就又落了下去。它身上的腥味儿极大,相距几百米远就能闻到。它身下卧着的地方已经卧出了一条长沟,身边的嫩杂草都被它踩倒了,可惜的是看不出脚印是什么样子。

陈家围子只有20多户人家,总共60多口人,而在场却有300多人,原来,附近的任家亮子、瓦房子、尚卧子等好几个村的人全来了。他们有挑桶的,有端盆的,都拿着盛水的工具,统统由陈家围子伪村长陈庆指挥。陈庆不许大家管它叫"龙",只能称"水虫"。听陈庆讲,

059

如诗如画

昨天下午他还来过这里,什么也没有,今天早晨就有人看到了这个"水虫",说明它是昨夜卧在这里,今早被人发现的。陈庆组织陈家围子人搭起了棚子,然后让人挑水往"水虫"身上浇,水一浇上去,"水虫"身上的鳞就随之一抖,人们就这样一桶桶地往"水虫"身上浇水。谢八说:"快看,它的脖子多像马脖子!这家伙肥啊,要是宰了吃肉该多好。"

看了一个多时辰,我父亲说:"走吧,明天再来看。"就这样,我们恋恋不舍地上了船。在船上大家还直议论,丛来顺说:"如果这个'水虫'没有尾巴的话,那它就是黑龙江里的秃尾巴老李。"谢八说:"这一定是黑龙江里的黑龙,你没看它通身都是黑色的吗?"大家连鱼都没打好。

当天下午下起了大雨,到夜晚变成了暴雨,整整下了一夜,时缓时急。第二天一早转为牛毛细雨。我们5只船直奔陈家围子村后,赶到那儿一看,心凉了!曾经趴卧"黑龙"的地方现在只剩一条深沟,沙子里还留有浓烈的腥味儿。据当地人讲,"水虫"是半夜走的,怎么走的,到哪儿去了,谁也不知道,因为下暴雨的夜晚不可能有人守候它。但我们清楚地看到,距它趴卧的沙沟东北处还有一条深沟,明显能看出是它站立起来时弄成的,这说明它极可能是朝东北方向走的,怎么走的,却是个谜。会不会是像飞机那样行进一段距离后鳞甲张开、腾空飞起来了呢?这只能是猜测。

再后来我们打鱼到那里时,听当地人悄悄地讲,日本人封锁这消息,不准人们到处乱讲。以后就很少有人提起了,到如今已经40多年了,那动物到底是什么东西,我们仍然不知道,但40多年前的情景仍历历在目,恍如昨天发生的一样……

山水梦境

1. 丰满电站
——中国水电之母

坝下风光

栖居北国江城，你可以不出市区即能欣赏到吉林市因江而建、因江而居、因江而美的"四面青山三面水，一城山色半城江"的秀丽景色。然而，欲游松花湖，还是要先赏松花江。这不仅仅因为松花江和松花湖江湖同源，最重要的是，松花江是你步入东方之梦松花湖的一位自然导游，一位天生丽质、风姿绰约的丽人天使。

松花湖位于江城吉林市东南郊。自吉林市乘车沿江滨公路一路南来，首先映入你眼帘的是浩浩荡荡的松花江。因为路濒江筑，江随山转、青山绿林、江畔楼厦以及林荫路和松花江已经浑然一体，成为一道难舍难分的风景，于是，心便被沿江的风景诱惑，俘虏，陶醉，再也不能自已。

假如是春季,你会看到春水满江,碧波汹涌,岸边垂柳吐丝,风剪绿叶。江畔楼阁掩映于绿荫丛中,山坡春苗萌发于垄亩之上。偶有几只水鸟啼鸣而来,临水飞翔,更见一叶扁舟,游弋江上,意境如诗,情臻化境,如此诗情画意,肯定会引发你一声声惊叹。

倘若是夏天,你会看到大江澎湃,浩荡奔流,岸上绿柳如烟,坡上芳草萋萋。江滩上遮阳伞如花竞放,戏水游人追逐嬉闹。忽有一叶小舟顺流飘来,渔翁撒网江上,野凫盘旋江滨,风光旖旎,意境如画,你会忍不住慨然喝彩。

如果是秋天,你会看到一江碧澄,白云悠然,对岸嘉禾满坡,小镇炊烟袅袅。偶有一俩钓客垂钩江畔,引来无数游客静观。若一鱼出水,即便引来满江喝彩。说不定你会未到松花湖而大叫中途停车呢!

如若是冬天,你会看到千里冰封,万里雪飘之下的一川不冻江水。但见波浪滔滔,雾气翻涌。江畔雪柳纷披,玉树琼花。雪道上时有烈马奔腾,爬犁驱驰。你会觉得身临其中,恍若仙境。非得先下车拍两张雪柳玉照、雾凇倩影不可。

别忙! 滨江大路的左侧,就是名满天下的明代阿什哈达摩崖石刻和古船厂博物馆。阿什哈达,满语为半山峭壁的意思。说明此地早在女真时代,松花江就将其冲击成临江陡崖了。这面濒临浩浩大江的嶙峋峭壁,被明代辽东指挥使司、骠骑将军、大明造船总兵官刘清当做了凿石记史之山碑。依山凭吊,临崖辨识,你会走进历史。或许你会有幸隐约听到古船厂高亢的抬木号子和乒乓的锛刨斧凿之声,你会从历史深处依稀看到"连樯接舰屯江城","旌旄映水翻朱缨"的海市蜃楼。

其实,这仅仅是松花湖坝下的风光,是序幕。真正的无限风光,还在松花湖呢!

沿江溯望,那座高可入云,截断松江云雨的拦江大坝之上,就是号称东方之梦的松花湖。

那是一座高悬于海拔260多米的高峡平湖,其中云雾缭绕的崇山峻岭,烟波浩渺的无涯绿水,皆被高耸的大坝遮住了视线,令你望眼欲穿,令你心急如焚。你恨不得"跃上葱茏四百旋",一下子站在拦江大坝之上,抬望眼,凝目光,让号称东方之梦的松花湖的风光一览无余,尽收视野。

丰满电站

中国劳工尸骨
筑就的松花江丰满大坝,
成就了日寇
"东亚第一"。

但侵略者的美梦

终难成真，

完璧归赵

变成

中国水电之母。

站在松花湖畔放眼远眺的时候，湖光山色会把我们带进尘封的历史：松花湖，因吉林市丰满水电站的修建而诞生于松花江上。史实告诉我们，丰满水电站是中国最早建成的大型水电站，是现今东北电网骨干电站之一，被誉为"中国水电之母"。然而，大坝两侧写满历史沧桑的嶙峋山崖告诫着世人：灿烂的花朵，或许绽开于秽人之壤；光明的美梦，常常萌生于艰难的岁月。丰满水电站与松花湖，都曾有过一段悲酸艰辛的历史。

日寇殖民之梦

当我们站在横跨两山峡谷间的松花江丰满拦江大坝之上，俯首坝下倾听涛声如雷，观看脚下潜流暗涌的浪涛，当我们仰首东望坝上的松花湖烟波浩渺，一望无际，胸中充满了无限豪情的时候，你可曾想过，这座雄伟的拦江大坝，这座水域辽阔达550平方公里的高峡平湖，这座日夜生产着巨大电能的发电站，是一个隅居东洋海岛上的小小日本国的军国主义者，用刺刀奴役着无数的中国劳工修建起来的吗？

异族入侵，打家劫舍，跑马圈地，占山为王，历史上不乏先例。即使是大秦帝国的秦始皇，也曾驱使着本国的几十万苦役修建过万里长城，以保守的农业文明理念去阻挡扩张的草原游牧文明的思维。东起山海关，西到嘉峪关，几十万苦役的血肉之躯，筑起了耸立在燕山山脉和太行山脉之巅的万里长城。但长城之长和长城之固，并没有阻挡住辽国耶律阿保机的挥师南下，也没有阻挡住大金国完颜部落的铁骑南侵，更没有阻挡住忽必烈的蒙

古铁骑和努尔哈赤的八旗铁蹄的两代冲击。但这仅是华夏兄弟之争。大中华本来就是有史以来的多民族国家！

　　然而，20世纪30年代，中国960万平方公里上的4.7亿中国人民，居然屈辱地容忍了一个隅居海岛上的日本国落脚中国东北的狼子野心，居然容忍他们在中国的土地上修筑铁路，掠夺物资，修建电站，蓄水发电，以至为所欲为做长期霸占之准备。我们不得不拷问历史，当时的东北怎么了？中国怎么了？堂堂大中华尊严何在？

　　答案是，黑暗的旧中国国弱民贫，一穷二白，一盘散沙，统治阶级腐败无能，到处军阀混战。落后的中国，蒙昧的人民，只有挨打的份儿，只有做亡国奴的份儿，只有人为刀俎我为鱼肉的份儿。

　　松花湖就是历史上的明证，它是当时日本帝国主义妄图长期霸占中国的美梦，但却是中国人民尤其是东北人民的一个噩梦。

　　1931年9月18日，日本侵略者驻中国东北地区的关东军突然袭击沈阳，制造了"柳条湖"事件，占领了沈阳城。在此后不到一个月时间内，东北大部分国土相继沦陷。几千万东北同胞陷入水深火热之中。

　　日寇侵占东北后，企图以中国东北为大本营，向其他省份扩张侵略。日寇知道，电力是大规模侵略中国战争的重要物资保障基础。因此，于1936年，由日本关东军司令部先后两次指令其扶持的傀儡政权"伪满洲国"出面，要5年内在松花江上建成18万千瓦的丰满水电站。

　　1937年4月，数万中国劳工被日寇用刺刀和狼狗监押着，汇聚到吉林市丰满镇。1937年5月，日伪水电局长、日本水力发电专家本间德雄正式提交了《丰满发电所计划书》，同年7月，号称"东亚第一"大水电站的丰满水电站正式动工修建。

　　1942年11月，历经中国八万劳工长达五年半多岁月的血肉浇筑，丰满水电工程

初具规模，大江截流，水库开始蓄水。1943年3月，一号机开始发电。同年5月13日，4号机组投产发电，用154千伏电压向吉林、长春、哈尔滨送电。1944年6月22日及12月25日，2号、7号机组先后投产发电，并以220千伏电压向沈阳、抚顺送电。

丰满大坝全长1080米，高90.5米。左侧为溢流坝段，为孔口式溢流堰，堰顶高程252.5米，有11个泄洪口，各宽12米、高6米。设计泄洪量9020立方米/秒，校核最大泄量9240立方米/秒，用差动式跃水槛消能。发电厂房位于坝下右侧，长189米、宽22米、高38米。丰满水电工程的竣工，曾让日本侵略者欣喜若狂。他们认为这是"大东亚共荣"侵略梦想的初步成功，永久占领我国东北，进而变整个中国为日本殖民地的梦想即将实现。然而，物极必反，盈则有亏。在中国人民抗日战争和世界反法西斯战争铁流的强力打击下，盘踞中国东北十几年之久的日寇终于宣布投降。日寇苦心修建的丰满水电站还是天经地义地留给了中国人民，成为日本历史上一件遗笑于世界历史的作嫁衣裳。

由于日寇急于发电，以满足军工生产的需要，因而片面追求增加坝高，却没有相应增加坝体厚度，致使大坝断面残缺单薄，加之水泥用量减少，砂石料未经筛选，使混凝土施工质量低劣，大坝成为了一座险坝。日军仓皇撤退时丰满大坝尚未最后

完成，有些坝段还没有按设计断面的要求浇筑完毕，而且坝基断层未经处理，已浇筑的混凝土质量很差，廊道里漏水严重，坝面冻融剥蚀成为蜂窝状。整个拦江大坝处于危险的残破状态。有人说，丰满水电站大坝的现状，标志着这是日本帝国主义一个根本无法实现的永久占领中华的残梦。

国民党祸国殃民的毒梦

如果说，丰满水电站是日本帝国主义一个侵华的铁证，一个日寇最终难以实现的美丽的残梦的话，那么，它以饱经风雨沧桑的伤痕累累之躯，又一次见证了国民党反动派的滔天罪恶，见证了蒋介石的人神共愤、令人发指的阴谋！

抗日战争胜利结束后，惯于同室操戈，又善于在抗日战场上节节败退的国民党全面接收了丰满水电站，摘获了一个唾手而得的"桃子"。

面对残破的拦江大坝，国民党原资源委员会曾于1946年，委派全国水力发电工程总处的美国顾问卡登和中国工程师，共同研究制定修复残破的丰满水电站计划。

当时曾提出了炸低溢流堰，用降低水库水位的方法，来保证大坝的安全。但因当时条件很困难，东北正处于解放战争的关键时刻，因而，国民党只凿掉了少量溢流堰的混凝土，维修工程再也没有机会继续进行。

1948年，中国人民的解放事业正以排山倒海之力，摧枯拉朽之力全面推进，国民党反动派的前途已经日薄西山，气息奄奄。为苟延残喘，阻挡东北地区的全面解放，3月8日，蒋介石居然冒天下之大不韪，置吉林市及下游数千万东北人民的生命财产于不顾，以手谕的形式，命令东北剿总副总司令郑洞国："撤退前，必须彻底炸毁小丰满堤坝和发电厂全部设备"。蒋介石祸国殃民的一纸令下，丰满水电大坝危在旦夕！大坝下游的吉林市及众多乡镇，甚至黑龙江的哈尔滨等城市乡村，即将遭受灭顶之灾。

中国共产党得知这一消息后，立即组织力量，强化护坝宣传，积极开展了保卫丰满水电站的艰苦工作，把护坝的警告性传单一直秘密送达到国民党驻吉林市第六十军军长曾泽生以及驻丰满电站的国民党第544团团长的案头之上。在国民党部队撤离吉林市的夜晚，执行炸坝任务的国民党544团团长仅仅派出了以团部侦察排排长为首的几个人，携带着几颗手榴弹来到丰满电站，虚张声势地做炸毁大坝之态，以敷衍上司的命令。是夜，当班电站运行值长张文彬面对破坏电厂的国民党军队侦查排长时，他机智周旋，巧妙应付，终于确保了发电机组完好无损。同时，护坝

工人队伍严格防守国民党施展炸坝阴谋,因而确保了丰满大坝完好无损。翌日,饱受磨难的丰满水电站终于回到人民的手中。

吉林人民的光明之梦

待到波平风定后,一颗灵珠依旧圆。

1948年东北解放后,历经磨难的丰满水电站终于从日本帝国主义和国民党反动派的魔爪中彻底摆脱了噩梦,重新回到了人们的怀抱中。中国共产党立即委托苏联彼得格勒水电设计院做出丰满水电站修复和扩建工程设计(366号设计)。我们首先采取了加固大坝的积极措施,于1950年汛前突击浇筑57360立方米混凝土,充分

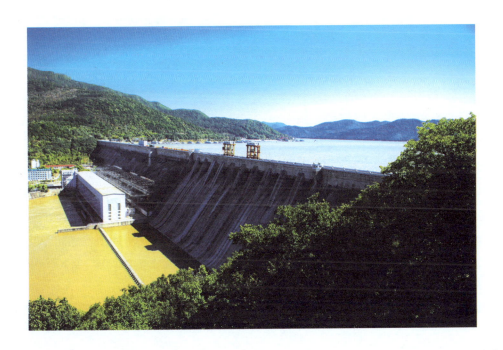

保证了丰满大坝的度汛安全。

如今,丰满大坝昂首挺立于松花江道中,与青山为伍,为人民尽忠已达70个年头。风雨沧桑中,仍然挺直胸膛,张开双臂,挽留着一泻千里的松花江,拥护着一碧万顷的松花湖。可谓烈士暮年,壮心不已。

2. 松花湖

——中国最早的人工湖

松花湖，
东方之梦。
你是长白山拥护的明珠，
你是松花江豪放的矫龙。
你的富饶教天下钦羡，
你的风采令世人心动。

龙，是中华图腾中的至尊图腾。

江河，蜿蜒流淌大地，所以国人习惯于把大江大河比喻做龙。

发源于长白山天池的松花江，恰如一条矫夭游龙，穿过连绵青山越过浩瀚林海，裹挟着众多的山溪河流，汇成一脉浩荡大水，一路奔腾至吉林市东南郊的丰满镇，突然遭遇了高达百米，宽达一千多米的拦江大坝的豪迈挽留，于是，立刻收束起粗犷与豪放，形成了一泓面积达550多平方公里的美丽湖泊——温婉秀美的松花湖。

松花湖呈虬曲腾飞的游龙状，蜿蜒蟠曲于松花江及其支流的山谷之间，湖面海拔266.5米。北起吉林市丰满电站大坝，南至吉林省桦甸市的桦树镇，全长约200公

里，最宽处有10多公里，蓄水量约108亿立方米，是一个具有防洪、灌溉、发电、航运、水产、旅游等多种经济意义的大型水利工程。

松花湖是1943年日伪时期竣工的人工湖，是我国修建历史最早，面积最大的人工湖。

松花湖的湖身狭长，湖湾众多，沟汊纵横，狭窄处两岸危岩对峙，嶙峋多姿；宽阔处烟波浩渺，一碧万顷；周围群山层峦叠嶂，林木葱茏；整个湖区青山叠翠，碧波荡漾，景色十分秀丽，因此成为我国东北地区的一处名闻遐迩的游览胜地。

沿湖东上，越往上走，湖面越见狭窄，山势越见陡峭，岸崖越见雄奇，森林越见茂密，人烟越见稀少。故有人认为松花湖畔之山颇具黄山之峻美，湖水颇具漓江之清秀。

松花湖中有大小岛屿一百多座，最著名的如金龟岛、五虎岛、湖心岛、蘑菇岛、花砬子岛等。湖周青山连绵，岩崖壁立。湖水清澄碧透，万顷一碧。可谓山奇水秀，相映成趣。

1988年，松花湖被国务院批准为全国重点风景区。松花湖以得天独厚的地理位置、四季分明的气候条件、明媚秀丽的湖光山色吸引了大量国内外游客，是吉林市一张美丽的山水名片。

景区繁多

松花湖旅游区分11个相对独立的景区。坝上东西两岸有省市级部门修建的各种疗养院所，称为松湖疗养景区，也叫湖光景区。其南边湖湾有双峰岭景区和青山（滑雪场）景区。从松花湖丰满码头向湖区上游走，途中有骆驼峰、北天门、五虎岛、海浪山、卧龙潭、凤舞池、石龙壁、上湖等风景区。有的景区已经开发，有的正在开发，有的景区还保留着原始风貌。

水域辽阔

诗人贺敬之诗曰："水明三峡少"，是说松花湖水域辽阔，连激流奔腾的长江三峡都为之逊色。五百里松花湖烟波浩淼，碧水荡漾。确是大气磅礴，气象万千。天气晴朗时，水平如镜，碧澄千里。蓝天白云、青山峻岭，倒映水中，江鸥在水中飞翔，锦鳞在云中游泳，真是"湖光潋滟晴方好"！每当烟雨霏霏，雾笼湖面，但见，云缠峰岭，山影苍茫；雾遮江渚，水波迷蒙，确是"山水空濛雨亦奇"！

崖奇峰险

松花湖群山环抱，层峦叠立，千米以上的山峰有几十座。乘舟游览松花湖时，但见湖岸石壁挺拔、悬崖峻峭、若钟乳，似石林，如鬼斧神工，刀削斧劈，千姿百态，令人遐想。远望群山环

抱绿水,湖水更显深邃幽静;碧波缠绕青山,青山越发葱茏润泽。时有鹤飞于湖湾,鹿啼于山林,真是深山幽谷,引人入胜。

林秀草芳

松花湖生态环境好,风光秀丽,景色怡人。湖区森林面积达21万公顷,有各类植物600余种,野生动物140多种。初春,湖滩芳草萋萋,牛马满滩,湖畔林木吐翠,狍鹿出没;盛夏,绿树成荫、鸟鸣幽谷;金秋,漫山红叶、层林尽染;隆冬,银装素裹,玉树琼花。五百里湖区,碧水与长天一色,松涛共波声合鸣。更有鹰飞山巅、鹤翔水滨;舟游湖上,牛哞草滩;湖畔渔村,炊烟袅袅,鸡犬相闻。松花湖四季,虽然真山真水真迹,却如仙山琼岛幻境,色彩变幻,美不胜收。

鱼类丰富

松花湖属于高山冷水湖,湖内生长着50多种鱼类,其中湖鲤、银鲫、鳊花、鳌花、青鳞、红鳍鲌等都是肉鲜味美的席上佳品。闻名遐迩的松花江"三花一白"(即鳊花、鳌花、鲦花和岛子)更为名贵,过去是清廷贡品,只供皇帝及其皇族享受,今天早已摆上大众的餐桌!

诗人王彦增之《松花湖赋》,说古援今,旁征博引,纵横山水,大气磅薄。读此诗赋,如游松湖。特附录于此,恭供欣赏。

松花湖赋
王彦增

松花湖者,天下之名湖也。位居江城吉林之东南,缘自丰满电站[1]之肇建。山水形胜,富三峡之气象;含灵蕴秀,媚西湖之林妍。巍巍哉,仰群峰之峭拔,叹雄嶂之列天,观林莽之苍郁,睹怪石之愕然;浩浩乎,汇天池之圣水[2],安松江之巨澜,纳长白之紫气,润万物之命源。时见猛虎出没,亦有蛟龙生焉。胜崇关东大地,超拔名湖之巅。每使旅人心醉,常教游子梦牵。

观夫松花湖美，当在山之幽远。群翠环抱，叠嶂层峦，千重山列，百涧波涵。林荫石蔽，清凉世界；曲径幽深，别有洞天。晴则江天寥廓，满目旷丽；雨则天地朦胧，峰谷含烟。峤凌霄汉，白云萦绕其上；峦俯碧水，青石影落其间。木结崖畔，苍松凌空矗立；花开谷底，丹英芳意缠绵。春则鹅黄初上，野花迷目。夏则空山滴翠，绿荫堪眠。秋则鸿雁南去，心醉画图。冬则雪横千嶂，情满关山。朱雀、骆驼、牡丹诸峰自然造化，天成胜景；金龟、五虎、卧龙列岛耆老传说，故事年年。菩提寺、天齐寺、善林寺晨钟暮鼓欲醒尘情浊世；渔家小筑、休闲会所、避暑山居诗情画境一写世外桃源。

观夫松花湖美，复在水之明滟。子燕春归，绿水如兰；鱼翔帆动，墨浪腾欢；山花五色，波光缱绻；冰覆雪落，清流雾暖。犹若琼浆，化育关东儿女；胜似甘霖，灌溉沃野良田。烹鱼煮饭，尽显香鲜口味；润喉解渴，堪比玉露醇甜。善用能和百药，惯饮利差病痊。浩浩湖之辽阔，渺渺水之无边。贺翁敬之赋诗感怀③，江公泽民挥毫有赞④。轻舟画舫，洒银铃于旷野；朗月清风，垂丝纶于芦湾。"三花一岛"⑤世间独有，天下名播；神秘水怪⑥时现其踪，四海惊叹。

观夫松花湖美，尤在林之秀妍。潇潇远树，寂寂山川。一湖风月，半岭霞烟。望长松之落落，抚新卉之纤纤。踏古木之野径，寻青藤之故园。布谷鸣春，发草木之盛茂；浓荫蔽日，化仲夏之暑炎；霜凝层林，布秋叶之斑斓；琼花玉树，拥童话之人间。山中老木，历波涛化腐朽为神奇堪称妙品；林下异石，经风雨化无形为有象列属珍玩。獐狍野鹿，穿林岗而任驰骋；参芝蛙油，惠众生而民康安。步峰林悦赏绝胜之美景，居灵地顿觉岁月之悠闲。

余谓松湖之幽，在乎气象之安恬；松湖之明，在乎黎民之心怜；松

湖之秀,在乎职所之善管。天促其成,妙证乾坤之因果;人赖其瑞,誉彰君子之德范。润泽四方而无私,盛名赫赫;富极九有⑦而无欲,赤心拳拳。耳目何以新?喜四围青山常开画境;人文何以继? 乐一湖碧水笑迎群贤。噫嘘! 天下有水亦有山,松湖碧水非尘寰。不是天公赐福地,何来此景在人间。感而铭曰:

浩浩松湖,巍巍群山。赐我吉祥,佑吾平安。德昭大东⑧,恩济黎元。五湖所拱,天下齐瞻!

注释:

①缘自丰满电站:1937年,拦截松花江建设丰满水电站,继而叠坝成湖。

②汇天池之圣水:系指松花湖水源自长白山天池。

③贺翁敬之赋诗感怀:著名诗人贺敬之在游览松花湖后,感慨地写下了"水明三峡少,林秀西子无,此行傲范蠡,输我松花湖。"的诗句。

④江公泽民挥毫有赞:1994年6月,江泽民总书记视察吉林,游览松花湖后,欣然题词:"青山绿水松花湖"。

⑤"三花一岛":指产于松花湖的四种名贵鱼产,分别为鳌花鱼、鳊花鱼(边花鱼)、季花鱼(吉花鱼、鲫花鱼)和岛子鱼。

⑥神秘水怪:据游客和松花湖附近居民称,金龟岛、卧龙岛、杨木村等水域曾多次出现巨大怪物,引起国内外媒体广泛关注。

⑦富极九有:指松花湖物产极为丰富。

⑧大东:泛指关东大地。

3. 佛手向天　湖畔禅林
——青山景区之佛手山

你虽然偏踞
中国的关东，
却是一道
与佛结缘的
山岭。
单看那
矗立山巅的
佛掌，
就知道佛
已与天地相守。

　　自长春市沿吉长高速公路至吉林收费口右转丰满松花湖路，行驶不远即可到达松花湖区的第一景区——佛手山景区。

　　佛手山，是松花湖风景区中一座与佛有缘的山。佛手山位于吉林市丰满区小白山乡，距松花湖1.5公里。因山巅之上有一丛并列矗立的巨石砬子近似于竖起的硕大手掌，而被当地人称作"佛手砬子"。

佛手砬子

　　民间流传，佛手砬子的来历源于唐朝。说唐僧西天取经回归东土大唐的路上，西天如来佛祖担忧唐朝不能落实他的真经甚至派生出歪理邪说，便反悔了，急忙暗中通知通天河中的老龟，要它在驮唐僧师徒过河时找个借口，将真经淹毁。通天河老龟驮上取经回来的唐僧师徒后问唐僧：唐长老，当年我老龟请你拜问如来佛祖，我何日才能修佛成道，你可代我问过了？唐僧忽然想起忘记此事了，便诚实地说：对不起，我竟然把这事忘记了。待我再见佛祖时，一定代你拜问。老龟一听十分生气，立即将身一侧，潜入水中。于是唐僧师徒四人连同取来的所有真经，全部掀翻

在波浪滔天的通天河大水之中。等师徒四人把行李打捞上来看时，取来的经卷已经被水浸湿，完好的寥寥无几。唐僧无奈，只好将剩下的残经带回东土大唐。但从此大唐帝国的中原地区，佛教立时盛行起来。

如来佛游天下，见大唐皇帝李世民真心向佛，十分高兴，便问唐僧，佛教是否传遍大唐各地？唐僧实话实说：大唐东北的大荒之野乃教化方外之地，素居靺鞨之民，佛教并未普及到那里。如来佛祖说，善哉，我们不妨到大唐大荒之野走一遭。

如来协同唐僧来到关东吉林地面，见松花江水势浩大，激流澎湃，两岸山林密布，人烟稀少，便溯江岸而上。一日来到一道山岭前，见这里人众皆以兽皮、鱼皮为衣，以兽肉、鱼虾为食，伐木筑屋，向东而居，民风剽悍，好勇斗狠，且语言嘈嘈，难解其意。唐僧说，此是粟末靺鞨，一向不受圣人教化。如来说此地可立坛讲佛。于是依山一坐，佛手一立，开始讲经。讲罢道，此地已开过佛场，佛经从此可以在东北化外之地传播了。唐僧趁机进言：佛祖来大唐东北讲经乃佛界大事。但佛祖西归之后，此地并无纪念之物，恐佛义不能持久，请佛祖在此留下佛证，以诫后人。如来连呼善哉，向着山头佛掌一立说，佛掌在就是如来在。就在此留下佛手为记吧。从此，这道山岭的东端，生出一道状如佛手的石砬子矗立在山巅。当地人便叫佛手砬子。

果然，此地乡民一旦看到矗立在山顶的佛手砬子，立刻想到如来佛祖在此设坛讲佛之事。于是，祖传父，父传子，子传孙，代代相传，佛家教义也就代代流传下来。当地好勇斗狠之风逐渐被佛家教化的抑恶扬善之风取代。

佛手山

大清康熙二十一年（1682），康熙皇帝东巡吉林时曾带领侍卫溯江岸畋猎丛林，忽见丰满镇西侧一道山岭之巅的东端有一巨石，如巨掌直竖，五指并拢，形状奇妙，便问询吉林将军：那座山岩如此形状，有何名堂？吉林将军急忙奏报：圣上，此山大有名堂。山上那座矗立山巅的大石砬子硕大无比，形似大佛之手。传说是西天如来佛祖在唐朝时来此开坛讲佛时留下的佛证，当地人叫它佛手砬子。康熙听罢感叹：

原来此山与佛家有关,看来必有佛家故事。吉林将军说:圣上英明。佛手砬子山前有一庙,庙中和尚非常敬仰这座石砬子,认为此山与西天如来佛祖渊源颇深,只是山无正名。康熙听罢兴致盎然,立即说道:此山形状甚好,又有佛家典故,就叫"佛手山"吧!吉林将军连忙说:佛手山好。与佛手砬子的土名相比,更觉大气磅礴。康熙大喜,即兴口吟一联:"佛手擎天玉柱,如来功与天齐"。吉林将军说,圣上才比天高。这庙叫天齐寺,实在太好了。

自此,"佛手山"的山名和"天齐寺"的庙名就流传了下来。后来,康熙皇帝信口题咏的这首楹联也被镌刻到了山门两侧。寺庙的香火也从此兴旺起来。1966年,"文化大革命"的破四旧之风开始席卷吉林市,这座流传着佛家文化和皇家文化的天齐寺也遭到无情摧毁。只有佛手砬子依然舒指向空,执着地昭示着这段美丽的传说。

佛手山呈东南西北走向,海拔521米,山脉长约6公里。奇石满山,峰险崖峭,森林密布,风光秀丽。山巅之上的每座巨石砬子几乎都蕴含着一个与当年佛祖开坛讲经相关的故事。

无字佛碑

古代帝王出巡所到之地,几乎都要勒碑记事,以标青史。佛家大和尚外出开坛讲经,地方官府或乡绅也要勒碑志之。但唐朝时佛手砬子山下所居民众,乃世代游猎于大荒之地的粟末靺鞨民族,属于孔孟教化不到的化外之地,因

而,尽管西天如来首次到东土大唐的东北之地开坛讲经,当地土著并不知道要如何勒碑志之。

唐僧为了将佛祖来此开坛讲经的胜事流传于世,于是在佛手砬子之下的山洼处,选中了一块兀立的山岩,催动佛法,举手为刀,把向着佛手砬子一面的山岩凌空一削,这块兀立着的凹凸巨岩的一面立刻如同刀削斧劈,十分平整,好像一座石碑。唐僧当即以指为笔,将佛祖讲经盛事书于其上,但凡人却一字不见。于是,当地山民说那是"无字佛碑",上面用隐形字记述着当年西天如来佛祖在唐僧的陪伴下,来此

开坛讲经的事迹经过，但需得道高僧和与佛家渊源深厚的人，才能认读此碑文。

老龟听经

　　站在佛手山前的大道上，老远就可以看到山巅上的无字碑之西，隔着一座山峰，有一块极像乌龟的巨石，俯卧在山巅之上，当地山民称此石为神龟石，又名"老龟听经"。

　　传说，如来到东土大唐帝国考察唐僧和唐皇李世民传播真经的情况时，唐僧趁机向如来佛祖拜问通天河老龟修佛参禅之事。如来觉得欠通天河老龟一个人情，便答应唐僧，在他到关东开坛讲经时准许老龟临坛听经。

　　老龟接到唐僧的通知，高兴异常，急忙从通天河随波逐流游进大海，又从大海溯松花江而上，来到大唐国的东北的佛手碰子山上。老龟害怕自己其貌不扬，惊了如来的佛驾，便隐身在一座陡立的山峰之下静听如来佛祖讲经。如来讲经完毕，对隐身山后听经的老龟说：通天河老龟听真，你有缘听我真经，正果将成。我今留佛手印记在此山巅，你不妨也留下一个典故在此，以便后人纪念，也算你又积一份功德。你今道行渐满，不日遇到东海八仙时即可在江之东岸朱雀山满足你的心愿。如来说罢，隔山将手一挥，一座如同通天河老龟一模一样的石碰子兀地从天而降，稳稳落在老龟方才听经之处。老远看去，如同老龟依然俯卧山巅，在此虔诚听经。于是此地就留下了"神龟石"和"老龟听经"的典故。

　　令人感到奇怪的是，无论你站到山下公路的什么角度，远远看去，这老龟的模样儿竟然没有丝毫差别，依然栩栩如生。于是，招惹得不少四方游人来此观览，说看老龟一次，可延寿若干。于是，观览者日盛。

　　有人发现，不知何年何月何日起，老龟的屁股后头又来了一只小乌龟。后人猜测，说这只小乌龟大概是松花江中的一只老鼋，听说如来佛祖来此讲经，也偷偷地从江中爬出来，伸头一看，有只老乌龟趴在山巅，正聚精会神地听如来佛祖讲经呢，就悄悄地跑过去，伏在老龟身后听起来。等如来佛祖讲经完毕，竟然入了迷，忘记了回到松花江中，结果在如来佛祖为老龟留纪念时，居然也石化在此了。

石 猴 讲 经

"老龟听经"石后，隔着一座石峰的山洼处，有一尊状如猴子蹲踞在山巅上的巨石，好像正对着面前的石砬子或者是石砬子的后面讲说什么。

据说，这座状如猴子的石砬子名叫猴石。

传说，曾经保护唐僧取经的孙悟空到达西天后，功德圆满，被如来封为"斗战胜佛"。后来如来佛祖来大唐东北开坛讲经时，孙悟空为保护佛驾也来到了此地。如来讲经时，孙悟空就蹲踞在老龟后的山巅之上，眼观六路耳听八方，防止外魔邪道来此骚扰。这猴子大概耐不住寂寞，又怕耽误了职责，便呼来六丁六甲、值日功曹、山神土地，吩咐他们站好方位，注意保护如来佛祖。如发现异像，立刻告诉他。六丁六甲、值日功曹和山神土地不敢得罪孙悟空，齐声说道，大圣放心，这里有我们值勤，你便放心玩耍去吧！孙悟空急忙抱拳相谢说，谢谢列位。俺老孙不是贪玩，而是另有使命在身。来日定请你们到咱那花果山水帘洞耍上一耍，以表谢意。说罢便不再理睬他们，而是对西南念念有词地模仿如来佛祖讲起经来。

且说如来佛祖讲经完毕，留下了佛手砬子后对孙猴子说：悟空，你这猴头又偷懒耍滑！悟空分辩道：如来你冤枉好人！俺老孙何曾偷懒耍滑来着？如来说：你不偷懒耍滑为何要让别人替你值勤？悟空挠挠猴腮说道：原来为了这事儿！其实，我不过是让六丁六甲、值日功曹和山神土地代我值勤，我好腾出身子替你讲经罢了，哪想到好心成了驴肝肺。如来笑道：替我讲经？算你这猴头有长进了。此事不和你计较，只是你也要留下些我此次来开坛讲经的证物吧！悟空说，这有何难？于是，拔一根脖后毫毛，吹一口气，说声"变"，就在自己方才坐过的山巅，变出了一座如同自己方才模仿如来讲经时的石猴来，然后对佛祖说道，如来，这个可以了吧？如来笑道，你这猴子倒是不忘为自己留念想。悟空分辩道，如来差矣！有俺老孙的石像在，就证明你如来佛祖来过此地。天下谁不知，俺老孙如今是你如来佛界的护法神！如来道，说得好！就按你猴头说的办吧！于是，佛手山上，就有了这尊石猴。

飞来石

如来到大唐东北吉林松花江畔开坛讲经的事儿，惊动了天外各界。其中有一顽石，一心想向佛成佛，便趁如来佛祖开坛讲经之时从天外飞来，悄悄地落到了佛手山的西南端的山巅之上。

原来，孙悟空模仿如来讲经的对象，就是这方天外顽石。当时，顽石从天外飞来时总想离讲经的如来佛祖近些，以便听得真切，没想到孙悟空眼观六路耳听八方，早就听到了顽石飞来的声音，于是立召六丁六甲、值日功曹、山神土地代他站岗，自己好腾出手来对付这不知何方飞来的顽石。待顽石飞近时，一看有齐天大圣当空拦截，知道不是这猴头的对手，立即向悟空说明来意。悟空念他向佛心切，便指挥他在自己的面前石位于后降落。

顽石听完如来的讲经课之后，立刻变得稳重而灵通起来。待如来留下了佛手位了为佛家见证后，便提出要永驻此山，以便修炼。悟空嘻嘻地猴笑着说：善哉，善哉！没想到你这天外顽石也能如此虔诚向佛！顽石道：大圣切莫讥笑我，你不也是顽石中蹦出来的一只石猴吗？真是扔下要饭棍就打乞丐——翻身忘本了！悟空拍拍头顶，说：啊呀！你说得不差。看俺老孙不也留下了自己的化身在此陪你了吗？天外顽石听罢，更加安心在此了。于是，佛手山上，又凭空有了这方"天外来客"。

民间传说，天界之外另有许多顽石也想听如来的真经课。只是他们有的离得太远，有的走错了路，以至直到公元1976年3月8日15时，这些天外来客才赶到吉林市，

而且还降落错了地方。他们的落地之处不是吉林市松花湖畔的佛手山，而是在吉林市和永吉县及蛟河市近郊方圆500平方公里的平原地域内。大大小小的天外来客共138块，当代人称之为陨石雨。其中最大的一块重达1770公斤，是目前世界上发现的最大的石陨石。现被吉林市博物馆收集展出。他们比听孙悟空讲经的那块天外来客足足晚到了1400多年！也被誉为"天外来客"。

天齐寺

佛手山与松花湖近在咫尺，山水辉映，环境幽雅。佛手山上灵石犹在，但原山下的天齐庙古刹已毁于十年浩劫。香港陈桂红女士仰慕松花湖畔风景秀丽的山水和佛手山深厚的佛家文化底蕴，遂决定化募投资重建天齐寺。2012年6月2日上午9时28分，新建的具有独特的南国寺庙风格和浓郁的台湾风情元素的天齐寺大雄宝殿举行落成开光仪式。港澳台地区与国内的几十位大德高僧和近万余的信众参加了盛大的佛教法事。

重建的天齐寺，是一座集中外古今佛教文化、教育、弘法、慈善、朝圣观光为一体的僧信平等之道场胜地，日本女士期望将天齐寺打造成为大众化、国际化之人间喜乐净土。

新建天齐寺完全排除了国内传统的飞檐斗拱的明清建筑风格，而是采用了具有浓郁的台湾风情的现代化元素。无论是大殿外观和内部佛饰，都采用了中西合璧的建筑和装潢工艺，让人看后大开眼界。这在整个大陆佛教界也显得别具一格。

投资兴建佛手山天齐寺的陈桂红女士，原是吉林省吉林市松花湖畔的旺起镇人，自幼贫穷，生活多难，但乐善好施，曾为生活困扰服毒自杀，1997年开始闯荡商海，淘得第一桶金后在上海从事房地产业。2011年与台湾商人黄国栋结婚。至今共收养和扶助过22名贫穷流浪者，为吉林市捐款上千万元，被吉林市慈善总会评为慈善家。打造佛手山天齐寺宗教生态园，是陈桂红回报家乡，弘扬佛法的一大善举。

4. 吉祥山水　养生福地
——湖光景区

　　乘车由吉林市沿松花江畔吉丰公路盘旋而上，足踏丰满拦江大坝时，眼前豁然开朗。那令人心旷神怡的青山绿水，是松花湖的第一景区——湖光景区。湖光景区，即松花湖疗养院景区，因坝东和坝西的青山绿林前，建筑起无数座风格各异的国家和省市有关部门的疗养院而得名。

　　放眼远眺，浩瀚的松花湖水和苍茫的长白山脉突如其来地涌入视野，让人目不暇接，情不自禁，甚至不知所措。你或许会神思恍惚，不知这是传说中的东海蓬莱仙境，还是武陵源中的世外桃源，抑或是太虚之中梦幻之境。但你肯定恨不得立刻登舟游湖，来个与湖水的零距离亲近，将自己的灵与肉，融入这世所罕见的山光水色之中。

　　这就是湖光景区给你的第一印象。

　　仁者爱山，智者乐水。乘游艇驶向坝上的松花湖湖心，心海便开始不由自主地辽阔起来，情感开始朗润起来，思维开始灵动起来。但是，视觉却开始迷茫起来，视线开始缭乱起来。那充满灵性的山，让人遐思万缕；那溢满灵性的水，让人神思飞扬；那岸边绿树掩映下露出的一片片粉墙彩瓦，一座座飞檐翘角让人激情澎湃。面对如此美妙的山水画境，你想吟诗，你想作画，你想高歌，你想呐喊……但一个个蓬

勃而出的思维居然会杂乱无章地互相冲撞，互相荡涤，让你无法平静心海，无法做一个抒情达意的抉择。这就是如梦似幻的松花湖。

是了，这是忽遇仙山福地的迷惘，是常居喧嚣闹市忽遇幽雅的仙境的懵懂，是万千思绪忽然勃发时的无序与慌乱。这时的你，需要沉静，需要心静如水般的灵台澄澈。

面对如梦如幻的旖旎风光，导游会神秘地告诉你，松花湖是神山圣水，养生福地。湖光景区有享誉已久的"吉祥五山"。这五山的姿态，五山的风骨，蕴涵着中国五千年传统文化的吉祥寓意呢！

人类文化的核心是健康。人类文明越进步，则越是钟情于健康与养生。养生，是颐养生命、增强体质、愉悦精神、预防疾病，从而达到延年益寿的一种活动。所谓生，即生命、生存、生长之意；所谓养，即保养、调养、补养之意。总之，养生就是保养生命，促进健康。养生福地，自然是颐养生命的风水宝地。而旅游，正是现代人崇尚的养生过程之一。

松花湖既称为养生福地，必然有俗家向往的山水，道家崇尚的秘境，佛家乐居的圣土。于是，面对旖旎的山水，游人的心灵会逐渐沉

静如水，思维会逐渐清晰有序。一个悬念会油然而生：松花湖号称东方之梦，难道湖中果然暗藏什么玄机？

如意湖　吉祥山

如意湖，吉祥山，
佛祖东来久盘桓。
长白山界即禅界，
松花湖境是阆苑。

——这是20世纪80年代初，高僧释空云游松花湖所题禅诗。此诗不仅饱含禅意，而且蕴涵着对松花湖山水文化的深刻参悟。

高僧释空说，凡踏进松花湖者，明净的山水会让他逐渐感悟人生真谛。因为中华五千年文化的重要内容之一就是寄情山水，修身养性，祈愿幸福。这和佛家境界殊途同归。

"吉祥五山"，是高僧释空云游松花湖七七四十九天后，依据湖光景区自然形胜状态的所赐之名，是松花湖区居民和游客甘愿接受的文化境界。因此，这松花湖湖光景区周围的山水，就有了天人合一的吉祥山水的境界。

蝙蝠山

乘游艇驶向湖心，举头东望。浩瀚的湖面上一只巨大的蝙蝠正舒展开双翼，欲翩然起飞，冲天而上。其形态生动非凡，其气势磅礴异常。这就是闻名遐迩的松花湖蝙蝠山。

蝙蝠山是由重叠在湖东天际的两座青山组合而成。中间山峦突起，似蝙蝠之圆头尖喙，正收缩身体挺颈聚力，引势而

湖畔春色

程英铁摄

发；而两侧山峦舒展如弓，如矫健的双翼直达南北。奇特的是，南北两侧如弓的山脊中间，各自隆起了一个山包，像巨大的蝙蝠两翼中凸起的翅骨关节，充满了流畅的力度美。整座山体如同一只巨大的蝙蝠正凌波而舞，振翅起飞，

势若冲天凌云。这山势形态让人不得不惊叹自然界的鬼斧神工。这就是高僧释空所说的寓意"蝙蝠送福"的蝙蝠山！简称福山。

在古代的中国，蝙蝠即是福的化身，人们不仅取其谐音，而且取其体型的对称。古代雕刻的门廊窗户与年画的边角，常常饰以一个个双翼舒展的蝙蝠图形。况且自古即有紫气东来、东方赐福的成语典故。东方在五行中属木，代表蓬勃向上。东方不仅是太阳升起的地方，而且还是道家鼻祖老子自东方入函谷关的方向。因此，蝙蝠山的命名，是高僧释空以中华文化为灵魂，凭借中华民族以形喻物，借物抒怀的情感表达方式而对松花湖山水的感悟。

好运山

游艇在坝上明镜般的湖面上徐徐滑行，忽然，南岸的一脉青山引人入胜。此山横亘在湖水之南，山势颇缓，树冠平滑得如同裁剪出的绿色绒毡。山脊上几个圆滑的弧形，浅浅地勾勒出此山横陈圆润的轮廓。导游说，此山即释空大师堪舆的"好运当头，水之南崖（ai）"的好运山。释空大师当年曾说，"此山名好运，观者运自通"。好运，即好的时运也。你看那山沉静如睡佛，正仰望苍穹，似为来松花湖游览的客人祈祷好运呢！其实，此山外形并不像卧佛。当时曾有人对释空如此命名颇有微词。释空则高声谓之曰：大象无形，大道无极。只要

你心怀吉祥,此山便赐好运。闻者皆深感释空此言深含哲理。此山简称运山。

聚财山

踞湖心金龟岛而西望,波光激滟的湖西临水处,有一圆形山包衬托在身后一抹青山之前,遥望仿佛一尊绿色的元宝,浮跃在碧波之中。高僧"释空"曾说,彼山乃聚宝之相。西方属金位,昭示"禄"也。禄,即财气。

东有福山,西有禄山,南有好运山,北边该是什么吉祥之山呢?

平安岭

乘游艇北望大坝之西的湖滨疗养区,只见一座座粉墙红瓦的疗养院之后巍巍然端坐着一座巨大山体。正中高大的山体两侧徐徐舒展开两道山岭拥护着疗养区。高僧释空说,这是一尊巨大的坐佛,象征着平安。看他正舒展双臂,护佑着整个坝上湖区呢!

世上驴友,浪迹天涯,有的为寄情山水增加阅历,有的为放松神经调整身心,有的为游览山河陶冶情操,有的为欢度蜜月共赴爱河。每个人心中都充满了对自己前程的美好祈愿,或触景生情,或借物咏怀,或托物言志,或乞梦成真。若能在如诗如画的松花湖上听到高僧对福、运禄、好运、平安四山的吉祥诠释,当然会心情愉悦。

那么,湖光景区的第五座吉祥山会是什么?

金龟岛

坝上湖心,一座孤岛静卧在碧波荡漾的浩瀚大水之中。它头北身南,像极了一只浮游在松花湖面的硕大乌龟。那就是金龟岛。乘游艇遨游湖中，无论从湖东湖西任何一处向这座岛屿看去，都可看到金龟岛如一头巨龟，浮游于烟波浩淼的松花湖中，形神酷肖，悠然自得。释空

大师曾说过，此岛寓意为寿。在中国的水府龙宫，龟是龙王爷的第一贤臣。君不闻龙王龟相、虾兵蟹将之说吗！在日本，龟则是长寿的象征。

据湖心游艇而观四方之山，东福、西禄、南运、北安、中寿，果然福、禄、寿、运、安，五福俱全。难怪称"吉祥五山"，深入人心！

高僧释空与吉祥五山

松花湖上流传着高僧释空命名吉祥五山的故事：20世纪80年代初新秋的某天，一位身着赭黄僧袍的老僧风尘仆仆地来到松花湖畔，先是在坝东临水环视良久，后

趺坐于滨水礁石，面向湖泊，左手念珠，右手立掌，垂目肃容，口诵佛号。任凭江风吹得颔下长须飘舞，烈日晒得汗流如雨，老僧岿然不动。围观者中有吴姓老翁见老僧辛苦，遂将所带雨伞打开为老僧遮蔽烈日。然老僧浑若不觉，直到日落起身时方看到吴翁为其遮阳，但却并不示谢。吴翁问曰：荒山野水，何入高僧法眼？老僧随口念出四句偈语：神山圣水，世外净土。养生福地，觉悟在吾。

第二天，老僧步行坝西，吴翁又紧密相随。老僧登上坝西大佛岭之巅，居高临下眺望松花湖良久，方在一山顶岩石之上，面对松

花湖如昨日垂目打坐。吴翁再次为老僧撑起雨伞遮阳，老僧浑似未觉。至日暮时分。老僧打坐完毕，并不与吴翁交谈，口中单说一个"船"字。

第三天早晨，吴翁雇得渔船一只傍岸等候，却不知老僧宿于何处。不久，老僧自岸边飘然而至，佛号一声，默然登舟。

吴翁乞问：高僧何往？老僧说：神山圣水，觉悟在心。吴翁心领神会，即命渔舟随心所欲，沿湖南岸划出20余里至上游三道碴子山下，后转北岸将鱼舟划回坝西湖岸。游湖期间，老僧面沉如水，闭口不言，只是双目炯炯，顾盼四围青山形态与湖湾湖滩地势。时而点头，时而展颜。吴翁却并不解其意。

第四日，吴翁又备渔船恭候。老僧如期而至，登舟说：湖心岛。吴翁命渔人划船到湖心金龟岛。老僧弃舟登岛，早有数十僧人在岛上等候。原来老僧近几日所为皆被关心者探知。有好事者怕老僧蒙蔽世人，骗财骗物，便力邀江城寺庙高僧来松花湖金龟岛一会老僧。老僧见状稍愕，立知其意，先双手合什为礼，后择石趺坐。众僧亦趺坐周围，随即各以佛事禅宗相诘。老僧气定神闲，从容不迫，一一作答。唇枪舌剑长达数时后，众僧中几位长老方高颂佛号，表示信服，并陪伴老僧在金龟岛上朗诵金刚经。日暮时分，众僧恭敬老僧下岛登舟。舟至湖心时，老僧朗声曰：

蝙蝠送福，紫气东来；
汇财聚宝，地出西崴；
好运当头，水之南崖；
出入平安，佛岭舒怀，
金龟赐寿，五行中裁；
养生福地，东方梦界。
神山圣水，当今方外。

老僧念罢，众僧立刻齐颂"阿弥陀佛"。

吴翁似懂非懂，及至默诵几遍，方豁然领悟。原来这松花湖的湖光景区东有蝙蝠山为木，志福；西有

聚宝山为金,志禄;南有卧佛山为火,志好运;北有大佛岭为水,志平安;中有金龟岛为土,志寿。此地日月水火土五行齐备,福禄运寿安五福俱全!

老僧弃舟登岸时回眸湖上,大声宣示:老衲释空,云游此处,白山松水,龙兴福地。钟灵毓秀,天地缘故。我今作歌,当是感悟。遂歌曰:

如意湖、吉祥山,我佛东来久盘桓。

长白山界即禅界,松花湖境是阆苑。

其意是说,松花湖是舒心如意之湖,松花湖区的长白山是吉利祥和之山。即便是佛祖如来向东云游到松花湖,也留恋盘桓不愿意西还了。这长白山如东海的蓬莱仙山,并非是虚幻之境界,松花湖是佛国的圣境,如同西王母所居之阆苑。众僧听罢,方知老僧是大名鼎鼎的释空大师,纷纷趺坐松花湖畔,诵经一遍,方才离去。

第五天,老僧释空开始云游松花湖,各处趺坐参禅共七七四十九天。吴翁竟陪伴侍奉老僧整整49天。后来老僧不知所去。吴翁遂将释空游湖过程详细记录出来……

而今,老僧释空杳如黄鹤,但松花湖是"如意湖,吉祥山"和"神山圣水,养生福地"的说法却流传了下来,并越传越远,越传越广。

吴翁曾说,当地老僧皆知释空大名。说释空在当代佛界辈分、名望极高。青年时即饱学之士,日寇侵入东北后在千山某寺庙拜高僧为师,落发修行,法号释空。曾游历西藏布达拉宫、青海塔尔寺,多次在浙江普陀山、山西五台山、四川峨眉山、安徽九华山中国佛教四大名山挂单深造、交流佛学体会,后云游四海,交友国内深山古刹高僧,禅踪遍及中华大地。佛学底蕴深厚,见识极广……

我们无从考证释空之身份由来,但释空的"吉祥山、如意湖"的考察论证却符合中华民族的吉祥文化,符合松花湖自然、生态、环保的文化特色,符合旅游者祈愿平安吉祥的心理。

入湖观赏五山,祈愿吉祥,并非是松花湖旅游部门迎合游客心愿地胡乱望山生义,而是"释空"大师留下的吉祥文化。你看,"蝙蝠山"如东方凌波飞来的巨大蝙蝠;"好运山"如一尊向苍天祈祷的卧佛;金龟岛是凌波微步于万顷碧波中的松水神龟的化身;位居湖西的半岛,三岭相叠,犹如翠绿的"元宝"。更有坐拥湖北的"大佛岭",如一尊披着绿色袈裟的大佛,宝相庄严,胸怀博大,张开双臂护佑着整个疗养区,使入住的宾客和游湖揽胜的游客,有种安然、怡然、放心的感觉。于是,疗养院周边的自然山水就有了"福、禄、寿、运、安"的文化意蕴,就成了宾客心目中的吉祥祈愿。

释空大师临行时折枝为笔,在江滩上留下四句偈语:

东方有圣水,如梦松花湖。
超然凡尘外,灵秀世间无。

题罢,掷笔,口中高歌:

浩浩松湖,巍巍白山。
赐我吉祥,佑民平安。
德昭广东,恩济黎元。
东方之梦,天下齐瞻!

释空且歌且走,飘然离去。

《论语·雍也篇》有"智者乐水,仁者乐山;智者动,仁者静;智者乐,仁者寿"之论。国人试图透过山水来解读人生哲学,常常从人们对山与水的态度中试图窥探出人生的秘密。其实,乐山好水,是人之天性。游山玩水是人性的回归。自然和谐,物我交融,不仅仅是一种表现手法,也是人和自然相处时的一种态度。

松 湖 疗 养 区

一方水土,养育一方人。
一方山水,吸引一方人。

如梦如幻的东方圣水,如诗如画的松花湖,一经世人入目,立刻变成了心目中的世外桃源,于是建国后,铁路、化工、林业许多中央直属机关及省级、市级的许多部门把职工疗养院修建在松花湖畔。工作在建国一线的工农商学界的

职工,轮番来松花湖畔疗养。

沿丰满大坝西端,一条柏油路千回百转,沿湖岸蜿蜒西行,足有十几公里,将一座座疗养院串联在一起。

从湖上瞭望,只见青山之下,绿林丛中,一座座风格各异的建筑掩蔽于绿荫之下,时而显露出段段粉墙,片片红瓦,翘角飞檐。与青山绿林相映,与碧水清波交辉,构成了自然山水与社会人文的和谐图画。

那些远离家乡四方漂泊的游子,那些拼搏政坛、泛舟商海的弄潮儿,那些在成功之路的开拓中弄得伤痕累累的攀登者,那些运筹帷幄决胜千里的身心疲惫的策划者,需要一个温馨的港湾停泊休整。于是,松花湖疗养院的优美环境和令人感动的亲情服务,立刻赢得了他们的好感。

号称"新中国化工摇篮"的吉林石化公司松花湖疗养院,是松花湖疗养区的代表性建筑。这是一座融自然山水,人文建筑,文化塑造,亲情服务,科学理念于一体的现代化疗养院。她以亲情为底蕴,以文化为灵魂,与自然融合,与历史接轨,与科学嫁接,在市场经济的大潮中,演绎出一幕幕洋溢着亲情光辉的时代传奇。他们用心做事,以情服务。把员工当亲人,视客人为家人,用爱心营造出一个温馨的港湾,用亲情打造出一个和谐的家园。朱镕基、田纪云、王忠禹、钱其琛、回良玉、贾庆林、曾庆红等党和国家领导人都曾来松花湖疗养院视察过。

林业干休所,是松花湖疗养区中独具山林韵致的建筑群落。它坐落于山深林密的疗养区顶端。一座座从地板到墙壁都由松木结构而成的别墅式建筑,显露出长白山林业行业的特质和别具一格。出可观赏木屋风情,入则闻得木香扑鼻。绿树掩户,

翠枝拂窗,这是何等的境界！凭窗北望,青山巍峨,绿林连绵。推门南眺,枝叶扶疏,草滩如茵,舟荡湖中,鹤落礁岩。分明是画中境况。最令人称道的是,山湾之内,绿林丛中,一座塑胶铺就的现代化网球场赫然矗立其中。

5. 双峰对峙 山水相映
——双峰岭景区

湖 上 风 光

人说,山若没了水的辉映,则山徒有阳刚的筋骨,而缺乏了侠骨柔情;水若没有了山的映衬,则水空有阴柔的温润,而缺乏了温婉秀丽。

双峰岭景区,位于丰满大坝之上湖光景区西岸之山岭重叠处,是太空拍摄的蛟龙型的松花湖口喷洪流(丰满大坝)的龙头上的茁壮"犄角"。

也许俗话中的犄角与旮旯都是偏僻的地方,所以,这里是一片与松花湖主景区风格迥异的所在。她也许真的不是趋之若鹜的驴友们热衷的山水,但却着实是独爱幽静的诗人画家寻幽探胜的净土。

沿丰满大坝西岸的滨湖景观公路曲折西行,路下湖滩处到处是三两游人,他们或在浅水中撩水相戏,或在树荫下品赏风光。更有喜欢摄影者不断将镜头对准湖光山色,频频按动快门;也有爱好丹青绘画者稳稳地支起画板,用七彩把一湖风景勾勒进画幅。

深入双峰岭景区,路之愈远则人烟愈稀,人烟愈稀则环境愈幽。

踞湖滨而远望,一派浩瀚大水夹峙在两岸逶迤的群山之中,大有《滕王阁序》中王勃所书的"山原旷其盈视,川泽纡其骇瞩"之意境。

这片水域由于偏居一隅,而缺少了现代的繁华与热闹,但却独自保留了处子般的娴静与幽雅。

碧波荡漾之上,没有游艇画舫的穿梭游弋,而时有一两只小艇渔舟在湖上撒网垂钓。

清晨，霞光辉映，云雾缭绕。小舟出没于云雾之中，牛铃叮咚在湖畔草滩。忽然一群苍鹭从云雾中冲天而起，直将诗情带入九霄。

傍晚，鹭飞鹤翔，渔歌互答。渔民挑网回归在晚烟下，牧人挥鞭赶牛徜徉在丛林中。倏尔仙鹤在山峦上翩然掠下，更把画意牵进画幅。

渔家客栈

湖畔依山临水处，有一所渔民搭建的窝棚。

传说某年，窝棚之外，曾有两位诗人面对山水把酒临风，品鱼对酌。酒酣兴发时两人出诗答对，并将所吟书写出来，赠给渔民。渔民则用灶中木炭七扭八歪地书写于窝棚之外的板壁上。于是，渔民则戏称此板房为"渔家诗墙"，遂引来无数游客前来观赏。其中一具有商业头脑的人士来此，和渔民联合办起了"双峰客栈"，专门烹制松花湖鱼虾。容留来景区湖畔度假的游客。至于窝棚外的湖滩，一任游客支起帐篷在此露宿。于是，双峰客栈生意蜚声远近，越来越火。"渔家诗墙"则成为此处一景。

"渔家诗墙"上最有名的三幅诗联被称为"地铭诗联"和"四季诗联"。

第一联称为地铭联：

白山巍峨到这里双峰对峙一岭横陈山人说是双峰岭，
松水浩荡有此湾独龙单犄三折长川渔民称道一湖津。

第二联被称为春夏联：

春到松水，渔舟唱晚，一湖春水荡漾映两岸青山叠翠，
夏至白山，松水生雾，两岸峰峦竞秀衬一湖碧水重波。

第三联被称为秋冬联：

秋分松水，落霞与孤鹜齐飞，田园五色稻谷飘香；雁阵惊寒，秋水共长天一色，湖上渔民喜获鱼肥虾美。

　　冬至白山，古木和苍岩相谐，落叶纷飞牛马回栏；雪落峰川，山岭与湖川共白，林中农夫安居狗吠鸡鸣。

双 峰 一 岭

　　双峰岭景区山体连绵峰峦起伏、林海苍茫，满目葱茏。

　　山林中有一条车友自驾游的绝佳路线——自长春出发沿长吉高速公路到吉林市郊右转吉林市环城高速公路可直抵丰满镇西佛手山景区，而后穿过佛手山景区继续南行，即可进入林海苍茫，山岭起伏的双峰岭景区。到达双峰岭村后左拐即进入松花湖双峰岭景区湖滨路。反之，沿松花湖大坝之西湖滨景观路蜿蜒前行，到达湖畔双峰客栈后继续前行，即可沿长春来时路线直达长春。

　　双峰一岭，原名为双峰　玲。

　　历史上的东北曾是大荒之野，长白山脉中更是荒无人烟。据说，松花江流域清朝中期以前曾生活着少数野人女真的部落，如溯江而上的奢岭、旺起、五虎岛、洋喇石、海浪、康大蜡、杉松背等地名皆是满语音译流传下来的。双峰岭景区历史上是无人居住的"窝集"（满语，即汉语林海）。清嘉庆以后，清皇室设置的保护长白山龙兴之地的"柳条边"逐渐开禁，山东、河北等地流民陆续逃荒至此落户，开荒种地，繁衍生息。此后逐渐打通了进出山的道路，至解放后特别是改革开放后，修筑起进山公路。驱车公路之上，但见两座巍峨的高山东西对峙，公路须翻过一道横陈两山之间的长岭方能通过。

　　双峰岭的由来，牵扯到一百多年前的一段故事。

　　清朝光绪年间，山东遭遇荒年，曹家庄曹万里夫妻携带两个十多岁的双胞胎儿子和八九岁的小女，一根扁担挑着所有家当辗转逃荒来到丰满地面，落脚在当地。曹万里给当地于姓地主当长工。妻

湖滩牧马

韩涛摄

冰清玉洁

程英铁摄

子便给于家当了仆妇。双胞胎的大儿子曹东峰和二儿子曹西峰给于家放牧牛马。小妹曹中玲没事干就跟着两个哥哥在野外放牧。曹万里是八卦掌世家，他早晚回家时便教授三个儿女苦练武艺。曹东峰三兄妹自小练童子功，因而八卦拳、八卦掌、八卦刀样样精通。哥三个在放牧时不甘寂寞，又自制弓箭在放牧时射猎。天长日久，哥三个又各自练就了一手好箭法。哥俩长到十七八岁时，成了于家的壮长工，也跟着父亲给于家种地、伐木，妹妹曹中玲则做了于家的丫鬟。曹万里妻子四十多岁时，风韵犹存。于家老掌柜动了歪心思，趁着无人时强奸了她。不料，老掌柜正在施暴时被曹中玲发现。曹中玲一顿拳脚把掌柜打得半死，然后一把火烧了于家家园，携带母亲逃出于家，找到正在江边干活的父亲哭诉了事情经过。母亲觉得无颜面对丈夫，一头扎进松花江中。父亲救妻心切，不顾自己不识水性，急忙跳进江中救妻。然而，波涛汹涌，父母二人几个沉浮后再也不见踪影。曹中玲不识水性，沿江岸奔跑了一段，知道父母已经不能生还，急忙找到在山中砍伐树木的两个哥哥，哭诉家庭巨变。哥俩怒火冲天，发誓杀光于家人替父母报仇。哥儿仨刚走出山林，便远远看到于家当兵的少爷带着一队人马怒气冲冲地上山，要找曹家儿女报仇。曹家哥儿仨势单力薄，不能抵敌，便退回山林木帮窝棚，鼓动木帮的伙计造反，占据了当地最高的两座山峰作为老营，干起了打家劫舍、劫富济贫的绿林行径。哥三个武艺高强，又有胆识，因而被推为首领。他们建立了三所营寨，以为互相支援之势。哥哥曹东峰占领东山营寨，弟弟曹西峰占领西山营寨，妹妹占据着两山之间的长岭安营扎寨。于是东山称东峰，西山称为西峰，中间的长岭就叫中岭。那时，吉林将军府因曹家杀人放火案曾派出部队攻打曹家山寨，但一来曹家兄妹虽然打家劫舍，但从不劫掠穷人，因此很受当地百姓拥戴，二来这两峰一岭的山寨相互支援，易守难攻，清军只好作罢。丰满于家一把大火之后从此一蹶不振。但"两峰一玲"却闻名东北。关东金王韩登举闻其善名，备重金礼聘曹家三兄妹加入韩家军赴辽宁抗击俄寇，哥儿仨慨然应允，一把火烧毁山寨，率领所有兄弟加入韩家抗倭义军，后三兄妹陆续战死沙场。当地百姓为了纪念曹家哥儿仨，便称此地为"双峰一玲"，久而久之，便简化成了"双峰岭"。

双峰岭景区以山水相映的森林景观为主，以四季湖光水色、冰雪云雾景观为主要特色。此地森林茂密，人迹罕至，生态原始，环境幽静。公路环绕于湖滨，山径隐匿于密林。偶有一二村屯散落其中，可谓深山闻犬吠，密林有鸡啼。景区建设了以"湖山四季"为主题的森林生态公园和汽车自驾游基地等森林旅游设施。是春季踏青，夏游避暑，秋赏红叶，冬观冰雪的最佳去处。

6. 幽静湖湾　梦幻仙境
——骆驼峰景区

高僧释空游松花湖时曾留下一首偈语诗：

东方有圣水，

如梦松花湖。

超然凡尘外，

灵秀世间无。

自湖光景区乘舟东上，航行不远处即是松花湖骆驼湾景区。

骆驼湾景区因湖畔一座巨人的山峰形如一匹巨大的骆驼引颈到湖中饮水而得名。

传说，东海八仙游览松花湖畔的朱雀山，聚集在八仙台饮酒作乐时突发奇想，欲为镇守朱雀山的朱雀仙子增设一些动物景观石，于是由铁拐李将未喝完的仙酒倒入仙酿池中，一时酒香四溢，勾引得无数成精的动物跋山涉水直奔朱雀山上而来。其中有一对来自西北戈壁大漠的双峰骆驼日夜兼程，终于来到朱雀山下的松花江边。由于一连数日长途奔波，两只骆驼已经饥渴难耐，疲惫交加。可巧朱雀山下就是碧流滔滔的松花江。两只骆驼正要到江边饮水，却看见无数只各种各样的野生动物纷纷汇聚江边，正在挤挤挨挨地等候饮水，原来它们都是被东海八仙的仙酒的香气引诱着，长途奔波而来。其中一只骆驼实在等不及了，就宁愿忍耐着饥渴的煎熬，

直奔朱雀山岗梁而上。东海八仙见这来自西北的骆驼在东北实在是稀罕物，征得了朱雀仙子同意后，便将它石化在朱雀山上，使其成为朱雀山上永远的奇石景观。

另一只骆驼想，即便是喝美酒、做神仙，也要先灌饱了肚子再说，决不能做个渴死鬼。朱雀山下无法挤进江边喝水，它就沿江上溯寻找能喝水的地方。谁知沿江上循20多里，依然有众多的野兽聚集在江边等候饮

水。这只骆驼无法，只好大吼一声，凌空跃起，跳到松花江南岸。这里没有其他野兽，只有它自己，它便舒服地俯卧在江边，伸出长长的脖子，开始痛快地大口喝起松花江的水来。骆驼的双峰中藏着食囊和水囊，可以贮存很多食物和水。它不想再遭受干渴，决心一气儿将驼峰中的水囊装满，于是就慢慢地吸吮起来。松花江的水源自长白山天池，清爽而甘冽，这只骆驼喝着喝着竟然慢慢品咂起来。

再说东海八仙已经从那峰骆驼的口中得知了还有一峰在松花江边饮水，因而，在石化完那峰登上朱雀山岗梁欲饮仙酒的骆驼后，腾身云中俯瞰江畔寻找，终于在上游找到了这峰正品咂松花江水的骆驼。吕洞宾对准它的身形遥空一指，口中说道："孽畜，你的机缘已到，还是把肉身留在松花江边，化作一座骆驼峰，供后人观赏，也算是你生前积下的功德。"于是这峰骆驼立刻石化在此，并逐渐膨胀成一座山峦。松花江边从此突兀出现一座骆驼峰。

骆驼湾景区的特点是湖面开阔、山峰奇特、峰险石峭、引人入胜。

三道砬子

三道砬子即骆驼峰，是松花江边的古地名，是古代吃松花江饭的放排人、舭艃船手们刻骨铭心的一座山，因山峰之上矗立着

三道巨大的石砬子而得名。

从上江放下的木排、舴艋，老远就会看到这座危岩高耸的山峰，相互招呼一声：三道砬子到了。那意思是，过了三道砬子，出了丰满的风门口（丰满大坝立坝处的山口），就脱离了长白山中的激流险滩，漂进安全水域了。不到几十里，就是吉林城。

若是从吉林出发的舟船，溯江逆水行驶过风门口，也可远远望见三道砬子，喊一声：三道砬子到了！那意思是，自此往东，虽然顺风好行船，但皆是激流险滩。拉纤的纤夫要准备好纤绳，驾船的水手要准备拉绳扯篷。扯篷就是扬帆。但松花江上行船不准说"帆"，因与"翻"同音。行船走舴艋的水手最忌讳。你若不知好歹地冒失说了"帆"（翻），说不定水手们真会一怒将你扔下江心，最轻也要骂你个狗血喷头，然后再赶你下船。

溯江而上的水手看到此山说"三道砬子到了"，还有另一层更重要的警示意义——逆水上航之船，多是卖了木材、粮食、烟麻、土特产，换回了棉花、布匹以及生活必须品，因而很得沿江土匪们的垂青。他们一般不拦截上江顺水而下的木排和舴艋，因为所载物品他们不感兴趣。只有上航之船，货物丰富，而且航速极慢，才是他们拦截打劫的目标。三道砬子已经离吉林市区很远，而且后有崇山峻岭，进退从容，是土匪们拦江抢劫的好去处。所以，所有水手、纤夫必须提高警惕。

如今的三道砬子已经被游人美名曰"骆驼峰"，因其山峰上的三道砬子犹如骆驼背上的双峰。况且驼峰之北，山势平缓而斜下松花湖中，犹如一匹巨大的骆驼正伸长脖颈，贪婪地啜饮着松花湖中的琼浆玉露呢！每当舟船驰过山下，那投进湖中的影子更像极了一头巨大的骆驼，在湖中灵动起来。

悬羊崖

动物，是自然界中的生灵。倘若没有任何动物的飞翔、游泳、爬行、跳跃、嘶鸣，那么，这个世界会寂寞得像月球一样冷清，像火星一样颓废。

松花湖是当今世界难得的幽静所在。它位于都市近郊，却远离都市的喧嚣。她空灵，静谧，澄澈，纯净。人入其内，会立刻融入其中，被她的空灵澄澈所净化。面对静谧的湖水和肃立的青山，任何繁芜的心灵都会得到彻底的洗涤。

松花湖浩浩瀚瀚，但绝对不空旷寂寥。且不说森茫的湖水是数十种水生动物的王国；即使她周边的群山，也是野生动物的乐园。倘若你有缘，会在游湖途中，发现许多生灵的身影。有鹰鹛盘旋于蓝天，像孩童手牵的风筝；有野鸽飞翔于崖畔，仿佛是谁家豢养在房山墙壁上的鸽群；有鹤鹭蹁跹于湖湾，仿佛是谁家水塘的家禽；有狍鹿啼鸣于林中，仿佛野牧在林中的牛马；如果偶尔能听到深山峡谷中传来虎啸熊嗷，那一定是你的耳福；如果你能在临水的断崖上看到闪电般在峭壁上跑上蹦下的悬羊，那可是你此生中幸运的时刻。

我曾在长江三峡的客轮甲板上偶尔看到过嬉戏于悬崖峭壁上的岩羊群。它们那矫健的身姿和在悬崖峭壁上飞窜的身影，常常引来甲板上一阵阵惊呼。要知道，悬崖之下，就是汹涌的江流，难道它们不怕失足坠下悬崖，葬身激流？

是我不了解岩羊的习性，有杞人忧天之嫌。

长白山中有岩羊。

松花湖中的临水悬崖峭壁上，也有岩羊生存。不过它们是岩羊中为数极少

的一个种属。从长白女真部落至今代代相传，人们把它们叫做"悬羊"。

悬羊，学名斑羚，又名岩羊、石羊、北山羊，国家一类保护动物。体型较大，全身毛色灰青。国外分布于印度北部、阿富汗和蒙古等地，我国分布于新疆和甘肃西北部、内蒙古西北部等地。栖息于高原裸岩和山腰碎石嶙峋的地带，堪称为栖居位置最高的哺乳动物之一。

悬羊极善于攀登和跳跃，蹄子极为坚实，有弹性的踵关节和像钳子一样的脚趾，能够自如地在险峻的乱石之间纵情奔驰。

此书附图是电视片中截图的岩羊。但生存在长白山中的悬羊却是世所罕见的一类，它们的体型比普通斑羚要小得多，毛质灰青，形态美丽，能够用头顶的犄角把自己悬挂在生长在悬崖上的树枝上睡眠。而且，种群数量稀少，濒临绝迹。因而，有关典籍缺乏记载。

《关东考略》一书中说，中国长白山脉松花江畔的朱雀山一带之努尔哈赤围场有少量悬羊生存。《关东考略》所指的努尔哈赤围场在朱雀山一带，正在松花湖区。

《努尔哈赤围场》一书曾如此描述努尔哈赤在松花江畔的朱雀山中猎获悬羊的经过：一彪战马紧紧追随着努尔哈赤，踏着积雪驰进朱雀山沟谷中。这里两边高山如垣，谷中树木参天。

努尔哈赤驻马对空长啸一声。正盘旋在空中的猎鹰海东青看到主人后，立刻收敛翅膀，一个猛子扎下来，稳稳地落在努尔哈赤高高擎起的手臂上。然而，那海东青猎鹰已经发现了猎物，岂能待得住！稍作停留，便急忙扇动了几下翅膀，又"滴哩哩"地长啼一声，凌空而去。

努尔哈赤情知有异，立即命令侍卫保护好王妃乌拉那拉氏，自己则举目四望，全神贯注着朱雀山上的动静。

忽然，盘旋在空中的猎鹰海东青又是一阵铜铃似的滴哩哩的啼鸣，身边的汗王犬猎狗也冲着山崖汪汪吠叫起来。

这时乌拉那拉氏和侍卫们也发出一阵惊呼。努尔哈赤顺着乌拉那拉氏的手指方向一看，只见对面的悬崖绝壁上，一只无法看清面貌的动物，如飞般地在猿猴也难立足的悬崖峭壁上灵巧地蹦来跳去，尔后向远方窜去，让人看了惊叹不已。

努尔哈赤急忙打马追去，张弓搭箭，望空抬头，看得真切时，放手一箭射去。只听乌拉那拉氏一阵娇呼："大汗好箭法！射中了，射中了！"众侍卫纷纷喝彩，连呼"万岁"。只见一团白色的影子，从高高的悬崖上倏然坠下。

努尔哈赤坐骑旁的汗王犬"汪"地一声箭射而出，窜到悬崖旁，后足一蹬，腾空而起，就像国际篮球明星科比灌篮的起跳姿势一样，快捷而曼妙，张开大口，一下子接住了那坠下的猎物，落地后急忙返身跑回，将那猎物叼到努尔哈赤马前。

侍卫急忙将努尔哈赤的猎获品呈送给努尔哈赤看。

咦！这是何物呀？游猎出身的老汗王居然不识得此兽为何物。于是，立即传看于众军将辨认。

这数十名侍卫不仅武艺高强，作战时是跟随努尔哈赤冲锋陷阵的先锋，而且在当兵前都是各个女真部落中著名的猎手，如今竟然没有一个人识得此物为何兽。可见此兽实属罕见！

努尔哈赤看它头生双犄，长有一尺，角根似铜，宽扁而带有突出的道道箍棱，犄角锋芒如锥，却顺背而生；体貌若羊，浑身却长满了菊花瓣般的一个个旋儿般的蜷曲细毛；四肢矫健，体态匀称，似野羊，却比野羊漂亮、可爱。

众侍卫请求老汗王为这不知名的动物赐名。

努尔哈赤看它形象

类羊,又是在悬崖峭壁上射下来的,故当场赐名说:"我看,就叫悬羊吧!"

大家轰然高呼"悬羊"!

忽然,一名叫巴鲁特的侍卫禀报说:"大汗,我想起来了。记得我十多岁时,爷爷领我在长白山中某处悬崖下狩猎,见过此物。"

努尔哈赤来了兴致,居然催他细说下去。

巴鲁特说:"爷爷说,这野物叫天羊,因为它善于在高高的悬岩峭壁上奔跑,又极为罕见,因而得其名。爷爷说,它还叫'天牧盘羊',因为它为了防止敌害总在生长于悬崖上的树枝上挂着犄角睡觉。一听到敌人靠近的声音,它会立即神奇地从树枝上卸下犄角,逃之夭夭。"

努尔哈赤感兴趣地叹息说:"天羊,天牧盘羊,好高贵的名字!"

有侍卫笑问:"巴鲁特,这东西又没长手,它如何能把自己的犄角挂在悬崖生长在半空的树枝上?又如何能把自己的长犄角从半空的树枝上摘下来,落到地上,安全逃跑呢?"

又有一名侍卫质疑道:"巴鲁特你说得太玄。难道这悬羊会飞?可是它只有四蹄,没长翅膀呀!"

连美丽的王妃乌拉那拉氏也扑闪着水汪汪的大眼睛,看着巴鲁特如何解释。

努尔哈赤喜欢这些狩猎的情趣,随即哈哈一笑,说:"是呀,巴鲁特。连大福晋(皇后)都看着你呢,看你怎么说!"

巴鲁特却不慌不忙地说:"大汗、大福晋,还有众位弟兄听仔细了。爷爷说,这天羊是长白山的宝物,十分稀罕。它挂角睡觉的地方既十分隐秘,又便于逃跑。傍黑时分,吃饱了的天羊回到睡觉的地方时,先高昂着头,竖起尖俏的双耳,窥探得周围是一片和平的气氛时,才对准挂睡的树枝,猛然纵身跃到空中,然后灵巧地将身一扭(像个动作娴熟的体操运动员)在半空里恰到好处地转过身子(一个优美的空中180度的转体动作),咔嚓一

声，双犄正好挂到树枝上。若是听到邻近有危险，这天羊就会把身子在空中一荡，借悠荡之力，摘下犄角，稳稳地落到悬崖上，瞬间蹦跳而去。"

努尔哈赤赞叹道："这天羊，果然神奇！"

那侍卫仍然不信，继续追问道："巴鲁特，你只是听说而已，咋就知道得这么有根有梢的呢？"

巴鲁特说："我爷爷为了想猎到一只天羊，曾跟踪了多少年，可惜根本靠不了前，多少次只能眼巴巴地看着天羊如何挂角，如何摘角逃走，而后只能遗憾地去看看那被天羊挂过的树枝慨叹而已。"

这神奇故事把乌拉那拉氏听得不断地"啊，啊"地连声叹息。

努尔哈赤见乌拉那拉氏喜欢，便把身上仍然带着自己利箭的悬羊递给了她。乌拉那拉氏如同受到了重大的奖赏一般，急忙双手接过悬羊，高兴得紧紧地把它抱在怀里。

由于连年征战，冲锋陷阵，努尔哈赤早已积劳成疾。这次围猎劳累过甚，回营后一头病倒，卧床不起。任乌拉那拉氏和部下遍请天下名医诊治，竟然大势难返，气息奄奄。

沉疴中，努尔哈赤突然想到，自己这一生，叱咤疆场，纵横关东，吃遍了长白山中的山珍野味，却从来没有吃过"悬羊"肉。这可是"天羊"呀！那味道肯定不同凡响，于是命厨师把这只"悬羊"做来品尝。

谁知努尔哈赤把厨师做好的"悬羊"肉一尝，竟然味道奇特，鲜美异常。久在病

中不思饮食的努尔哈赤脾胃大开,第一顿吃了个大汗淋漓。余兴未尽,他又吩咐把余下的肉顿顿做来,供他陆续食用。不消十天,那"悬羊"的肉被他吃尽了却意犹未尽,他又吩咐把悬羊骨头煮汤来喝。

谁料,一只悬羊吃完了,努尔哈赤竟然不但奇迹般地康复如初,而且连战马倥偬中得下的严重风湿病也从此绝了根儿!

努尔哈赤大喜,找来太医们一总结:认为这肯定是"悬羊"的功劳。难怪巴鲁特的爷爷要把它叫"天羊"呢!是天上的神羊呀!所以,努尔哈赤从此把"悬羊"列为长白山第一大奇兽,并为后世立下了"乌拉臣民岁贡'悬羊'一只"的诏令。

可惜此兽十分难得。即使努尔哈赤每年都要特地来朱雀山围场一趟,想再亲自猎获一只悬羊,但却再也没有见过悬羊的踪迹。

莫非上苍那时是专赐此瑞兽于我努尔哈赤,让我康复身体后继续一统天下?

自此,努尔哈赤虽然为再没有猎到过悬羊而遗憾,但却更加坚定了横扫天下,一统中华的信心。

爱新觉罗氏创大清基业三百年间,吉林打牲乌拉总管衙门的猎丁们,特别是以朱雀山为主的"努尔哈赤围场"中的猎丁,虽然历尽艰辛,舍命搜捕,但却从未猎到过一只"悬羊"。

垂帘听政的叶赫那拉氏慈禧太后为了延年益寿,曾经严旨"吉林打牲乌拉总管衙门"的臣民为其猎捕"悬羊",然而,这位"老佛爷"虽然望穿秋水,却也杜费心机。多年来,无论"努尔哈赤围场"还是长白山其他林区,居然多年捕获"悬羊"未果……

民间相传,"九一八"事变前,东北军阀张作霖的部下曾在松花江畔的悬崖上猎获到一只悬羊。日本驻关东大特务土肥原贤二得知讯息后,立即找张作霖索要这只悬羊,说是要进贡日本天皇。条件是让"东北王"张作霖坐上北洋政府大总统的宝座。张作霖虽然出身草莽,但爱国情重,当即回绝土肥原贤二:悬羊是中国的稀世珍物,凭啥进贡给日本天皇呀?你们日本天皇喜欢,可以在日本的富士山上找呀。找不到活该,凭啥到我们中国来要。这不是不要脸吗!至于我张作霖能不能当上中国的大总统,那也是我们中国人自己家的事儿,用得着你们小日本操心吗?土肥原贤二悬羊没弄到,还挨了东北王张作霖一顿臭骂,怒火中烧,无可发泄,只好向关东军司令部如实汇报。不久,即1928年6月4日凌晨5点30分,张作霖乘坐的专列经过京奉、南满铁路交叉处的三孔桥时,被日本关东军预埋炸药炸毁,张作霖被炸成重伤。三年后的1931年9月18日,"九一八"事变爆发。日本关东军开始全面侵略中国……

据说,关东悬羊,早已列为世界级濒危动物。

后来传说,悬羊已在长白山绝迹。

但改革开放后,努尔哈赤围场中的青年猎人张英虎曾和林业报记者林森在朱雀山中的大砬子上发现了两只玲珑可爱的悬羊,并摄下了影像资料上报国家存案。

令人难以置信的是,松花湖上小海浪屯78岁的李淑艳老奶奶和她的邻居老姐妹们却多次发现了悬羊,而且是悬羊跳水的绝技。

李淑艳老人说,在她30多岁的时候,一个暑热难当的三伏天,她正在窗前的果树下面对松花湖乘凉,忽然发现屯边临湖的悬崖上,有两只长着犄角的东西,在陡立的峭壁上窜上窜下地奔跑,简直如履平地。李淑艳急忙呼唤邻居姐妹过来观看。只见这两只长着犄角的东西,忽然从数十丈高的悬崖之巅先后纵身跃起,在她们的惊呼声中,先后呈抛物线状跃上空中,然后噗嗵、噗嗵落入湖中不见了踪影。

李淑艳说,那峭壁之下,是原先的松花江主道,深不见底,而且至今下面暗流涌动,普通动物在此落水之后,生还希望渺茫。除非它们是松花江中的蛟龙。对了!江边的老辈人说,松花江中有种叫做蛟的灵物,与龙同属,只是样子像牛也像羊,长着犄角,能兴风作浪,也能像牛羊一样在岸边徜徉。这两个动物肯定就是松花湖中的蛟,而不是龙,龙应该有像蛇一样又粗又长的身子。从此之后,她们几个老姐们几乎年年都在三伏天的中午,看到过有类似于羊的动物,在那座悬崖峭壁上蹦跳玩耍够了,就一个高儿窜下悬崖,噗嗵落入湖中。不过,谁也未曾见过它们重新浮出湖面,游向岸边。经调查,湖区许多居民,都见过这种奇怪的动物在临湖的悬崖峭壁上纵跳奔跑。

后来,许多游湖的游客,也曾在松花湖临湖的悬崖峭壁上发现过这一奇观。不过都是相距太远,来不及拿起相机聚焦拍摄,眼前的跳崖景象即告消失。于是,消息越传越广。省内和国内有关动物专家根据目击者的描述,断定是长白山悬羊又出现了。于是曾多次来湖中等待观察。可惜,一直像野人考察队进了湖北的神农架一样,根本没有拿到任何有关悬羊的第一手资料。只是从李淑艳老人甚至更多的湖区渔民口中得到证实：此信息确凿。因为不止一人目击过。

随即，专家将此临湖悬崖，命名为"悬羊崖"。实际上，湖区的渔民说，碰巧了不仅临湖的悬崖上能看到一两只灵巧的悬羊，即使是在目力可及的临湖的险峰石磓子上，也会看到悬羊的踪影。

仙女山

自然山水，形态各异，赏心悦目，怡情养性。因而人类常常把美好的愿望寄托在山水之中，于是，一尊尊山岭，便被人格化了，神圣化了。在山水人格化和神圣化的同时，人也得到了精神创造的愉悦。

乘游艇驶进松花湖骆驼峰景区，放眼东望，一座自北而南横亘在湖东的山岭会令你慨叹造物主的鬼斧神工，这就是仙女山。

仙女山是一座头北脚南形似仰卧在湖畔的仙女的山峦。自北而南，一头浓密的长长秀发，很自然地斜垂在头顶的上方。仰卧的脸部，平滑的额头，微微隆起的眉骨，挺起的秀气的鼻子，紧抿的嘴巴，微翘的下颌，构成了一副清丽脱俗的娇容。丰满的胸部，隆起的乳峰，彰显出女性特有的本质美。修长的躯体，丰满的身材，显露出女性身份的雍容华贵。

毋庸置疑，面对如此景致，稍有一点文化修养的人都会在心底响起一声赞叹：女神，一尊高贵的女神！

不知是谁在何时首先发现了松花湖上的这尊天然女神的卧体，从而迅速流传开来。不仅吉林市，而且凡是知道这尊女神山体讯息的人，无不想方设法前来湖上瞻仰。看她静静地仰卧在松花湖滨，舒适地放平身子，悠闲地仰望苍穹，似是期待，又像祈愿。神态慈祥、平和。

民间传说，这座仙女山是满族先祖爱新觉罗·布库里雍顺之圣母——佛库伦的化身。

清康熙皇帝东巡吉林，在吉林市临江门旁的松花江滨扎下黄幄大帐，遥祭长白山神时，曾对皇子贝勒、文武大臣和吉林将军府的将佐们讲述了大清皇朝与长白山、松花江的渊源——

很古很古的时候，长白山天池之下有个澄澈的小湖泊，满洲名字叫布勒瑚里湖，又叫布库里湖，今名小天池。那里环境幽静，景色秀美。很久很久以前的一天，天上的三位仙女来到湖中沐浴。大姐恩古伦，二姐正古伦，三妹叫佛库伦。

这天，天高云淡，阳光灿烂。碧澄的布勒瑚里湖湖水中倒映着蓝天白云、绿树青山。鱼儿在云中穿梭游泳，鸟儿在水中翩然飞翔。如此美景令天上的三姐妹陶醉。

正当三姐妹在湖中无忧无虑地嬉戏时，空中飞来一只口衔朱果的红色羽毛的雀鸟。这美丽的红色雀鸟浑身闪烁着红色的光彩，在三姐妹的头上盘旋飞翔，引得三姐妹争相欣赏、评品。

三妹佛库伦见这只朱雀可爱，便举手与鸟儿嬉戏。朱雀一高兴，就丢下了口中朱果。那颗朱果从空中旋转着坠落下来，正巧落在了佛库伦的手中。佛库伦看朱果如此晶莹可爱，就把它含在嘴里。谁知那枚晶莹的朱果竟然被她不知不觉间吞进了肚子。

朱果一进佛库伦的肚子，便很快让她怀子成孕。佛库伦知道不能马上跟随姐姐回到天上仙界去了，就吓得哭了起来。姐姐们安慰她，让她选择一个地方，把孩子生下来再回天界。她们会在天界父母处替她掩饰。佛库伦只好告别两个姐姐，独自来

到了长白山中的松花江边。不久，即生下一个男孩，赐姓为"爱新觉罗"，赐名"布库里雍顺"。这孩子就是大清的满洲始祖。

皇始祖布库里雍顺生下来就会说话，他见风就长，转眼间长成了神武英俊的青年。于是，母亲三仙女佛库伦就把自己如何在布库里湖遇到美丽的朱雀，并吞食了朱雀所衔的朱果而怀他，尔后又在松花江畔生他的奇异经过告诉了他。母亲佛库伦最后又谆谆告诫他："朱雀是上天的使者，因而是上天让我生了你。上天生你是为了让你平复战乱，开辟天下。你

顺着这条江一直往下走,如果遇到了你看中的地方,就是你开基立业的地方。"天女佛库伦说完,就重返天国仙界去了。

布库里雍顺对着长白山布库里湖的方向遥拜之后,乘坐着母亲佛库伦赐给的小木舟,按照母亲指示的方向,沿松花江顺流而下,穿过千重山、万座岭后眼前豁然开朗。只见前边江右岸群山连绵,奇峰插天,森林茂密,但江岸地域开阔,芳草萋萋,鲜花满地,风光十分美丽。他正在小舟上欣赏这里的风景时,忽然一只朱雀从前边的云峰上带着一片红光飞来,在他头上翱翔三匝,又翩翩落在岸边的山峰上。那朱雀浑身焕发着熠熠红光,映得清澈的江水也染上了一片红晕。

皇始祖布库里雍顺忽然想起,母亲就是误食了一只红光闪烁的朱雀衔来的朱果而诞生了他。难道这当年的红色神鸟又来指引我前途来了?他倍感亲切,于是,立刻将小舟靠岸,登上了朱雀降落的山峰。这山因为有朱雀降落,所以,皇始祖布库里雍顺就叫它朱雀之山,有人则简称为朱雀山。

布库里雍顺登上山峰四望,发现山北方地面平坦而开阔,大江绕过朱雀山脚转了个大弯,然后慨然东流。两岸河套广袤,田园片片,炊烟袅袅,牛羊成群,是个开疆立业的好地方,只不过山下远处人声嘈杂,刀矛闪烁,一片混战局面。原来此地有三个部落的人在混战争霸。布库里雍顺打定主意要治理此地,于是,就朝着人烟密集的地方走下朱雀山,来到松花江边,折下柳条和野蒿制成坐具,模仿着神仙,静静地跪坐在柳条坐具上,等待着。

不久,有个到江边打水的人看到了布库里雍顺,见他相貌堂堂,仪态威严,异于常人,就回去告诉了正在混战的部落族人。大家立刻停止混战,纷纷跑到江边询问布库里雍顺是何人?布库里雍顺告诉他们:我是天上的仙女佛库伦之子,姓爱新觉罗,名布库里雍顺。上天命令我来这里平定你们的战乱。

大家看布库里雍顺身材魁伟,威风凛凛,气宇轩昂,不怒而威,都惊讶地说:啊呀!这人是上天派来的品德和智慧最高超的人啊!于是,立即拜倒在他的脚下,然后,众人又抬起他回到部落,并把他尊为主人。从此,这里的各个部落和睦相处,安居乐业。布库里雍顺带领着他们开荒种地,择地建屋,族人越来越多。居地从吉林市向松花江上下游不断拓展。

布库里雍顺在古吉林地域娶妻生子,生活了几代之后,部族势力越来越大。但是,邻近部落此时也纷纷崛起,开始了互相吞并的血腥战争。在经历了几次部落之间的侵略战争之后,部落许多子孙陆续迁徙到了松花江上游的长白山丛林的各个边远地方,形成了明清时期的野人女真长白部落。逃往下游的则是之后海西女真扈伦四部的女真先人。其中乌拉部的地域在今吉林市乌拉街镇至吉林的广大地域。祖居吉林地域的布库里雍顺的子孙在以后的战争中几乎被异族杀光。唯一逃脱出来的是一个小男孩,他的名字叫樊察。樊察就是大清满洲族继布库里雍顺之后的祖宗。

樊察从祖居地逃出来,一直逃往南边的朱雀山。他知道,这座高山是祖宗布库里雍顺受朱雀指引靠岸登临的地方,逃到这里,必然会受到神明的庇护。然而,追兵尾随而至!而樊察还没有逃进深山密林躲避。此时,一只红光闪烁的朱雀边向樊察迅疾飞来,边像人一样地告诉樊察:站住别动,别说话!然后迅速地收敛翅膀落在了樊察的头上。

这时,追兵呼啸着追到了朱雀山下江畔。江滩上只有遍地荒草,视野开阔,没有看见正在逃跑的樊察的身影,只远远地发现了一只朱雀落到了一段枯树桩上,正安详地喳喳地叫着。追兵们认为,那个逃跑的孩子肯定逃进了深山。于是,就再也没有到跟前察看。如此,樊察逃过一劫。

老人们说,这故事是老一辈从康熙帝东巡吉林时,一辈辈地传下来的。在《满洲实录》那部书中,还配有《神鹊救樊察图》

呢！不信，你们到沈阳图书馆中去查一查。那沈阳就是大清国的"盛京"来着，自然那里有根据可查！

有人说大清满族圣祖的故事起码有两个版本，一个版本说布库里雍顺弃舟登岸的地方在敦化市，不是吉林市的松花江畔。一个版本说，布库里雍顺登陆的地点是松花江下游的满洲。但吉林市的老人们言之凿凿地说，敦化不在松花江边，圣祖布库里雍顺怎么会漂流到那里？况且那是日本人的考证。不足采信！至于圣祖布库里雍顺漂流到黑龙江，更不足信。因为康熙皇帝否认了这两种传说。否则，怎么会把江城吉林定为龙兴福地呢！

后人传说，大清皇始祖布库里雍顺之母，三仙女佛库伦回到人上仙界后，惦记自己的天之骄子及其后代，便又重入凡尘，来到布库里雍顺开基立业的吉林市地域，见到她的子孙后代逐渐繁盛起来，即放心地仰躺在松花江边睡去了，天长日久，便化作了这座仙女峰。你看上图左边的山体，即是三仙女佛库伦仰卧的脸部，额头、眼睛、鼻子、嘴巴和下巴颏皆栩栩如生。右边隐约重叠的山体恰如女性丰满的乳部。

7. 关东武陵　世外桃源
——北天门景区

走进这座幽静的湖湾，仿佛误入世外桃源。度假村构筑成仙山琼阁，月亮湾转眼着梦境阔范。

北天门景区位于骆驼湾景区之北，是一个面积十数万平方公里的巨大湖湾。湖湾入口狭窄，但入湾后则豁然开朗，故名"北天门"。

北天门景区内湖湾三汊，其中唐家崴子和腰岭两个湖汊最为著名。那里早在改革开放后就陆续建起了数十座建筑风格争奇斗艳的度假村。或飞檐或圆顶、或彩瓦或粉墙，在绿林丛中若隐若现。蓝天白云、绿树青山，舟艇如梭、碧波荡漾，山环水绕，相互辉映，让北天门景区成为松花湖上唯一一座隐秘的水上乐园。说它隐秘，是因为它深深地隐藏在青山怀抱、森林掩蔽的湖湾深处，在湖口入湾处绝对看不到它的旖旎风光，只有深入其内，才能渐入佳境，甚至流连忘返，乐不思蜀。

月亮湾

像唯恐惊扰了松花湖的美梦，游艇尽管轻轻地犁过湖面，但艇尾的浪花仍然留下了两道斜斜的波浪。于是，静静地倒映在湖面的蓝天白云，青山翠岭，立刻像三维动画中的变形彩图，令你目眩神摇，扑朔迷离。

你不得不再一次将目光投向前边。

这是松花湖北岸一道两山之间的豁口，湖水一直延宕进湖口深处，青山之后。

湖口旁边的石壁上，大书"北天门"三个大字。神话中有南天门，松花湖却有个"北天门"，这不得不让人浮想联翩。从湖口向北天门里窥一眼，只见山重水复，不知是否柳暗花明。

游艇驶进北天门湖口，仍然只见两岸青山，无尽森林。静谧，似乎是这道湖湾的主要性格。偶然有鱼儿跃出水面，仿佛是弹动了钢琴上的中音，湖面只留下了一个个淡淡的涟漪，令你遐想无尽。湖岸有几只灰鹤或者苍鹭，单腿独立，缩着脖颈，与鱼儿比赛着耐心。它们有个通俗的名字——"长脖老等"，即缩着细长的脖子，老是等待鱼儿傻傻地自动游来的意思。那些在湖畔舒翼飞翔的家伙，肯定是把耐心输给了湖底窥视着它们的鱼儿，抑或是不愿再背负着"长脖老等"的懒名。真是"鱼跃湖亦静，鸟飞山更幽。"这静静的山，静静的林，静静的湖湾，让每颗曾经浮躁的心开始沉静下来。

游艇欢叫着驰过一道山湾，眼前的景色忽然令所有艇上游客热血沸腾。果然是山穷水尽疑无路，柳暗花明又一村！仿佛一下子闯进了世外桃源，湖面上，无数彩色小船在湖心游荡，欢声笑语，在湖湾上空回响。偶有一两只快艇急速驰出，巨大的涌浪立刻让小舟疯狂地颠簸起来，惹得众多的小舟有人欢笑，有人尖叫。欢乐充盈在整个湖湾。

金色的沙滩之上，绿林之中，矗立着一座座休闲度假村。有罗马教堂尖顶式的欧洲风格的别墅，有中国古典飞檐翘角风格的殿堂，有现代都市式的楼厦，也有充满关东风情的老屋。方的圆的，高的矮的，古的今的，土的洋的，错落有致，相互映衬。黄的、蓝的、红的、紫的，各色屋顶，姹紫嫣红，掩映于翠绿的树林中，焕发出诱人的斑斓色彩。

这是五百多平方公里的松花湖中唯一一处密集着众多度假村的湖湾。湖湾中两个湖汊的土名分别叫"唐家崴子"和"腰岭"。每当周末和节假日，有车一族便满载着客人和家人，纷纷驶出吉林市，沿着平坦而曲折的山间公路，一路欣赏着山野风光，然后心旷神怡地驰

水秀山青

韩涛摄

进绿树掩映的松花湖畔,不到30公里即可抵达任何一家度假村。

来这里度假,可以摆脱城市的喧嚣,可以远离家族的烦恼,可以尝试几天隐士的生活——下榻松水边,悠然望长白。你也可在林中徜徉,采几朵野花享受山野的芬芳,摘几颗野果品尝自然的甘甜;你亦可泛舟湖上,让碧波托起你轻轻荡漾,让江风撩动你心中的梦想。

来这里度假,可以遍尝湖中鱼鲜,煎炒烹炸,农村饭菜,宾馆风味任你选择。

吃住游三位一体,何须劳神他顾。只此月亮湾,便可让你流连忘返。

问 心 石

万顷碧波之下
淹没了一座普通的坟墓
青山绿水之间
流传着一段
善恶报应的故事

住进月亮湾度假村的游客,许多人都要划船来到湖湾一处山脚,临湖凭吊一面湖滨峭壁。这面峭壁牵动着人的良心与道德。

这面峭壁上的大字,虽经若干年风雨的侵蚀,但斑驳的字迹依然有力地冲击着人们的视觉,撞击着人们的心灵,叩问着人们的良心与道德。这面印满风雨沧桑的嶙峋峭崖上,镌刻着六个大字:"问良心,警善恶"。

后经查证,此典故在《永吉县乡土资料》(原指吉林市。吉林在1673年建城。1676年宁古塔将军移驻吉林。1727年吉林设立"永吉州"。1747年改为"吉林厅"。1882年又改为"吉林府"。1907年改为吉林省。1913年改为吉林县。1929年改为永吉县)中也有记载,即《殷家坟风脉说》。只不过所记地点与发生地有些错位,故事的主人公的姓氏也异于事实。老人们说,这有两种可能：一是记录者把地点弄错了。二是记录者故意弄错，就像曹雪芹写《红楼梦》一样，利用假语村言，将真事隐去，所以才有了"贾雨村"和"甄士隐"这两个人物！不过，其故事至今仍在唐家崴子和腰岭一带的松花湖区流传。

丰满区江南乡腰屯以南，有一岭，简称腰岭，其山岗形似一头卧虎，伏卧于松花江畔。

清朝道光年间，有一南方来的善于勘察阴阳的老先生，号称"南蛮子"。吉林府多有大户人家请其堪舆风水。有一天，这南蛮风水先生出吉林城，沿松花江南岸上溯，云游到了松花江畔的腰岭，被此山之形状吸引，于是远近左右地观察起此山的地理位置、山脉走向、周边环境，终于看透了这座山岭的真脉。他在山下徘徊浏览，感慨良久，不忍离去。考量周围，发现离这座山不远处有一座庄园，门第广阔，于是就进去拜访。老主人寒暄之后，自报了家庭姓名，并热情地接待了这位不速之客。茶饭席间，南蛮老人似是无意间问起这形如猛虎坐卧的山岭归谁家所有。老主人说，这山岭正是咱家的山林田产。南蛮老人听后十分感慨，忍不住简单地描述了一下这座山岭的风水脉络。老主人闻言大喜，恳请南蛮老人详细说说此山风水有何好处？也好长长见识。南蛮老人沉吟良久方说道：如果在此山真脉之上设立祖茔，那么，后代必定兴旺发达。老主人心中窃喜，借口寂寞，热情地挽留南蛮老人住在他家，陪他多玩几天，也好说话解闷儿。至于耽误的工钱，由他垫付。盛情难却，南蛮老人只好留住其家。盘桓期间，老主人日夜相陪，且顿顿酒肉相待。就这样，南蛮老人一连在此玩耍了多日，看老主人竟然没有丝毫怠慢，于是心中感动，常感无以为报，寝食难安，有时便长吁短叹。老主人知道南蛮老人已被感动，就试探着询问这腰岭上的风水真脉的要穴所在。南蛮老人沉吟良久方说：此山藏风纳水，地脉较旺，若开穴此山，安葬得法，便可保你家族永世发达安康。然而若有偏差嘛……老主人紧张起来，急忙央求：先生快教我，若有偏差如何？南蛮老先生实在不便说出"若有偏差，后世恐败落，且有男盗女娼之辈出"的结论，便支吾道：若有偏差，恐……对我这堪舆风水者不利。老主人问，到底有何不利？还请老神仙赐教。南蛮老风水先生说，此乃秘穴，天地掩藏，不宜开发。老主

人追问：若开发，终究有何不利？老风水先生叹口气说，若开发此穴，堪舆此穴者轻则眼瞎，重则损寿。老南蛮想自己说出此话，老主人必定不再央求他堪舆此穴。岂料老主人却说，你若看好此风水，我定当加倍给你银钱。但你从此仍要终日奔波

跋涉，不知老来如何？南蛮老先生被说得心中一动。老主人又说，若此山真脉果然如此灵验，那么我甘愿把您当本家老人供养，伺候您的生老病死，免得你老来辛苦飘零，不知老神仙意下如何？南蛮老头儿觉得老主人言辞恳切，自己久受款待，无以为报，于心不忍，就答应冒险将此穴开发给老主人。

不久，老主人寿终正寝，无病而终。后人按照老主人的遗嘱，央求南蛮老头儿亲临腰岭岗上勘正祖茔穴位。当时，消息轰动了乡里。第二天发丧老人棺木时，惊动了附近屯落的左邻右舍。男女老少俱怀好奇之心，亲临墓地，观看南蛮老人点穴下葬。《永吉县乡土资料》记载："是日天朗气清，车水马龙，盛极一时，届时入葬，仪式尤隆。观众者咸以虎穴目之。"下葬后，少主人害怕风水先生离开，自家无法镇住坟地穴位风水，便挽留他在家久居，果然视他若家中老人。

南蛮老人点穴后，双目立瞎，成为盲人。而此家日子果然越来越好，不仅土地百垧，骡马成群，而且人丁也兴旺起来。不久即有一后嗣步入仕途，因功入京，累功提拔为率军都督，果然光宗耀祖。衣锦还乡时，威风八面，轰动了整个吉林。

此后，主人觉得此事已经过了几年，自家已经发达，祖茔风水一定没有什么风险了，便对风水先生怠慢起来，觉得没有爹却找了个爹伺候着，实在累赘。于是经常对南蛮老先生讥诮讽刺，指桑骂槐，并将其撵入耳房，和饲养牛马的雇工同宿同食，有时甚至不给送饭菜，任其挨冻受饿。更可恶的是这家子孙常常吆喝瞎眼的风水先生干这干那，声言他吃闲饭还不如养条狗能看家护院。唯有该家大女儿生性贤惠，见家人不讲良心道义，对风水先生之态度有违前约，便规劝家人不要忘恩负义。然而家人非但不听劝告，反倒喝骂大女儿胳膊肘往外拐，不懂里外。大女儿无奈，只好偷偷地给风水先生送些吃喝和衣物，暗暗资助老人，嘱咐他想法离开。

南蛮老风水先生十分感激这家大女儿,便将山外另一地穴指点于她,教她嫁人后将婆家老人坟茔移葬于此,日后必定有善报。但他后悔自己看错了人家,心中十分郁闷。一天,他摸索着走出大门,坐在门外的石头上长吁短叹,痛骂自己"早知今日,何必当初"!恰巧那天他的弟子自江南寻找师父,一路寻访到吉林的腰岭,忽然看到一邋遢老人呆坐路边,近看竟然是自己尊敬的师父,于是悲切地询问:师父身怀高才,何故落魄至此?南蛮老头儿一听是徒弟的声音,知道自己得救了,于是将自己一念之差,误中该户人家圈套。幸得徒弟寻来,为师从此得救,并暗嘱徒弟破坏此家风水之术,然后悄悄跟随徒弟一去不返。

　　风水先生失踪后,该家主人认为去掉了一个累赘,心中更加欣喜,一心想着巧取豪夺,让自家日子锦上添花。不料,过不多久,家中便连摊事故,今日房屋失火,明日牲口遭瘟。更可怕的是几支儿女几乎年年都要摊上厄运,不是儿子被土匪绑票,

就是女儿被女婿休妻,弄得家族人心惶悍。唯有大女儿嫁了个忠厚勤恳的好人家,小日子越过越红火。而该家主人尽管多次到祖茔祷告,还请大神跳神驱灾,但灾祸仍是频发。更有甚者,该家族连年生下的孩子有的非残即瞎。从此,这家的日子日益败落下来,势不可挡。原本体面的人家,竟然辈辈有男盗女娼者。唯有大女儿家忠厚为人,勤俭传家,子孙也个个生活幸福。附近村邻皆知此事,异口同声说,昧心败德,善恶因果,报应不爽。

　　该家之后世当家人亦曾认真反省此事因果,但覆水难收,只好眼看着家族随波逐流,日益败落,并无回天之力了。

后来此事被当成吉林府重大传闻,并载入近百年前编纂的《永吉县乡土资料》一书。只是姓名和地点有所错谬。但却不知何人在何年代以此事为由,在松花江畔的峭岩上端镌刻了一块"问心石",上书:"问良心,警善恶",以警戒后人。

老人们说,1943年丰满电站修成,那块镌刻着"问良心,警善恶"的峭壁,竟然屹立在松花湖万顷碧波之上了,成为游客能够就近观瞻的"问心石"。

现代人虽然不迷信因果报应,但却崇尚良心道德,坚信善有善报,恶有恶报,不是不报,时候不到。时候一到,一切都报。

游客愿意到此临水凭吊,大概也有唤醒良心,警戒自己的用心之意吧!

原始人石器打造场

月亮湾原始人石器制造场,原名为"唐家崴子西沟江沿遗址",位于唐家崴子村南约一里的狭长坡地上。遗址面临松花湖,背靠低山丘陵。考古工作者曾在此发现2处西团山文化遗址和墓地,有的经过地面调查,有的经过清理发掘。

1979年5月,吉林化学工业公司保卫处干部王德昌发现,遗址范围是南北长200米,东西宽20米的山坡台地。台地上有4个圆形凹坑,一字排开,间距几乎相等。坑口均有花岗岩石块,好像古人的居住遗址,灰层已被湖水冲刷掉。经考古人员发掘,此处共发现古人打制石器的石砧,以及打、磨制石器9件,还有石砧下打制石器

时散落的厚厚的一层残石碎片。此遗址总共采集到古人遗物417件,其中打制石器有锄、镐、铲、斧、刀、网坠、砺石、敲砸器、圆形有孔器、圆饼状器、磨盘、磨棒等;磨制石器有斧、镞、铲、锥、凿、圆形有孔器等;细石器有刮削器、尖状器、切割器、石核、石片等;残陶器有鬲足、陶片等。

后来,又在不远处的王八脖子(露出湖面的狭长岭岗)遗址采集打制石器373件。这在吉林市地区是绝无仅有的。

由此可以证明,数千年前的新石器时代,我们的祖先就繁衍生息在松花江畔的唐家崴子的这片山林中。他们聚族而居,集体生产,共同享用。日常生活中,他们分工明确:有人外出采集、打猎,有人在家中选择石料,根据需要和石料形状,打造、研磨石器,以供生产需要。从而证明西团山文化所使用的打制亚腰石锄等石器,同烧造陶器一样,是由专人制造的。

8. 松湖海市　水上乐园
——五虎岛景区

五虎岛被誉为松花湖中的天然山水盆景,距丰满大坝码头17公里,面积约0.5平方公里,岛上最高点高出湖面60多米。

乘船行驶在松花湖中,远远望见一座翠绿的山峦,双峰对立,坐落在碧波荡漾的湖中心。双峰中间的绿树掩映中,露出一座尖顶料峭的柬埔寨吴哥风格的建筑和无数座游乐场中油漆着鲜艳色彩的钢铁设施的骨架。过山车、海盗船、卫星飞轮等大都市才能拥有的现代化娱乐设施,在绿树梢头波浪似的起伏转动着,令人怀疑这景象的真实性,抑或是松花湖上的海市蜃楼虚幻景象?

五虎岛湖湾码头,停泊着一艘艘大大小小的游艇。几艘快艇在湖湾中快速地兜着圈子,把平静的墨绿色的湖面,犁出一道道白色的浪痕。一阵阵欢乐的刺激的欢笑和尖叫声破空传来,让人疑是来到了异国他乡。

这是一座现代化的水上乐园,它远离了都市的地盘,却在远离尘世的青山绿水中的湖心岛上安家落户。岛上发自心底的欢乐声,在湖面荡漾,吸引着游湖的客人,恨不得让游艇加快速度,先睹为快。

人们怀疑,是谁异想天开,在这远离都市的孤岛上建立游乐场?这喧嚣的气氛,和淡

泊的松花湖的环境,该是多么不协调!

然而,当你登上五虎岛,坐上过山车或者乘上卫星飞轮的座舱后,你才发现你先入为主的错误——机械开动后,眼前快速运动的景物,竟然是碧水蓝天、绿树青山！一会儿,你觉得已经飞上了高山之巅,正俯瞰着青山、碧水;一会儿又跃上了绿树丛林,自己像飞行的小鸟,柔软的绿树枝梢在自己的脚下快速滑过;一会儿又一头扎卜湖中,仿佛要碧

波绿湖,深入龙宫做客……同样的游乐设备,架设在不同的环境中,居然会让人有如此不同的深切体验!

这就是洋溢着现代化气息的五虎岛。

原 始 风 情

在松花湖中,五虎岛甚至比金龟岛还要著名。

这是因为五虎岛是松花湖中最先开发的可供游览的湖中岛。

原始的五虎岛,是松花江畔的一座山,土名五虎山。

五虎山附近的山谷中,居住着满族人。

满族及古代北方所有民族都信奉萨满教。这是一种几乎与人类历史具有同等寿命的原始宗教。该教崇奉万物有灵,兼有自然崇拜和图腾崇拜的内容。崇拜对象极为广泛,有各种神灵、动植物以及无生命的自然物和自然现象。龙,不仅是华夏民族普遍尊崇的图腾,而且也是满族崇敬的最高水神。松花江便是萨满教中状如巨蛇的龙图腾的化身。那么,主宰山林万物命运的山神是什么？自然是身体巨大,吼声如雷,勇猛无比的老虎了。

长白部落的满族人认为松花江是哺育满族的水神,是龙。那么长白部落的首领、英雄——满族功勋猛将额亦都就是保护长白女真的老虎。努尔哈赤、皇太极是人中龙,那么,额亦都就是人中虎。虎将护龙君嘛！所谓生龙活虎,龙腾虎跃,即是龙虎和谐的最理想的局面。

古代的长白山,不仅是野生动物的乐园,也是东北虎的故乡。特别是松花江畔,

渔舟唱晚

韩涛摄

山高林密，水草丰美，獐狍猪鹿等草食类动物众多，是东北虎的理想乐园。于是，在以龙为图腾的松花江畔的山林中有虎的事实，就奠定了五虎山的故事。

——据说，松花湖蓄水之前，这一带的山林中经常有老虎出没。特别是松花江解冻后，融化的雪水汇集江中，一江春水便如一头惊蛰后的蛟龙，摇头摆尾，奔腾而下。此时，江畔芳草吐翠，万木萌生，野生动物也空前活跃起来，老虎也进入了哺育期。松花江畔的大自然进入虚实相交，龙腾虎跃的状态。恰逢此时，曾有多名满族猎手先后发现过，此地山中同时出现过五只老虎。它们扎堆儿聚在一起嬉戏玩耍，实属非常。于是，五虎山的名字从此在松花江畔的满族人中传开。胆小的猎人狩猎时都故意绕过此山。因此，五虎山的名字从此不翼而飞。

其实，老虎所以被称为山林之尊，百兽之王，是因为它体大性猛，肆意猎食，无可抵挡，高居于动物界食物链的金字塔顶峰。但老虎又性孤独，喜欢独居。每一只东北虎都有自己神圣不可侵犯的领地。除了喂养虎崽子的哺育期和寻找伴侣谈恋爱的发情期，老虎是从来不会扎堆儿聚会的。

元首行宫

清朝晚期，吉林市郊的长白山"柳边外"开禁，从关内涌入松花江畔五虎山一带的流民渐多，因而，以儒学为代表的中原文化不断传入，于是，具有那个特定时代的人文故事开始流传。

初建时的五虎岛分为东西两岛，东西两峰间的鞍部修有栈桥相连。万顷碧波环绕着这座幽静的湖中岛屿，显得神秘异常。湖水日夜舔噬着岛屿，形成了一圈夺目的金色沙滩。蓝天碧水，绿树金滩，成为松花湖上一道特有的风景。岛上先后建起了连水桥、望湖台、造型别致的五虎亭廊……岛上林木葱茏，野花飘香，岛下沙滩连片，碧水涟漪，成为一个游泳、垂钓、泛舟、野餐的理想之地。每当春夏季节，五虎岛游人如织，热闹非凡。

1972年，吉林市奉命为柬埔寨国家元首诺罗敦·西哈努克亲王特别在松花湖五虎岛上修建了具有柬埔寨风格的别墅式行宫，更使五虎岛增添了异国风情。

当年，诺罗敦·西哈努克亲王携夫人诺罗敦·莫尼克公主登上五虎岛后，就兴奋异常，大有乐不思蜀之概。他们惊叹松花湖居然这样美丽，五虎岛竟然这样幽静，青山绿水、金滩绿树，端的是天上人间，是生平之罕见。

西哈努克亲王和夫人莫尼克公主徜徉在五虎岛上，或远眺，或近观，或登山，或戏水，流连忘返，兴奋异常。忽然，西哈努克亲王手指五虎岛的石碑，问此岛之名有什么寓意？

于是工作人员为他们讲述了如下一个故事——

传说远古年间，突然不知从何处飞来了一条恶龙，霸占了这片江域，并不断在江中兴风作浪，导致捕鱼百姓船毁人亡，田中庄稼屡遭水患。当地人民深受其苦，只好向山神求救。当地山神急忙向长白山神求援。欲治恶龙，必遣猛虎。于是，长白山

神立刻派来一只老虎为先锋下山与恶龙搏斗。岂料，恶龙猖獗，猛虎先锋不敌，只好返回长白山搬取救兵。不久，长白山神又派出四只猛虎协助猛虎先锋与恶龙搏斗。五虎同心，奋起虎威，同斗恶龙，恶龙大败，仓惶溯江南逃，逃至石龙壁前，不小心撞倒了江畔悬崖，遭遇山崩，压死于石龙壁下。

五虎奋勇，战胜了江中恶龙，受到长白山神的嘉奖，并准许五虎久居此地，占山为王，保佑这方百姓平安。从此，才有了五虎山。

也许西哈努克亲王对当时的柬埔寨国内局势心怀隐忧，对正义的猛虎和强霸的恶龙泾渭分明，因而赞叹说，五虎山好。五虎正义，一定能战胜恶龙。五虎能长久居留此山，护佑松花江，功劳很大，值得纪念。

然而，西哈努克亲王的夫人莫尼克公主对这个龙虎相争的故事显然兴趣不高。亲王理解自己的爱妻，她是女性，女性的善良心理和柔弱性格显然与男子不同。所以，他善解人意地询问工作人员，这五虎岛还有更好玩的故事吗？

莫尼克公主是西哈努克亲王的第六个妻子，也是他终身相守、感情笃深的知音。美丽的莫尼克是亚洲的美后，也是西哈努克的骄傲。

莫尼克的父亲弗朗索瓦·伊吉是个有

意大利血统的法国人，侨居柬埔寨多年，是西哈努克的父亲苏拉玛里特的好友，1940年在对德国作战中失踪。母亲是带有中国血统的柬埔寨人，称博夫人。伊吉一家与柬埔寨王室素有来往。西哈努克从小就认识莫尼克。在1952年金边的一次学生选美活动中，莫尼克崭露头角，艳压群芳。她兼有东方女子的典雅庄重之美和西方女子的活泼飘逸之美，是柬埔寨少有的国色天香。西哈努克立即被她的魅力吸引住了。结婚后，她更名为莫尼克·西哈努克，获公主称号。莫尼克不仅天生丽质，俏美灵秀，而且受过良好的教育，为人谦逊，举止稳重，很有教养，聪明伶俐，气质高雅，独具风韵。几十年风风雨雨，惊涛骇浪，莫尼克一直是西哈努克挚爱情深、终身相伴的妻子。

　　工作人员理解西哈努克亲王的意思，为了不让亲王和莫尼克公主失望，也是为了宣传吉林市的松花江文化，于是，又讲述了关于五虎岛的第二个故事——

　　相传很久以前，长白山天池中有一个水怪窜出闸门，窜进了松花江，霸占了松花江中美丽善良的松花公主，并生下一个女儿叫金鲤公主。转眼间，金鲤公主已经16岁了，出落得亭亭玉立，楚楚动人。她讨厌父亲的横行霸道，也厌倦了宫中单调乏味的生活，在得到母亲同意后，便独自走出水府，沿江游玩。

　　正当金鲤公主尽情嬉耍时，突然一张大网落入江中，将其兜入网中，接着拖出水面。捕鱼的是一个20多岁的小伙子，见捕到这么大的一条金鲤鱼，心中非常高兴，便急忙收网划船，劈波斩浪返回渔村。船抵岸边时，金鲤鱼

突然流着眼泪说话了,声音如恐惧的小姑娘,胆怯而悲切:"大哥哥,求求你放了我吧!"小伙子见金鲤鱼居然会说话,而且泪流满面地用乞求的眼光看着自己,立刻心中不忍,毫不犹豫地抱起金鲤鱼放回到江中。金鲤鱼入水之后,并不立刻游走,而是不时地浮出水面,向他摇头摆尾,好像在向他点头致谢。

打鱼的小伙子名叫大牛,家住江边旺起村。父母早亡,孤身一人,打鱼为生,为人厚道。不少乡亲为他提亲,但都因家境贫寒而未成,只好独自过着穷困孤单的日子。说来也怪,自从他放走那条金鲤鱼之后,天天下江打鱼,都是满载而归。一天傍晚,他想再打最后一网就回家,谁知起网一看,竟然又是那条他放生的金鲤鱼。他正想把金鲤鱼放回水中,忽然哗啦一声,大金鲤变成一位面容姣好、白衣素服的含羞少女。只听她含笑说道:"大哥哥,你上次放生的那条鱼就是我,谢谢大哥哥的好心。"然后表白了自己对大牛的爱慕之情。

大牛欣喜若狂,高兴得立刻用渔船载着金鲤公主回家。这时江中忽然涌起滔天巨浪。原来是水怪得知女儿金鲤公主要私奔的消息后派遣的鱼兵虾将追来了。巨浪要掀翻渔船,大牛凭借着一身力气和高超的驾船技术跟巨浪搏斗着。但追兵势众,眼看鱼兵虾将驾着巨浪就要追到船边,大牛只好快速靠岸,拉着金鲤公主弃船逃走。狂风掀起巨浪卷向岸边,大牛拉着金鲤公主机灵地躲过,并向高山密林逃去。鱼兵虾将只好涌向岸边紧紧追赶。眼看大牛和金鲤公主就要被鱼兵虾将追上捉住了。猛然间，云端中现出观音菩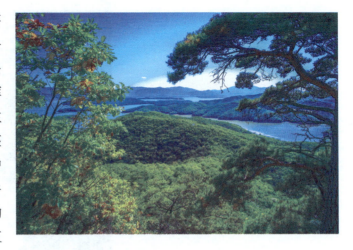
萨，只见观音菩萨高喝一
声："不得无礼！"并从头
上拔下一支五股金簪，挥
手投向大牛和金鲤公主
身后。金簪立刻化作一座
高耸的大山，挡住了江中
的追兵，金鲤公主与大牛
才得救。原来观音菩萨的
五股金簪分别代表着五
行中的水木金火土。所以能够镇住恶龙，挡住鱼兵虾将。

　　大牛和金鲤公主感激不尽，急忙向空跪拜观音菩萨。观音菩萨微笑着说："善男
信女，美满姻缘，赶快回家成亲去吧！"说罢隐身而上。

　　大牛和金鲤公主回到旺起村，高高兴兴地结为了夫妻。观音菩萨投出的五股金
簪变成的大山得名五股山。也有人说，观音五股金簪的五股代表着五福，所以，此山
也叫五福山。后人看这五股山的地理走势犹如五虎相卧，所以又叫它五虎山。自从
丰满修建拦江大坝后，水位上涨，五虎山才变成了今日松花湖中的五虎岛了……

　　莫尼克公主听完这个故事后，当即兴奋地鼓起掌来，连声说："这个故事好，这
个典故好，有情人终成眷属。而且，松花公主和金鲤公主还有渔民大牛，都是勤劳、
善良、正义的好人，应该有好结果。而水怪是丑恶的，非正义的，应该受到惩罚。观音
菩萨是正义的代表，不仅中国人喜欢她，我莫尼克也喜欢她。这山原来叫五股山呀，
原来是我们女人头上的金簪变的。"

金蛙石

　　五虎岛景区的湖北岸上，陡峭的湖岸上蹲伏着一快线条粗犷的礁石，形似一只
巨型石蛙，在阳光的照射下，浑身金光灿灿，引人注目。渔民们把这块石头叫金蛙
石，传说是松花江中的一只金蛙王石化后变成的。

　　据传，当年乾隆皇帝东巡吉林后，恭奉着太后，带领文武大臣，在吉林水师的护
卫下，威风凛凛，浩浩荡荡地溯江而上。

　　江中的金蛙王从来没有看到过人间有如此大的阵势，更没有瞻仰过皇帝的风
采，便想钻出江水，跳到高高的悬崖上居高临下看个仔细。

　　不久，乾隆皇帝的龙舟舰队在众多纤夫水手的牵引下溯江而上，浩荡而来，真

是刀枪如林，旌旗蔽日。整个松花江水道连樯接舰，居然前不见船头，后不见船尾。

忽然，乾隆皇帝走出龙舟的船舱，走上甲板，手摇折扇，时而指点江山。周围护卫的人不断点头哈腰地哼哼哈哈。

金蛙王坐东面西，看得真切，正要张嘴赞叹一声：原来皇帝是这般风采呀！岂料大嘴甫张，话未出口，即被巡游到此的东海八仙中的吕洞宾伸手一指，定住了金蛙王的身形。

金蛙王身形巨大，平日里蛙鸣如雷。倘若一高兴叫了起来，还不惊了圣驾！那时，不独松花江龙王要

受玉皇大帝责贬，这只金蛙王还不等受到龙王惩罚，就会被护卫圣驾的水师营官兵火枪长箭地射击成刺猬和筛子底儿。吕洞宾此举快捷无比，可谓一举四得，既保护了龙王不受贬谪，又保护了金蛙王不受万箭穿心之苦，还没有惊动乾隆的圣驾，松花湖边还留下了一座供人谈资的景观石。

9. 湖畔渔村　田园风光
——海浪山景区

渔 村 风 情

如果你想探寻一下松花湖上渔村的风光,那么,你就必须乘轮船自丰满码头出发沿湖东进。

当游轮滑过平静的湖面,驶离养生福地湖光景区红墙紫瓦在湖中的投影,驶进两岸青山倒映绿水的湖面,穿越骆驼峰巍峨投影的休闲湖湾,越过如海市蜃楼般的水上都市乐园五虎岛,驶进仙女峰的卧榻之下时,瞩目远眺,就会影影绰绰地看到几座滨居于松花湖左岸的小渔村。

海浪屯,是首当其冲的第一座渔村。

海浪,并非是汉语中松花江此处浪涛如海浪一样汹涌的意思。是满语口语语音"海兰坡"的音转,其意是榆树。满族人多用此树做车辕。满族人多称之为"海兰榆木"。以此推想,丰满大坝合龙以前,松花江畔曾经有个长满了老榆树的满族村落。1942年,丰满电站建成蓄水,附近村民被迫搬迁到松花湖最高蓄水线之上依山滨水居住,形成了如今的洋喇石、小海浪、大海浪、三家子、杨木沟等渔村屯落。

游轮驶过五虎岛景区的湖面后,不用导游指点,人们老远就会看到一座座村居依山修筑在滨湖的北山坡。村庄周围是片片绿油油的庄稼。葱茏的果树,笼罩着一座座房屋。带着诗情画意的袅袅的炊烟,在树木梢头缭绕。时而有鸡鸣狗吠之声从渔村中远远传来。

在空旷而辽阔的松花湖区,在青山叠叠、绿

水悠悠的松花湖上,在好久看不见一点人烟的旅途中,突然发现一座水上渔村,任谁都会兴奋地睁大眼睛。于是,甲板上立刻挤满了观光的身影,一架架"长枪短炮"开始对准了那座湖畔山坡……

船越行越近,渔村景象越来越清晰,村中传来的声音越来越真切。海浪屯山下的湖湾中,静静地停泊着几艘渔船和铁皮游艇。几位穿着彩色衣衫的妇女在湖边说笑着洗着衣服,有人正用棒槌砰砰地在青石板上捶打着,那景象原始而亲切。村中的小路上,有人正用船桨挑着渔网慢慢地往山坡上走。湖滩上,牛马悠闲地啃食着鲜嫩的青草。一群白色的家鹅和杂色的鸭子,扇动着翅膀在湖面上嬉戏。不远处的湖面上,有十几艘渔船正在捕鱼。渔民正忙着下网、起网。偶尔有船慢慢向远处的湖汊划去,在氤氲的雾气中,犹如驶进了仙境。只有欸乃的桨声渐行渐远。

走进渔村,已经看不到过去女真部落以及满族的任何痕迹。一座座镶嵌着阔大的玻璃窗的砖瓦房和男女老少时髦的穿戴,简直无法让你觉得这里是农村。唯有真诚和热情,依然让你感受到这里民风的古朴。但,市场经济的意识,已经在这里转化为风尚。

想吃水果吗?自己到树上摘。想吃菜蔬吗?自己到园中采。

想吃青玉米吗?领你到玉米田中掰。不过你要看中了再下手。

想吃农家饭和渔家饭吗?有人会给你做。保证你吃的菜是园中新采的蔬菜,树上新摘下的果实,湖中新捕的鲜鱼,自家鸡鸭鹅生的蛋,自己地里产的粮。饭菜一上桌,你一定会大快朵颐,但这一切都要付费。

大 鹏 山

大鹏山，顾名思义，此山之形状必然像大鹏鸟。

游艇行驶在卧龙潭外的松花湖上，只要你想欣赏临湖的青山，只要你稍微富有想象力，你就会蓦然发现，怀抱着海浪渔村的大山，竟然酷似一只展翅欲飞的大鹏鸟。中间的巨型石砬子高耸云天，两侧的山峰从主峰两侧忽然凹下又渐渐突起，然后向两翼稍微下斜着伸展开来。

这山体的总体形象，不得不让你展开想象力——这是一只松花湖中的巨鱼刚刚嬗变成的一只大鹏。你看它在湖畔刚刚双翼舒展，即将凌波飞舞，翱翔于万里云霄。

由鱼而变成鹏鸟，并非我们浪漫主义的无源想象，而是老祖宗庄子早在几千年前就形象描绘过了的。

《庄子·逍遥游》说："北冥有鱼，其名为鲲。鲲之大，不知其几千里也。化而为鸟，其名为鹏。鹏之背，不知其几千里也。怒而飞，其翼若垂天之云。是鸟也，海运则将徙于南溟。"渤海古代称北海，亦即北溟。据史籍记载，渤海秦汉以前多见海鲸。鲸体型极大，可长达30米，所以庄子所说的鲲鹏，并非完全是寓言，而是指渤海的海鲸。庄子又说："南溟者，天池也"。庄子原把南溟指南海。但就东北而言，天池正好是松花江的源头，这也许是一种历史的巧合。但庄子所说的这种极其奇特、兼有巨鸟与巨鱼之体的动物，过去一直以为只是神话。可是从《动物世界》的纪录片中我们可以看到，海鲸游戏于海中有时将鲸尾竖出海面，其尾至为巨大，形状极似鸟翼。古人的想象根据大概源于此处。

然而松花湖有这么巨大的鱼吗？松花湖乃至原来的松花江中肯定没有鲸，但是有身长五六米长的鲟鳇鱼。在清朝时代，松花江所产的鲟鳇鱼，是吉林打牲乌拉总管衙门必须每年向皇室进贡的珍品。每逢过年，王子王孙都要在皇宫中脚踏鲟鳇鱼的脑袋跳一跳，是象征着跳龙门？还是想让子孙如庄子在《逍遥游》中所描绘的那样,由鱼嬗变为展翅翱翔九万里的鲲鹏呢?

由鲲而鹏,是神话。过去松花江中的鲟鳇鱼是否能嬗变为大鹏我们不得而知,但是至今松花湖中依然有巨鱼鲟鳇生存,可能是真。否则,那些偶尔在松花湖的某处发现的忽然涌浪而出的巨大的湖怪的尾脊和头部,又将作何解释呢?

印度神话中的大鹏金翅鸟以龙为食,它在空中飞翔,巡视寻找着大海中应死的龙,发现龙时,用翅膀扇开海水,成为两半,龙见这个阵势,吓得发抖,就失去知觉,等着被吞食;大鹏金翅鸟于一日之间可吃掉一个龙王及五百个小龙。

而松花湖畔也流传着这样一个故事——当年,如来佛祖在佛手山设坛讲经时,盘旋于其头上的大鹏金翅鸟忽然烦躁不安起来。佛祖情知有异,便问大鹏何故躁动? 大鹏鸟说,松花江中有恶龙出现,我当食之。如来道:有悟空那猴头在此护卫,你且放心去吧! 于是大鹏鸟扶摇一翅飞向松花江五虎岛上空,果见一条恶龙正在翻江倒海大逞淫威地和长白山五虎兄弟搏斗。那恶龙忽见大鹏如黑云压顶般飞来,立刻胆战心惊,一头潜入江底不见了踪影。大鹏鸟冷笑一声,用翅膀扇开覆盖的江水,露出了蜷缩在江底的恶龙,俯冲下来,伸出利爪,将恶龙抓起,不几口即将恶龙吞入腹中。大鹏鸟回到如来佛祖头上时,如来说道,松花江中还有孽龙潜伏,日后必将为患一方,你可将你大鹏身姿遗留于松花江畔,以震慑江中恶龙。大鹏鸟遂飞向松花江海浪屯后,面向大江,落于山岩之上,做振翼欲飞之态。如来佛祖遥空一指,大鹏展翅欲飞,眼盯江水的勇猛形态立刻遗留在海浪屯后。松花江中恶龙从此再不敢兴风作浪……

鲲鹏展翅,不知其几万里也! 面对此山,你不得不惊叹造物主的鬼斧神工。你不得不承认,你那颗盲动的心灵,立刻被这振翼凌云的大鹏山震撼了。

大鹏,古代图腾中的空中神物,又是西方佛国如来佛祖头上的金翅鸟,征兆前程吉祥的图腾。当游艇甲板上一阵阵长枪短炮的咔嚓声伴随着脱口而出的赞叹声响彻耳畔之际,松花湖区的大鹏山瞬间定格在若干镜头中,那尊冥冥中的吉祥大鹏也已经翩然飞入我们的心灵,落在了脑际并时时扇动着翅膀。吉

祥文化的种子，开始在游客们的心田中萌生。你一定希冀，你的前程会像眼前的景致一样，凌波振翼，鹏程万里。

另外，这座大鹏山的背后就是一个叫洋砬石的渔村。洋砬石，满语发音"洋娄"，含义是"狗头雕"。并非山上的岩石像蜇人的"洋辣子"毒虫，而是说此山中经常有座山雕栖息。座山雕即狗头雕，即长白山秃鹰。座山雕双翼展开长达3米，是松花湖区最大的猛禽。此山形似大鹏，看来有点理性的巧合。

韩家林

许多熟知地理与历史人物的游客，每游松花湖时必然想起黄金与"关东金王"。因为电视连续剧《关东金王》把清末山东省文登县的韩宪宗不堪贫苦，随父韩涉海闯关东，闯进大清王朝设置在松花江畔的长白山封禁之地"柳条边"外，私自垦荒、采参、淘金从而缔造出淘金王国的传奇故事演绎得淋漓尽致。

"韩边外"创建的"采金王国"在大清国的"柳边外"——今松花湖畔的吉林省桦甸市境内的群山林海之中。其财富与实力让清政府大伤脑筋。于是，许多相信风水的人即猜想：此系"韩边外"祖茔风水好！

那么，韩边外的祖坟在哪里呢？是在千里之外的山东老家吗？

其实，韩家祖坟就在松花湖的下游——今吉林市丰满区唐家崴子附近，如今早已湮没在松花湖浩森烟波之下。

关东金王韩宪宗家的祖茔俗名韩家坟。具体地点在原永吉县"额赫穆大屯"之西面临松花江而背靠森林的山崴子里。1942年丰满水电站大坝落成后拦江蓄水，韩家坟连同额赫穆大屯从此沉入松花湖湖底。

在龙兴之地的长白山中，清政府为保护龙脉，命盛京将军、吉林将军先后以柳树为桩，编制篱笆，挖掘堑壕，修建了闻名于世的人工屏障——"柳条边"，以禁止关内居民进长白山林海荒原采参、淘金。

史料记载，韩宪宗于1819年（嘉庆二十四年）闯关东到东北。1846年因赌博失败偷越柳条边，逃到桦甸市夹皮沟采金。韩宪宗生性豪爽，仗义疏财，来夹皮沟后很快即赢得淘金工们的信任。此后不久，韩宪宗等人又发现了金山矿脉，因而让夹皮沟金矿迅速兴旺起来。未料树大招风，不久就招引得山中土匪前来夹皮沟"坐收税金，

横行沟里,人皆患之"。

当时,淘金工们仅有用以自卫的十几杆老火枪,根本无法与胡匪抗争。但韩宪宗不甘被土匪侵犯,即在一次胡匪来犯时利用夜色巧施"火绳计"——将许多麻绳头儿浸上火油点燃,挂在周围的树杈上以迷惑恐吓土匪。因为当时的火枪靠"火头"引发。持枪者要射击时将火绳一吹即可闪出火头来。一个火头即表示一杆火枪。所以,来犯的土匪竟然被满山遍野的火头吓得惊慌失措,在仓皇逃窜时被韩宪宗率领淘金工全部消灭。韩宪宗因此受到众金工的信赖和拥戴,被推举为"当家的"。从此,韩宪宗成了夹皮沟金矿的大掌柜。他依靠黄金资源不断招兵买马,扩充势力,用以地方自治自卫。由于夹皮沟地处长白山"柳条边"外,韩宪宗即逐渐有了"韩边外"、"边外大哥"等称呼。

1864年,韩宪宗带领金矿自卫武装,协助清朝平定了东北李维藩起义,因而获得了清廷"赏给夹皮沟金厂总头目韩现琮(因"宪宗"犯皇忌,故改为"现琮")六品军功",同时恩准他播放荒地,安插金工的封赏。从此,"韩边外"的非法金矿区及其非法武装合法起来。

韩宪宗被清廷"抚而用之"后,立即在这一带建立起了完善的"会房"统治机构。将势力范围以夹皮沟金矿为核心,逐渐辐射到东至敦化富尔河,西至今桦甸市官街,南至抚松县,北近蛟河县,控制了松花江上游、辉发河两岸范围约20万平方公里的范围,建成了一个晚清朝廷几乎鞭长莫及的独立王国。凡"韩边外"的采金工、伐木工、农民、猎民、采参人"只知有韩,不知有清"。因此,外人都称之为"小韩国"或

"长白山中独立国"，韩边外则成了名副其实的"关东金王"。

　　韩宪宗的黄金王国日益做大，引起了清廷的忧虑不安。当时，吉林的一起抢劫栽赃案，牵涉到了清廷四品侍卫倭兴额的家人。但倭兴额对吉林将军府的判罚心怀不满，便将吉林将军府与韩宪宗勾结，擅采长白山黄金的情况抖落了出来。光绪皇帝当即下令"将韩效忠（韩为讨好清廷使用的名字）严拿务获，迅明惩办，以儆梗顽"。但韩边外地区"深沟高垒，严阵以待"，加之韩宪宗平日贿赂讨好吉林将军府，于是清军三次进剿都以韩"先期外出"为借口草草收场。1880年，光绪皇帝派钦差大臣吴大澂赴吉林，协助吉林铭安将军办理"韩案"。吴大澂与铭安根据韩宪宗在长白山区的影响和从不反对朝廷的实际，实施招安之策，使"朝廷钦犯"韩宪宗又成为"良民臣子"。为防止这位土皇帝不受约束，清廷在吉林省城（今吉林市）拨地建宅，令其子孙居住，名为恩赏，实为人质。经历了此次劫难后，韩宪宗愈加重视"边外"建设，势力范围不断扩大，"其地东西袤长八百余里，南北横幅五六百里，皆效忠势力范围也。盖今吉林桦甸、磐石、敦化、蒙江、抚松、安图，曩皆称之为韩边外"。此时韩家进入鼎盛发展时期。

　　其父韩涉海去世后，韩宪宗找风水先生自吉林市沿松花江滨自下而上堪舆，认为长白部落满族人居住的松花江畔海浪屯之西的额赫穆是风水宝地。额赫穆也为额赫茂，系满族音译，是浊水的意思。韩宪宗想，浊水好呀！"水至清则无鱼"，还是浑水能养大鱼。要不是自己能浑水摸鱼，能在长白山中建立黄金王国吗！况这额赫穆依托"龙兴福地"吉林之势，背靠青山，南临松水，确是好风水。遂在此建立了韩家陵园，将其父母埋葬于此，并将山东文登老家的祖宗尸骨迁来此地下葬，以期"泽荫子孙"。当地人即称"韩家坟"或"韩家林"。

　　韩宪宗虽然把吉林省的半壁江山治理得井井有条，但对独生子韩寿文却无计可

施。韩宪宗想让他继承家业,教他学习管账、看棒槌营、管理金厂等事务,但贪图享乐的韩寿文懒惰成性,无心经营。韩宪宗怒斥韩寿文,竟遭其强词夺理地狡辩:"你父不如我父,我子强过你子。你有此两大缺憾,还逼我做什么?"韩宪宗无奈,觉得此子虽不成器但话却有理,因而不得不隔代交班,将家业传给长孙韩登举,自此退居二线,做个太上掌柜。此后,他常常穿上山民服装,怀揣散碎金子,顺松花江而下,来额赫穆祖茔韩家林看看,再回吉林府皇赐之家颐养晚年。

　　1894年甲午战争爆发,日军大举进攻东北。韩宪宗振臂一呼,"韩边外"的民众踊跃参战,很快"募得猎户壮丁七千,编为步兵十四营"。韩宪宗年已古稀,长孙韩登举主动请缨,代祖父挂帅出征。1909年日本东京出版的《吉林通览·吉林的韩家》曾记载:"日清战事爆发……我军(日军)一部于辽阳一带遭受大约六营军队猛烈袭击,此事乃韩边外率军所为,至今国人记忆犹存。自此,韩登举军威遐迩。"甲午战争后,韩登举被清廷封为"育"字军三营统领,后出任"吉"字军统领。韩登举外出抗日期间,韩宪宗重新主持边外事务,但因年事已高,管理松懈,韩家家风日益败坏。1897年,韩宪宗病故。韩登举急忙辞官回家奔丧,将"老边外"尸骸厚葬

于额赫穆祖茔。韩登举开始秉承祖父遗愿,重整家风。一次,韩登举的堂叔设赌抽头,坑害民众,被韩登举"责以军棍"并强行劳动改造。自此,韩边外地区社会秩序迅速好转,又恢复了"路不拾遗,夜不闭户"的清明状态。1919年夏,韩登举突然染病身亡,亦葬于额赫穆祖茔。此后,韩家子弟奢靡享乐,坐吃山空,后继者多碌碌无为,加上外部官僚军阀和日俄势力的倾轧蚕食,曾经昌盛一时的"韩边外"王国迅速分崩离析,到1940年则彻底土崩瓦解了。

还说韩家林的故事。一天,韩宪宗穿着山民服装来到松花江畔的韩家林扫墓。他是个孝子,致富不忘祖宗,所以,经常亲自前来坟茔地栽植树木,清除荒草,上坟填土。那天,他和随从收拾完墓地后,听伙计说吉林文人松秀涛在松江中路开的"松江第一楼"酒馆十分气派,不但窗含朱雀山远景,门泊松花江舟船,而且还有天下名厨主灶,菜品名传东北。于是立即乘船顺江而下回吉林府,来到"松江第一楼",占据了临窗一间雅阁,想结交一下松秀涛,然后大吃一顿,再带些美酒珍肴,溯江到韩家林,给父母祖宗上供,让先人也品尝一下这"松江第一楼"的名贵菜肴。

谁知第一楼的伙计一看韩边外的平民穿着,立刻以貌取人,心怀不恭,招待的语言也傲慢了若干。

韩边外暗叹这小伙子太过势利,口中却和气地问道:这松江第一楼都有什么好吃好喝的? 请小兄弟介绍介绍。小伙计傲慢地说,松江第一楼能做天下所有名菜,备得天下所有美酒,不用说长白山的山珍,松花江中的鱼鲜,就是你想吃活人脑子,咱松江第一楼也照样能给你砸新鲜的。只怕你没有钱享受罢了。哼!

韩边外的随从看不惯小伙计的势利眼,几次想亮明身份,都被韩边外暗暗制止了。小伙计刚刚说完,韩边外即口中赞着松江第一楼名不虚传,手便伸进怀中,拽出一个鹿皮口袋,从中哗啦啦倒出了一大把散碎的金子。满桌子顿时金光灿灿,其价值足可买得下这座松江第一楼。韩边外指着金子笑呵呵地问道:小兄弟,这些金

子可买得一个活人脑子吃吗？如果钱够了，你就先砸个活人脑子来，咱爷们儿一块儿慢慢喝酒品尝。若剩下些金子，你就让柜上存着，咱以后再慢慢地买些活人脑子吃！小伙计哪知此人是关东金王韩边外呀，看到如此之多的耀眼金子，听了老头儿的话，知道胡说八道闯大祸了。自己上哪儿去买活人来现砸活人脑子给人家吃呀！他吓得立刻噗嗵跪倒在地，一个劲儿地告饶。韩边外想教训一下这个势利轻狂的年轻人，因而笑嘻嘻地坚持着一定要吃现砸的活人脑子。并通过此手段逼出掌柜的松秀涛一见。

且说这松江第一楼的主人名松毓（1863—1929），字秀涛，晚号松阳山人，生于吉林城郊温德河村，隶满州镶蓝旗，赫舍里氏。松毓是吉林近代史上一位知名的爱国绅士，曾以人力物力支持孙中山的革命政府。孙中山赞誉他为"率一族人参加民族革命于旗下"的"满族豪杰"。松毓务实业重教育，率先开办老爷岭林场，热心投资公益事业，学养深厚，观念开明，书法成就很高，省内外颇有影响。这座楼房是松毓临江而建的私宅外楼。登楼眺望，江山一览，无限风光尽收眼底。是当时吉林城内引入欧式建筑理念的最为时尚的建筑，号称"松江第一楼"，此处亦是松毓与朋友的雅集之所。

这天，松毓正在第一楼后私宅内欣赏搜集来的古董，忽听仆人报告，说酒楼小伙计以貌取人，惹恼了客人。客人定要用黄金买活人脑子来吃。松毓大惊，暗想此人不是巨富，就是绿林好汉，须得自己出面道歉周旋才是。于是急急来到松江第一楼临江雅阁，看到一位身着布衣却满面豪爽气概的老者正安坐在太师椅上，守着八仙桌上一堆金灿灿的黄金散块儿，笑嘻嘻地看着跪在地上的小伙计。那小伙计已经吓

澄湖剪影

得脸都白了，汗流满面，口中告饶不止。松毓连忙趋前满脸赔笑，一躬到地，口中连说：得罪，得罪。松毓家教不严，得罪老人家了。松毓在此替伙计赔罪，请千万谅解这孩子。他家中贫寒，父亲早丧，是我收留他，让他在这第一楼当个跑堂伙计，挣些银钱，养活家中寡母。教不严，师之惰。伙计造成的损失，理应由我这东家赔偿。老人家若不放过他，他娘知道，必会气死。

韩边外见终于逼出了主人松毓，目的达到，立刻哈哈一笑，放过了伙计，自言名叫韩宪宗，虚名"韩边外"。今日慕名前来，专为品尝第一楼的美酒佳肴，然后买些回到额赫穆祖茔上供，也好让先人神受。没想到这伙计眼中势利，口出狂言，不计后果。自己一把年纪了，意在惩戒后生，让其谨慎立身。另外也想引出主人，结交一番。如今松先生果然屈身致歉，不负吉林文人名士的声望。韩边外今日知足了。

松毓大喜，与"韩边外"一见如故，遂结为好友。两人彻夜豪饮。第二天，松毓又命后厨备上一席上等酒肴，装进食盒，送上船，和韩边外一起溯江而上，来到海浪屯西的额赫穆韩家林恭敬凭吊。从此，松毓和"韩边外"结为忘年之交。

许多流窜在松花江边的土匪绺子，想在额赫穆韩家祖茔下手，敲诈韩边外，弄些黄金快活，怎奈惧怕"韩统领"家的军事势力和吉林将军府的军威，最终无一人敢于下手。

日寇入侵吉林后，韩家势力迅速土崩瓦解。丰满修建水电站后，此段松花江变成了松花湖。大名鼎鼎的"韩家林"永远沉入水底，但这段历史传奇，却始终在湖上传播，成为当地人民和游客的谈资。

程英铁摄

10. 山水秘境 八仙遗踪
——卧龙潭景区

湖上有仙山
飘渺云水间。
八仙曾驻足,
白龙在此蟠。
　　——湖上民谣

卧龙潭,松花湖中一个神奇的潭,一座神秘的岛。

卧龙潭位于松花湖中部,西接五虎岛,东连凤舞池,北望海浪山,在松花湖五虎岛上游,距离丰满港35公里,距离五虎岛6公里。景区由卧龙潭和仙松峰组成。陆地面积14.3平方公里,水域面积11平方公里。

卧龙潭地处湖心深处,没有人烟,白纱似的云雾常常缭绕在长满苍松翠柏的山峦上,让奇峰悬崖时隐时现,像东海蓬莱,像九天琼林瑶台,对人类散发着神秘的诱惑。

卧龙潭外,一座巨大的粗犷的礁岩,突兀地叠摞在湖湾山口,上面赫然雕塑着一条张牙舞爪,昂然腾空的巨龙。

巨龙之下的龙潭无论在任何气象条件下,都显得冷静而深沉。苍鹭和灰鹤静静地站在浅水中,像较量耐性一样,或单腿独立,或俯首缩颈盯着水面,像玻璃湖上的标本。成群的蜻蜓在湖面上快速地飞来飞去,

却绝对保持着静默飞行的状态。即使是潭中的鱼儿，也不喜欢跳水打漂儿。是此地的生灵不敢肆意妄为？还是有什么神秘的超自然的力量使然？总之，卧龙潭的这份异常的幽静，散发着一种庄严和肃穆。

也许，这种氛围，即是引发人们关注和猜测的根源。

说卧龙潭是"山水秘境，世外仙山"，是因为它偏僻、幽静、原生态、无人烟。

说卧龙潭偏僻，是因为它位居松花湖湖心，不仅远离都市的喧嚣，也远离乡村的繁闹。如果没有渡船，万难登上这座岛屿。

说卧龙潭幽静，是因为它没有任何人类的纷扰。在这里，只能听到林涛飒飒，流水淙淙，鸟语啁啾，再不，就是游览者自己清晰的呼吸和咚咚的心跳。

说卧龙潭原生态，是因为这里基本上没有遭到任何人为的破坏。森森树木遮天蔽日，没有滥砍盗伐；萋萋芳草恣意生长，不受任何限制；翠绿的苔藓恣肆地覆盖在顽石表面和树皮之上，仿佛是亘古以来的阵容。登上山巅，纵目四眺，只见流云在蓝天飞驰，松水如鹿茸枝杈，青山叠叠，绿林茫茫，百里之内不见人烟。这更加让足下陈旧的石蹬、危崖上锈蚀的铁栏以及登山小径上的石条、峭崖巨石上粗犷的岩画等等人类文化遗迹，成为当今游人心头的难解之秘。

卧 龙 潭

在松花湖上，关于卧龙潭的传说很多。

相传，古代的中国东北洪水滔天。为将洪水泻入东海，玉皇大帝命令东海龙王敖广派遣神龙前往开江泄洪。

于是，敖广派遣黑龙和白龙两条神龙分别带领群龙开凿黑龙江和松花江。

白龙挺起无坚不摧的龙犄角，奋力开山劈岭，硬是要从长白山的崇山峻岭中豁出一道松花江，但豁到中途，已经累得筋疲力尽。它不得不盘曲身体，稍事休息，养精蓄锐，以利再战。当它恢

复了神力又继续挺起脖颈,用龙角劈山开江时,它靠着山崖盘卧的地方就留下一个巨大的水潭,后人则取名叫卧龙潭。

松花江形成后,卧龙潭紧傍主江道。一边是江水波浪奔涌、激流澎湃,一边是潭水风平浪静、鹅毛不动。一动一静,相映成趣。

1943年松花湖形成后,激流汹涌的江道和水平如镜的龙潭皆沉入湖底。但卧龙潭的面积却更加辽阔和幽深。

当地还流传着白龙公主斗独角龙的故事。

相传暴秦时代,秦始皇为所欲为,想用赶山神鞭把纵横几千里的长白山脉赶进东海,以填平东海,铺出直通蓬莱岛的陆路,以方便他往来于咸阳与蓬莱仙山之间求取长生不老之药。

东海龙王敖广的三女儿白龙公主为阻止秦始皇的暴行,就化身美女,骗取了秦始皇的信任,偷走了他的赶山鞭。在回归东海的途中路过卧龙潭时,恰巧遇到一只独角龙占据了卧龙潭在兴风作浪,残害生灵。白龙公主非常气愤,挥舞赶山鞭和独角龙大战起来。独角龙不敌大败欲逃。白龙公主立刻用赶山鞭把远处一座山头赶过来压住了落败的独角龙,以防止它逃往他方继续作恶。从此,这里就突然多出了一座矗立于卧龙潭边的卧龙岛。至今岛上还有白龙公主斗独角龙的石雕呢。

只是至今有些胆小的游客来此,仍然恐惧地望着眼前的卧龙潭湖水,猜测着,不知里面潜藏的是白龙,抑或是独角龙。

仙 松 峰

卧龙潭边的最高峰叫仙松峰,海拔450米。

山虽不高,但从名字上看,就沾着仙气。

山上苍松翠柏迎风傲立,山巅怪石嶙峋,巨石悬空,云雾缭绕,气势壮观。

古人云,山不在高,有仙则名。仙松峰的名字虽然有些拗口,但无论松树和山峰,的确与神仙有关。

传说很久以前，八仙过海时曾路过此地，见这里山环水绕，景色优美，就在这里小憩。那时山峰刚从地壳中拱起，岩石裸露，地表粗糙，满目荒凉贫瘠。山峰虽然险峻，沟谷虽然深邃，但没有树木掩蔽，没有花草装饰，令人生厌。爱美的何仙姑便提议各位仙人施法移来黄山之松籽，在各处悬崖峭壁上撒下了八十八粒树种；又移来各地各种花草树木，栽植于山中各处。铁拐李用宝葫芦盛来松花江圣水，撒向空中，形成满天雨水，滋润着刚栽植的花草树木。于是不久，就有八十八棵黄山松傲立于陡峭的悬崖绝壁上，后人称这些松树为"长白黄山松"。长白是它们的生长之地，黄山是它们的祖宗根基。至于仙松之说，皆因是东海八仙所种而得名。这些伴生着长白黄山松的峭崖，则被游客称为"仙松灵壁"，此山名字，也叫仙松峰——无非是因为沾了东海八仙的光，而彰显八仙的名气而已。至今，仙松峰之巅的危崖峭岩上，还留有一个直径将近半米的圆形石洞，

传说，那是铁拐李为了挂身上的酒葫芦，用铁拐往石头上一戳，铁拐就戳进岩石半米多深。等拔出铁拐后，岩石上就留下了这个圆洞。这石洞洞壁光滑，真像人工雕凿的。但经过若干人的研究鉴定，认为此洞历史久远，恐非人类所为。

仙人洞

山不在高，有仙则灵。卧龙潭仙松峰密林中有许多青苔斑驳的奇岩怪石，上边承载着一个个引人入胜的神话故事。譬如专供神仙出入的"仙门"、"升仙路"等。

仙松峰下密林石壁下，有一个月牙儿状态的山洞，名叫"仙人洞"。

据传，东海八仙在卧龙潭仙松峰上休息时，夜幕降临，星光灿烂，一轮弯月恰巧映在石壁上。

吕洞宾看到石壁上的月影时灵机一动，立刻抽出斩妖荡魔宝剑，沿着石壁上的月影划了下去，月牙儿的影子立刻变得更加真切。铁拐李按捺不住淘气的心情，伸出铁拐往那石壁上的月影一捣，岂料哗啦一声，石壁上立刻形成一个月牙儿样的巨大石洞。八仙极目洞内，里面竟有一方方正正的石头棋盘，棋盘上放着两盒石头棋子，棋盘旁有两只石凳相对，只是无人对弈！

铁拐李正闲得手痒，见到石洞内有现成的棋盘、棋子，立刻挥手一扫，将方才铁拐捣洞时弄下来的碎石扫出洞外，然后躬身入洞，口中呼喊着："吕老道，敢和我老李手谈三局吗？"吕洞宾笑道："有何不敢！只是不知老李要以何物为

彩头？"铁拐李豪爽地说："就凭你吕老道划下道儿来吧！"吕洞宾说："若你输，则要交出你的宝葫芦。我输，则把我的斩妖荡魔剑送你。如何？"铁拐李说："众仙家作证，就依吕老道划出的道儿办。"于是，吕洞宾也躬身入洞，和铁拐李在棋盘上排兵布阵起来。两人一交手，就杀得难分难解，一杀就是七七四十九天。至今洞内仍然留有一盘难解的残局。只是那棋子生根在棋盘上，凡人是再也挪动不了的！当时，为了让众仙家观阵助兴，吕洞宾挥手招来一块三丈方圆的巨石，挥剑砍去上部，留下了一块平坦坦的大石板，放置洞前，让八仙聚石而坐，沐月临风，谈古论今，消磨时光。此洞遂叫仙人洞，此石就叫"聚仙石"。

浪 卷 石

　　世上有许多奇石。有的是形状奇特，有的是颜色奇特，有的是纹理奇特。无论形状和纹理，若与世间人物惟妙惟肖，便是罕见的奇石。

　　松花湖畔有许多奇石，大的如半山，中的如房屋，小的如物件。倘若你有石缘，极有可能遭遇松花湖奇石。

　　卧龙潭仙松峰下，有许多不知是何成因的奇石，其中最大最典型的一块，名"浪卷石"。相传是当年白龙公主挥动赶山鞭大战独角龙时留下的。当时白龙公主一鞭抽下水中，势若雷霆万钧，卧龙潭中立刻掀起了一排巨浪。独角龙被巨浪冲击

得难以抵挡,只好奋力躲避,喷溅起的浪花深深地印在了潭边的石崖上,随即变成了巨大的浪卷石自然景观。

八仙过海

登山不远,一块苍翠欲滴的巨大岩石迎面而立。翠绿的青苔像一张绒毡笼罩在上面。远看,青苔长成了若干曲线勾勒的图形,及至走到跟前认真看去,细心琢磨,才逐渐看出这是一面八仙过海的石刻图画。只是不知何年何月何日何人所刻。从青苔的厚度来看,最低也有百八十年的时间了。

无论如何,这是松花湖乃至天下所有景区难得一见的一件原生态的艺术品。说它原生态,是因为它坐落在荒无人迹的深山密林中,而且上面覆盖着茂盛的天然青苔,这是人工无法种植的。看上去,就给人一种洪荒、原始、人迹罕至、化外空灵的感觉。说它是艺术品,是因为青苔覆盖下勾勒成《八仙过海图》的线条肯定是人类镌刻下来的。只是无从考证这创作者是什么人,在什么情况下镌刻的。这就更增加了这幅石刻画的神奇感和神秘感。尤其是青苔完全覆盖的状态下,你真恨不得认为这就是鬼斧神工,天工造物!

仙人指路

欲攀登仙松砬子,欣赏湖光山色的无限风光,就必须经过"仙人指路"。据说,登山者如果不经过仙人指路,是无法进入仙门的。进不了仙门,就入不了仙境。入不了仙境,就无法看到"卧龙日出"和"浪卷奇石",更无法领略"走仙人路,看黄山松,观奇峰景,赏松湖水"那种远离凡尘,飘然化外,宠辱皆忘,逍遥若仙的超然意境的。

努尔哈赤行军图

攀登仙松峰的中途,有一面石壁矗立在山径旁,上面镌刻着清太祖、高皇帝爱新觉罗·努尔哈赤统一东北女真各部时的行军图。岁月的沧桑淹没不了花岗岩上镌刻的曲线。伫立图前,认真观看,耐心品味,竟然令人乐而忘返。

古代的长白山麓松花江畔,祖居着满族的前身——野人女真长白部落。

明朝的万历十一年(1583),爱新觉罗·努尔哈赤的父亲、爷爷在古勒山城(今辽宁省新宾县)被明军误杀。之后,25岁的努尔哈赤继承了父亲的职位,担任了建州左卫都指挥。从此,他将家仇归罪于图伦城城主尼堪外兰身上,所以,用父亲留下的13

副盔甲起兵,组织起近百人的队伍,攻破了图伦城。

1585年2月,努尔哈赤率兵打败了界凡、萨尔浒、栋佳、巴尔达四城联军。从此威名远扬。同年4月,他又率步骑80人,在浑河边设下埋伏,打败了界凡等五城联兵

800多人。此后数年,努尔哈赤不断率领部队征战东北,开始统一东北女真各部。

1596年,努尔哈赤自称女真国建州卫管束夷人之主。

为了扩大政治影响,努尔哈赤先后与海西女真扈伦四部之乌拉部(今吉林市乌拉街镇)实行了5次联姻、7次盟誓。他把自己的女儿嫁给了乌拉部的首领布占泰。

1600年,努尔哈赤攻灭海西女真扈伦四部之哈达部,实施第二次整军,编300人为一牛录(佐领),开始以黄、白、红、蓝四色旗帜为各军标志,这是组建八旗部队的第一步。

1605年,努尔哈赤受喀尔喀等五部尊为"昆都仑汗"(意为恭敬汗)。努尔哈赤自此称"汗"。

1601年,努尔哈赤又迎娶了乌拉部首领布占泰年仅12岁的侄女乌拉那拉氏阿

巴亥做了自己的王妃。乌拉那拉氏虽然年少,但身材婀娜,容貌美丽,而且聪明伶俐,知书达理,因而深受努尔哈赤的喜爱。她一连为努尔哈赤生下了阿济格、多尔衮、多铎三位王子,后来被努尔哈赤晋升为大王妃,就相当于汉族的皇后。

1613年,努尔哈赤攻破乌拉部,海西女真扈伦四部先后降服。这期间,努尔哈赤多次来吉林的女真乌拉部。他喜欢在战争之余的松花江畔的山中采参,狩猎。不久即降服了野人女真各部。松花江畔的野人女真长白部落亦归属努尔哈赤。从此,东北女真各部统一在努尔哈赤的麾下。

1616年正月初一,皇太极同诸兄弟们为努尔哈赤举行了庄严的仪式,上尊号"覆育列国英明汗",建国称金,也叫大金或后金,年号天命。

1636年,皇太极改女真族号为满洲,女真一词就此停止使用,后来满洲人又融纳了少数的蒙古族、汉族等民族,逐渐形成了今天的满族。

女真渔猎图

沿着布满落叶与青苔的石阶路攀登,密林苍苍,高可蔽日。

林下灌丛不生,只有矮矮的绿草覆盖着地面。林下到处形状各异的巨石,大的如房屋,小的方可五六尺,有的如蜗牛,有的如伏虎,有的如卧狮,有的如耕牛。上面皆长满了苍翠的苔藓。石下多有小溪环绕,时而可以听到淙淙的流水之声,恍如琴鸣。四野静谧,唯有林间鸟雀啁啁。

逶迤攀山而上,忽然巨石挡路,绕过去便陡然在转角处发现一座刀削斧劈似的巨石,上面清晰地镌刻着一副原始图画——有生龙活虎奔驰的野兽,有张弓射猎的猎人,有点燃篝火的女子,有在水中拼力推划独木舟的渔人,水中有游动的大鱼,有飞舞的凤凰一样的巨鸟……画中内容居然水火相对,渔猎同图,且有水陆空各个阶层的动物。图画线条虬劲有力,古朴大方,描绘的是原始时代祖先渔猎而生的生活场面,充满着夸张的大写意境。令人看后乐而忘返。也不知此画为何人镌刻。据考证,松花湖区在古代是野人女真长白部落的居住地。这里的女真人依山狩猎,临江捕鱼,世世代代在此繁衍生息。此图大概正是描述当年女真人生活状况的。

11. 凤舞湖湾　世外仙岛
——凤舞池景区

凤舞池

《诗经·小雅·鹤鸣》有曰:"鹤鸣于九皋,声闻于野。鱼潜在渊,或在于渚。"是说,仙鹤啼鸣在沼泽深处,嘹亮的声音回荡在四野。鱼儿有时潜藏在深水里,有时又又游向滩涂。

这鹤鸣鱼潜的画图,倒是十分贴合松花湖凤舞池景区的境界。

凤舞池是毗邻卧龙潭景区的另一个幽静而秀丽的所在。

当地古老的传说谓之曰,这里也曾是凤凰的世界,因为凤凰不仅是百鸟之王,更重要的是,它是庇佑松花江畔百姓的吉祥鸟儿。

传说,玉皇大帝曾派遣侠肝义胆的火凤凰——朱雀仙子管理吉林市南郊的高山。因而,朱雀山的名字即源于此。

火凤凰——朱雀仙子不仅英武豪侠,忠肝义胆,而且生性好美。每当闲暇时,她总要翩翩飞临松花江畔,清亮地啼鸣一声,然后降落在江湾那座高高的岩石上,对

着澄澈的江水,优雅地梳理着自己灿烂的羽毛和辉煌的长尾。每当此时,闻凤啼而起舞的百鸟纷纷从四面八方飞来,一时间百鸟啼转,满江鸟语,成为百鸟朝凤的一大奇观。百鸟唱罢,凤凰仙子立即振翩鼓翼,凌空起

舞,于是松花江畔,彩羽翩跹,云蒸霞蔚,红光灼灼,炫光夺彩,令当地民众惊叹不已。久而久之,此地便有了凤舞池之名。

然而,凤凰不知何处去,此地空余凤舞池。

然而,凤舞池并不寂寞。不知从何时起,这里成了仙鹤与苍鹭的乐园。

凤舞池是松花湖中一座幽雅而静谧的湖湾。

船儿驶进一座断垣般的峡口,就如同走进了一个倒写的丫字。眼前豁然开朗。左右两个湖湾一直伸进两边的青山深处。而正前方千米之外,则是连接着一片金色沙滩的葱茏的山头。树木根深叶茂,十分葱茏。沙滩上,一只只鹤鹭在悠闲地漫步。湖湾中,常有一群群的鱼鹰和野鸭此起彼落。远处的滩头上,一群群的牛马在自由地牧放。叮咚的牧铃成为这里最优美的乐声。

苍鹭岛

在松花湖中,最常见的大型水鸟是苍鹭。它们或翱翔于湖水上空,或孤立于沙滩浅水处,或默立于湖中的网漂子与浪木之上,经常吸引游客的眼球。偶尔有一只或两只在湖面翱翔,便会吸引无数"长枪短炮"般的镜头聚焦摄猎。

生活在松花湖中的苍鹭是候鸟,冬季成群南飞,冰消雪融时又飞回北方,一般成对和成小群活动,迁徙期间和冬季集成大群,有时亦与白鹭混群。苍

鹭天性孤独，大概喜欢静默思考，所以喜欢单独地涉水于浅水处，或长时间地在水边站立不动，长长的脖颈常曲缩于两肩之间，并擅长以单腿站立，另一腿休闲地缩于腹下。就这样可以站立数小时之久而不动。若无惊动，简直如雕塑一般。苍鹭飞行时两翼鼓动缓慢，颈缩成"Z"字形，两脚向后伸直，拖于尾后，大概做调整方向的舵用。晚上，苍鹭多成群栖息于高大的树上。叫声粗而高，嘎、嘎而鸣，并无美感。

苍鹭是大型的水边鸟类，头、颈、脚和嘴均甚长，因而身体显得细瘦。苍鹭是我国分布广和较为常见的涉禽，几乎全国各地水域和沼泽湿地都可见到，数量较普遍。

苍鹭主要以小型鱼类、泥鳅、虾、喇蛄、蜻蜓幼虫、蜥蜴、蛙和昆虫等动物性食物为食。多在水边浅水处或沼泽地上，也在浅水湖泊和水塘中或水域附近陆地上觅食。觅食最为活跃的时间是清晨和傍晚，或是分散地沿水边浅水处边走边啄食，或是彼此拉开一定距离独自站在水边浅水中，一动不动长时间地站在那里等候过往鱼群，两眼紧盯着水面，一见鱼类或其他水生动物到来，立刻伸颈啄之，疾如闪电，每击必中。有时运气不好，它会站在一个地方默默地等候数小时之久，故有'长脖老等'之称。渔民们有时笑称它们为"傻鸟"。真傻！那儿没有鱼，就不会换个地方？

苍鹭营巢在水域附近的树上或芦苇与水草丛中。多成群集中营建巢穴，有时一棵树上有巢数对至十多对。营巢由雌雄亲鸟共同进行，雄鸟负责运输巢材，雌鸟负责营巢。在树上营巢者，巢材多用干树枝和枯草，在芦苇丛中营巢者，则多用枯芦苇茎和苇叶。通常是将卢苇弯折叠放在一起作为巢基，然后在上面规整地堆集一些干芦苇和枯草即成。

松花湖中苍鹭多集群于某处湖湾内的临水岛屿上营巢，少则几百只，多则上千只。有时候整个湖湾树林全部被苍鹭占领，远远看去，一只只苍鹭站立于巢边的树枝上，或引颈远望，或相对默然，或与邻居低语。若遇到惊吓，立刻群起而飞，密密匝匝地在树林上空聒噪着翱翔，使这里形成了名副其实的"鹭岛"。

松花湖中,成规模的鹭岛不下几十处。常引得游人专程观望。但苍鹭不喜欢人类和它做朋友,讨厌人们近距离靠近它们的领地。也许,人类曾经上过树掏过它们的卵,拆过它们的窝;也许人类频频地追踪它们,用"长枪短炮"瞄准它们,引起了它们的惊惧不安。

苍鹭驱逐人类的最见效的办法是不断飞临你的头顶嘎嘎叫着排便,不小心就会被它弄满头满身的粪便。苍鹭的粪便呈白色,黏糊糊的,腥臭难当。欣赏苍鹭最好离它们远一些,这样既惊扰不了它们的安静生活,又不会被它们弄个鸟屎满头满身。

12. 历史迷踪　地质奇观
——石龙壁景区

北京有两座九龙壁,每座之上皆有九条张牙舞爪的腾龙,那是大清乾隆年间修建的皇权的象征。

松花湖有无数座石龙壁,每座石龙壁上都有无数条峭拔的石龙,那是大自然在松花江畔鬼斧神工、沧海桑田的杰作。

石龙壁景区位于松花湖中上游,距离丰满大坝约40公里处。船行湖中,可见数百米宽的湖面两岸,陡立着许多座20多米高的狭长石壁,舟船驶过,碧波荡漾的湖面上会立刻映出若干石龙在水中浮游的影像。石龙壁名字来源于此。

石龙壁是第四纪火山喷发冷凝后形成的陡峭的悬挂式玄武岩山体。

玄武岩属基性火山岩。是地球洋壳和月球月海的最主要组成物质,也是地球陆壳和月球月陆的重要组成物质。汉语玄武岩一词,引自日文。日本在兵库县玄武洞发现黑色橄榄玄武岩,故得名。

玄武岩分4种:①发育于深海洋脊的玄武岩。大致以每年$1.5×10^{10}$吨速率自洋脊涌出,属拉斑玄武岩类,故又名深海拉斑玄武岩。②发育于洋盆内群岛和海山的玄武岩。一般由拉斑玄武岩和碱性玄武岩复合构成,其成因可能与上地幔热柱活动有关。③发育于岛弧和活动大陆边缘的玄武岩。一般近深海沟一侧和早期发育的是拉斑玄武岩,规模大,分布广,并可能是细碧角斑岩系列的组成部分。④发育于大陆内部的玄武岩。它包括由裂隙喷发的大规模泛流拉斑玄武岩和少量的碱性玄武岩,它们受陆壳花岗物质混染。玄武岩构造与其固结环境有关。陆上形成的玄武岩,常呈绳状构造、块状构造和柱状节理……

松花湖中的石龙壁，犹如一根根粗大的树干造成的木栅栏，经过亿万年的风雨沧桑，已经石化成一座座数十米高的石柱并排砌成的围墙。这种石柱墙壁自卧龙潭往上至桦树林子至少有几十座。但，松花江畔的人，老早就称它们为"石龙壁"。

石龙壁景区是松花湖上历史文化底蕴最为深厚的景区，它不独山重水复，湖湾众多，不独有在湖中屹立万年的十几座石龙壁，而且还有金蟾岛、二龙戏珠、额赫岛、将军墓、石棺群、三清宫等著名景点景观。

石 龙 壁

俗话说，云是鹤世界，水乃龙故乡。

松花江和松花湖的文化中，到处充满了龙的传说。其一，大明王朝为经略东北，特派辽东都指挥使司骠骑将军刘清三次率兵来吉林松花江畔造船，其间，刘清在阿什哈达山崖边两次建立龙王庙，祭祀松花江龙王。

其二，清康熙东巡吉林时，特别把松花江畔的吉林市称为"龙兴之地"。

其三，清乾隆年间，乾隆皇帝效仿他的皇爷爷康熙东巡吉林时，除了上松花江西的小白山的望祭殿遥祭了长白山神位，还上吉林北山参观了康熙畋猎过的山头，游览了庙宇，并为北山关帝庙题匾"灵著幽岐"。然后恭奉太后游览了龙潭山，并在龙潭山上封神树、祭龙潭，游览龙凤寺，拜祭观音堂，并为观音堂题匾"福佑大东"，然后又乘龙舟溯江而上。

康熙是顺江而下，到吉林乌拉

总管衙门所在地大乌拉虞（原海西女真扈伦四部之乌拉国古城，今吉林市乌拉街镇），瞻仰祖宗遗迹。而乾隆却要溯江而上，从松花江上对祖脉追根溯源，以显示自己有所建树。

传说，那年，乾隆皇帝恭奉着太后，在吉林水师将士列舰护卫下，连樯接舰地乘风破浪，逆水而上。一过丰满镇，便见长白山群峰连绵，重峦叠嶂；松花江大水浩荡，一泻千里。两岸悬崖壁立，势如刀削。真是风光壮丽，朗襟畅怀呀！

乾隆皇帝触景生情，很想题诗讴歌，无奈皇爷爷康熙在《松花江放船歌》中，已有"苍岩翠壁两岸横"的诗句。忽然，他看到松花江两岸壁立如鬼斧神工粗犷雕凿的石龙壁，上面长满了历经风雨沧桑的斑驳的苍苍青苔。这说明松花江的河道从来不会像长江、黄河一样，因洪水暴涨而出槽滚动，吞没良田。这些江岸石崖上的青苔，标志着松花江即使洪水暴涨，也无法出槽，让洪水泛滥山外，更不会让河道年年滚动，造成"二十年河东二十年河西"之局面。想到此处，乾隆随即感慨地口吟一句：真乃铜帮铁底松花江也！

从此，铜帮铁底的松花江，成为乾隆之御封。

实际上，松花江岸的石龙壁，是长白山造山运动中火山喷发出的岩浆由高而低的流淌后形成的垂挂式玄武岩地貌，后又经过上千万年的风雨剥蚀、上千万年的松花江激流冲刷，才形成了如今的宏伟壮观气势。

据说，那年乾隆自吉林市三道码头溯江而上的计划提出后，吉林将军府和吉林水师的将领们可忙坏了。他们不怕胡匪沿江袭击，因为他们有雄厚的八旗水师来做好保卫工作。他们就怕那个冥冥中的万一！万一沿江高大的石壁上有块风化松动的岩石，正赶上乾隆的龙舟在船夫和纤夫的号子声中逆江而上时落到了龙舟上，惊了龙驾，谁能担当得起！于是，吉林将军早早派出兵丁，沿江对临江峭壁做出严格检查。

民间传说，那年松花江龙王听说人间真龙天

龙壁秋韵

王天七摄

子要到上江巡视,立刻派出龙子龙孙,到那些被江水常年冲击的石壁前,化作一条条巨石,从江堤一直到崖顶,排满石崖,以防石崖倒塌。这就是石龙壁的由来。

乾隆皇帝虽然乘舟巡游完松花江走了,但值班的龙子龙孙却不敢擅离职守,最后居然石化了,成了石龙壁不可分割的自然奇观。

湖上的渔民说,这些湖上的石壁为啥历经千万年而不倒塌,那是因为它们被乾隆皇帝亲口御封了。皇帝是金口玉牙,说啥是啥。既然松花江两岸是铜帮铁底,它还怎么敢倒塌呢!

金蟾岛

金蟾岛,位于卧龙潭景区之东,长约3公里,最宽处约600米,呈东北西南走向,横亘在松花湖的中部水域。岛屿东北至西南逐渐变窄,像一条蜿蜒浮游于松花湖中的长龙,紧紧扼守着松花湖主航道。它是松花湖主航道之东的一道地理要冲。无论上下游驶来的舟船还是木排,都无法逃脱它虎视眈眈的监视。

金蟾岛距吉林市湖上旅程约40公里,公路距离到吉林市90公里,到蛟河市70公里。

金蟾岛前是松花湖直通著名风景区蛟河红叶谷的巨大湖汊,此湖汊现今是蛟河市拉法山国家森林公园红叶谷景区的渔港。金蟾岛上的原始森林中有吊脚楼为主的金蟾岛度假村。度假村后的山崖上有闻名遐迩的蛤蟆石和杜鹃坡。

蛤蟆石是一块天然的巨大岩石,形如蛤蟆,蹲伏在金蟾岛之北岸,翘首注视着松花湖,仿佛期待着什么。金蟾岛由此得名。蛤蟆石上的柞树下、峭岩间,生长着一丛丛的野杜鹃,土名叫达子香。达子香又叫兴安杜鹃、长白杜鹃、映山红,属杜鹃花科。有人咏山杜鹃曰:"斗雪开花心意长,亭亭玉质芙蓉装,泛春千里映山红,芳散风随万户香"。

松花湖畔的野杜鹃是凌雪傲霜开放于百花之首的北国报春之花。此花生性坚韧,耐瘠薄,抗严寒,先花后叶,凌寒吐芳。五一劳动节期间,春姑娘姗姗来迟的松花湖区,万木初萌,新绿初绽,草色遥看近却无。而野杜鹃却叶未绿而花竞发,满山粉红,如云如霞,艳丽夺目,清香淡雅,洋溢着盎然春意。

达子香,又名金达莱,是朝鲜的国花,也是黑龙江省黑河市的市花,喜欢生长在崇山峻岭的峭壁上。每当松花湖冰化开湖之际,沿岸峭崖上的一片片野杜鹃便竞相怒放,为松花湖渲染出春归的氛围,构成了松花湖区一道道艳丽的风景,成为五一期间畅游松花湖的主题景观。

金蟾岛前后湖湾水域宽阔,湖水清澈、露营条件优越,非常适合游泳、垂钓、打渔、野餐。

三 清 宫

三清宫位于松花湖石龙壁景区,是吉林地区最大的一座道观,占地1.2万平方米,坐北面南,坐落于松花湖畔大石头河湖汊边,背倚雄伟险峻的麒麟崖,面对蜿蜒清澈的大石河湖湾,三面群山环抱,一面绿水相拥。此处历史上曾建有白龙观和龙王庙,"文革"中毁坏,现今的三清宫是1994年重建的仿古式宫观。

三清宫门外广场上矗立着一座汉白玉雕刻的观音塑像,有说道观前矗立的不是佛教中的观音大士,而是道教慈航道

人的塑像。

三清宫宫门三楹，中门上方书白底黑字"三清宫"观名，门墙大书"无量天尊"。宫门内东西二角为钟鼓二楼，稍进为第一大殿关圣殿，供奉威远镇天尊关羽及周仓、关平。关圣殿后一米高石砌台阶上建有三清殿，左右各有祖师殿、娘娘殿和东西配庑的超生殿、护法殿、真武殿、三官殿、药王殿、太乙殿、斗姆殿、慈航殿等，分别供奉着道家诸仙尊金身或牌位。

道教是中国古老的传统宗教，与华夏传统的文化艺术有着密切的关系。这种关系不仅在道教建筑中有明显的体现，而且从其供奉的神灵及其塑形、彩绘中也有深刻的表现。整个三清宫建筑采取南北宫观、园林特点的修建方式。观内殿宇宏丽，格调幽雅，雕梁画柱皆采用道教图案装饰。每逢法事活动或课仪之时，三清宫内钟鼓声、音乐声、唱经声随风飘荡。置身三清宫，放眼天高云淡，水秀山青，花艳草绿，仿佛进入了物我两忘的神仙境界。

三清宫后山峦巍峨，森林密布。麒麟崖峭壁高耸，上生万年古松，葱茏茂盛。自松花湖金蟾岛水域即可遥望其雄姿。三清宫后的密林中多生拧劲子树等关东特有红叶树种，每当秋霜来临之际，霜叶染丹，满山姹紫嫣红十分美艳。

三清宫的筹建道人是魏真人，传说魏真人是伪满洲国溥仪皇帝的道教老师，享年104岁。羽化前，魏真人曾辟谷半年多，只是喝水，不进一米。逝前曾嘱其徒：死后即将其尸装缸封存。三年后开缸验看，如尸身腐烂则即刻埋葬。如尸身不腐则塑金身。三年后，其徒开缸验看，魏真人容颜如旧，而且头上长出了缕缕新发。

奇 石 坡

三清宫靠近松花湖一侧的山坡上，自湖畔至峰顶的树丛中，布满了一方方形态各异的巨石。这些巨石朝着湖下一侧，几乎都有着深浅不一，形态各异的凹痕，有的如虎爪，有的如足印，有的似是淘气的孩子用拳头顶在软泥上硬生生捣出的深深印迹。但所有的印痕都是圆弧边缘，没有一处是棱角形的。有人说，这是巨石中含有某种化学成分，如玄武岩中的

石灰岩,遇到雨水后溶蚀而成的各种印痕。有的说是石头没有硬化时,遭遇波浪冲击而成,有的则说是石内有气泡而后炸裂成如今模样,虽各有道理、莫衷一是,但其天然性是无可怀疑的。这种石头既非洞庭湖的化石,也非安徽灵璧石形态,而是典型的长白山地表卧牛石风格,与山林韵致一致,充满着粗犷与豪放。

石棺墓

吉林市文化局考古工作者在松花湖区(吉林市丰满区旺起镇地域)发现了安大套石棺墓群遗址。该遗址属于西团山文化时期,距今约3500年(属商周时期)。

据考古人员介绍,安大套石棺墓群遗址的分布面积为2万平方米,属西团山文化时期。安大套石棺墓群遗址位于松花湖湖岸,南距旺起镇7.5公里,距西官山遗址约5公里。该遗址背靠丘陵,是一处向湖内突出的弧形台地,沙石遍地,每逢夏季,遗址就被松花湖水淹没。遗址北、东、南三面皆为湖水环绕,西接群山。

考古人员在台地上端发现裸露的石棺五座,由于湖水冲刷及人为破坏,石棺已不完整,仅剩余一截。石棺的形状为板石立砌,棺内的遗物已荡然无存。考古人员推测,松花湖水下还应有石棺的存在。

将军坟

将军坟全名何将军坟,位于金蟾岛后的张家湾。传说此墓是吉林市士绅松毓父亲的坟墓,其曾任光绪年间的道台,兼武职,故称何将军。满族有父子不同姓之习俗,即所用汉名可以父子不用一个姓氏,所以其父可称何将军,而其子却称松秀涛。据传,何将军名何松涛,系被

土匪杀害。朝廷为彰其功勋卓著,曾为其铸金头安葬。此墓曾多次遭盗挖。

清代如吉林将军府之将军职位只有13人,其他各地称将军者多是朝廷消化与外地有职无权的空衔将军以及职务较低的统兵军官。埋葬在松花湖区张家湾的何将军其职级无从查考。

松花湖枯水季节,将军坟遗址便从水中冒出来。有座七尺高的石碑上赫然镌刻着:"皇清肇氏 一品夫人"八个大字。"皇清"是清代官宦碑铭的通常写法,即墓内埋葬的是与皇族有关的清国人。"肇氏",指姓肇的女人。大清立国后,许多满人改为汉姓。其中肇姓为满族一大姓。"一品夫人",即诰命夫人中级别最高的封号。诰命又称诰书,是皇帝封赠官员的专用文书,明清时期形成了非常完备的诰封制度,一至五品官员授以诰命,夫人从夫品级,故世有"诰命夫人"之说。看来,此碑是何将军夫人的墓志碑。但却不知为何不见何将军之墓碑。更不知这位何将军,是否官居清朝一品。

古代石棚墓

2009年,吉林市考古工作者在松花湖石龙壁景区又发现了一处距今2500年至3000年的石棚墓墓葬群。这处墓葬群位于蛟河市松江镇沿江村西南2000米处的松花江岛屿上。墓群共四座墓,但只有一座保存完好。据悉,墓葬现场遗留了石制、陶制器具和石棺等物件。经有关部门鉴定,该古墓群属于西团山文化遗址,为当时松花江沿岸族群部落首领的墓葬,属于西团山文化中晚期制品。

西团山文化是吉林地区原始文化遗存,对研究东北历史上家庭、私有制的起源,原始人类社会制度的改变和东北少数民族的繁衍生息,具有重要价值。

额赫岛

额赫岛呈梭形伸入松花湖中,是三面环湖一面与陆地相连的半岛,和金蟾岛隔湖相望。湖岸有平缓的沙滩,也有陡峭的悬崖和千姿百态的怪石。岛上树木苍翠翁郁成林,林下奇花异草争相斗艳。林中建有休闲度假村,有大型活动场所和欧式木楼阁、凉亭等。

额赫岛因满语额赫而得名。额赫,汉语称"恶河",曾是松花江著名险滩。"恶河"为满语口语语音"额赫"的音转,满语书面语为"额赫哈",其意是浊流、激流,又意为坏水、危险的水,泛指有危险的水域。这意思倒有些和汉语中的恶河相近。

丰满修建水电站之前,松花江航道至吉林市段就有七七四十九道险滩,只有额赫口是松花江中最大最险的险滩。《永吉县乡土材料》记载:"小恶河为县境内第一锁钥。著名康大蜡山北伸一臂突出江中,如三指焉。高出江面数尺,奔流因湍急而肆放。土人呼三巨指,为大将军石、二将军石、三将军石。江底因山脉余势,复有三巨石耸立江心,水势湍跃。是以行船及放木排者过此,往往遇险。小恶河之名因此而著。"

松花江的浩浩大水从上游倾泻而下,突然遇到了矗立江心的三座巨岩阻挡,一泻千里的激流猛然撞到了迎面的山壁上,立刻轰然作响,涛声如雷,然后裹挟着雪白的浪花呈直角急速拐向一边的两山对峙的峡谷,一路咆哮着奔腾而去。从上游放

下来的艅艎(满语,即舟船)和木排,稍有不慎,就会顺流撞上迎面的山崖,造成木排散落,船毁人亡。在松花江上吃航运饭的人一提"额赫"无不胆战心惊,心有余悸。老辈人讲,额河口即使在枯水季节,也是激流澎湃。不过,迎面的石壁下会露出一面巨大的平塌塌的山岩石台,水手船夫老远就会看到有许多筐箩大的、锅盖大和脸盆大的王八(鳖)在石台上晒太阳,待到船行近时才纷纷滚落激流之中。所以,过往水手都称此处为"王八炕"。水手们说,这面王八炕下是个很大的水潭,内有很多大鱼和王八生存于此。他们的食物来源就是落水而亡的水手尸体和船上可食的东西。木船和木排撞向山岩后,很快就会被山岩前巨大的漩涡卷进深潭。因此,这里又有"鹅毛沉底"的说法。

有一天,一位乘船溯江而上化缘的老道,听水手们说额赫口十分险恶常常吞噬人命,便有意来此探察。老道法号"无尘",到了额赫口后,观察了几个时辰,发现过往船只和木排果然受这额赫哨口的困扰和威胁,稍有不慎,便会葬身鱼腹。如果有人居高临下地观察着额赫口的水势和暗礁,指挥着过往的航船和木排巧妙躲避激流和暗礁,就会平安无事。可是,此处水势浩大,涛声如雷,喊话根本无法听见。如果用钟声来做信号,则是上上之策。因为钟声洪亮、清脆,穿透力强。透过如雷涛声仍能让行船和放排人听得清清楚楚。于是,无尘道长便在额赫口山崖上盖了一座小小的道观,名"平安寺"。门口吊一铁钟,每天用钟声的急缓多少来警告行船和放排人如何拐弯。如此一来,额赫口果然变成了平安门。往来舟船十分感谢无尘道人,便自发集资为其盖了一座十分像样儿的平安寺,门前的铁钟也换成了铜铸的大钟。往来

水手不论穷富，都要为无尘留下香火钱。桦甸和吉林市的许多大船户和大买卖家，纷纷为额赫口无尘道长的平安寺送匾。那匾有横匾竖匾，什么一帆风顺、功德无量、风调雨顺、国泰民安、为民造福等内容不一而足，常常惹得乘船人下船来平安寺看匾。无尘道长本是饱学之士，每隔几日就把牌匾重新排列组合一遍，或加或减，或多或少，或横或竖地玩起了文字游戏，让过往客人经常光顾参观验证，以解除他的寂寞情怀。后来，无尘道长功德圆满，羽化成仙飘然而去，只在石崖上留下一首诗：

松花江上有险滩，额赫哨口第一关。铁钟惊醒走船人，避开鬼门到家园。

无尘道长仙逝后，山东义和团创始人之一本明和尚之师兄本恩大师从吉林北山关帝庙云游至此，接过了无尘道长的钟锤，继续为过往船只敲钟报警，指挥过渡，并配合漂泊吉林的山东义和团三师弟赵炳武于20世纪初，采取撞船沉金之计，将俄寇彼得洛夫及其百名俄军连同他们从夹皮沟金矿掠夺来的几万两黄金，全部沉入松花江中。

　　当年,俄军侵占吉林的将领连年刚波夫派其手下干将彼得洛夫率军突袭夹皮沟,抢得黄金几十万两,由所部俄军看押,分乘7艘大船,欲顺流而下吉林市,然后再顺水路直达俄罗斯。山东义和团三师弟赵炳武联合吉林义军扮作水手驾驶7艘大船,在将近额赫口激流时,纷纷将船舵拔出扔进大江,然后纷纷跳江。7艘无人操纵的大船,载着彼得洛夫、黄金和看押黄金的俄军,飞流直下,先后垂直撞向额赫口的迎面山壁。随着一声声砰然巨响,7艘载金的俄军大船先后碎为残板。身着黄色军服的俄军尸体被激流裹卷着充斥江面。而中国的黄金永远沉入祖国的江底。彼得洛夫及其主子连年刚波夫和沙皇尼古拉二世的中国黄金梦瞬间破碎!那一天,额赫口附近俄军的悲号和中国义军的欢呼声压倒了松花江额赫口的涛声的轰鸣,两岸山头上站满了欢呼雀跃的中国义军。平安寺的本愚大师用力地敲响了寺前的铜钟,以庆贺这次胜利!

　　然而,30年后,日本侵略者又一次侵入东北,并在丰满修建了拦江大坝。额赫口、平安寺连同无尘道人留下的诗都湮没于水底。奔腾的松花江变成了平静的松花湖。此处虽然风景依然秀丽,但风雨沧桑,物是人非,只有松花江第一险滩——额赫口的故事,依然在松花湖湖区流传……

　　额赫岛附近还有"仙人界",在额赫岛的大山里,那是在石壁上出现的一个佛龛,佛龛旁镌刻的诗依然清晰可辨:

　　"石犀卧江边,峭峰独倚天。幽境知人少,此界是仙山。"

碧水丹枫

13. 山水画廊　鬼斧神工
——上湖景区

画廊，本指彩绘的走廊，或挂满画幅的长廊。唐代羊士谔的《王起居独游青龙寺玩红叶因寄》诗：有"十亩苍苔绕画廊，几株红树过清霜"的诗句。唐代诗人温庭筠的《访知玄上人遇暴经因有赠》诗有"缥帙无尘满画廊，钟山弟子静焚香"的诗句，可见画廊是个集中优美图画的所在。

来过松花湖的人，几乎人人都知道松花湖上游有座山水画廊，那里山奇水秀，石怪林幽，而且皇家轶闻、俗家传说众多，把这里的山水都赋予了神仙的风采、妖魔的狰狞、人类的灵性。

"山水画廊"的位置距坝上较远，航距较长，在石龙壁与桦甸市桦树林子镇之间，约有百公里，因在松花湖上游所以称为"上湖"，又称"尚湖"。所谓画廊，是将最多的风景集中在最小的空间里。尚湖景区之所以称为山水画廊，就因那里是一道风景长廊。这道山水画廊的特点是山高、水长。那里有著名的康大蜡山、肇大鸡山，南楼山，还有红石砬子、白石砬子、牡丹砬子、烟囱砬子、蜂蜜砬子、长蛇砬子以及无法

程英铁摄

数得清的三十二道砬子。丰腴的松花湖到达上湖忽然变得苗条起来,腼腆起来。她将清丽的身姿隐藏在两岸群峰连绵之间,袅娜而行,婉约而行,并不断地撩拨着云雾,掩面偷觑着哪座山更巍峨,哪座峰更峭拔,哪座岩更危耸,酝酿着哪些故事最值得流传。

上湖,是探险家、旅游家、摄影师、文学家、诗人以及真正的驴友最为钟情的景区,却是懒惰者望而却步的地方。

康大蜡

自石龙壁景区泛舟南望,湖东岸最巍峨的山脉是康大蜡山。

康大蜡山在吉林市周围千米高山中排名第十。因山顶遍布裸露的岩石,故土名康大砬子。

传说康大蜡山来自乾隆皇帝御封。清乾隆十九年(公元1754年),乾隆皇帝巡幸吉林乌拉后,在吉林水师营官兵的护卫下,乘坐龙舟从吉林市三道码头起航,溯江而上。一日,舰队过了额赫哨口,天色忽然黑了下来。虽然时当八月中秋,月照中天,但江道苍茫,龙舟只能停泊野港不能前行。乾隆内心烦躁,踱到甲板上观看夜幕下的松花江景色。忽然,湖岸东方最高的山顶上蓦地亮起了一把大火,烈焰熊熊,竟然把整个松花江道都照亮了。乾隆大奇,急问吉林将军这是怎么回事儿? 吉林将军急中生智地奉承乾隆说:"恭贺万岁! 那山顶燃烧的是一支大蜡烛,一支世所罕见的大蜡烛,是神蜡。"乾隆来了兴趣,指点着山头燃烧的火炬说:"快说说这大蜡、神蜡的来历! "吉林将军说:"万岁的龙舟来到这大山之下,一定惊动了当地的山神。山神见天气太黑,害怕影响了万岁的心情,于是立刻在那山之高巅,点起了这只神蜡,好为万岁照明呀! "乾隆看看松花江两岸,果然明亮如同白昼,连原本黑漆漆的松花江水也变成了明亮的琉璃玉带。大江两岸,群山苍茫,如披银装。再看那大山之巅燃烧的火炬,似乎更加烈焰冲天,光明倍生,不由心中暗喜,随即问道:"此山何山？"吉林将军急忙回答："荒山野岭，本无雅号，不过当地人称之为康大碰子，实在土气得很，还请万岁爷赐名！"乾隆皇帝口中叨咕着"康大碰子"，眼中看着山顶燃烧的如巨蜡般的火炬，说道："就叫康大蜡吧！康做原姓，这为朕燃烧的大蜡，就算朕赐给的名号。另外，大蜡使命是照明，寓意前途光明也。"随行史家立即挥笔记下乾隆的赐名。从此，乾隆御封康大蜡山的故事，就在松花江这一带广为流传。

有人说，其实，康大蜡山是松花江此段岸边的最高山脉。山中住着一户姓康的人家，主人叫康大郎，附近的猎户便顺口将此山叫康大郎山。康大郎山遍生千年古木，而山顶除了有数百株古松不畏风寒外，到处裸岩累累，寸草难生，看过此山顶景象的人便感慨地说，这康大郎山，简直就是康大碰子。后来，许多猎人纷纷上山顶来看裸岩奇观，所以，这康大碰子的名儿反倒压倒了原来的康大郎山。至于山顶那支黑夜突然燃烧的神蜡，其实是山顶的千年枯松树干被雷电击中燃烧起来。枯干的松木棵棵都是几人合抱粗，树干中饱含松脂，一旦燃烧起来，火势十分旺盛，任山风骤雨也吹不死，浇不灭，经久不息。乾隆看到的就是这种燃烧的枯松。吉林将军早听说此事，只是恭维皇帝而已。

另有传说，说"康大"是满语"堪大"的音转，义为"牛项下的薦皮"，形容山势重重叠叠。碰子是汉语。满汉两种语言合起来是"重重叠叠的石头碰子山"。

康大蜡山山体随松花江道，略呈南北走向，方圆达90多平方公里，属张广才岭支脉老爷岭。主峰海拔高度为1233.4米。山顶浑圆，山势雄浑，远离人烟。松江河、南台子河、凉水河、代露河、苏子沟河皆发源于此山，并从不同侧面汇入松花江中。山上森林翁郁，主要有桦、柞、松、楸、曲柳等树种，属针阔混交林。顶峰有建国后设置的大地测量标志。山上有抗联第二军一师一个连队的密营遗迹。这支部队在指导员

张万友的带领下，神出鬼没地打击敌人，使敌人闻风丧胆，焦头烂额。至今，在康大蜡山仍可见到当年抗联战士住过的土屋、土炕和瞭望哨遗址。此山还有朝阳岭"古刹天圣宫"遗址，北部松杉岭、二道老爷岭尚有古庙

遗存。山北麓蛟（河）—跃（进）公路有怪坡一处。此山体东西南三面被松花湖环绕，山势巍峨、峰峦叠翠，是旅游观光的好去处，更是现代驴友节假日登山的重要目标。

肇大鸡

松花江上曾有一首在放排人和艄艫手（行船的水手）中流传的歌谣："江东有座康大蜡，江西有座肇大鸡。都是皇帝御口封，请问你可知不知？"意思是松花江上的水手如果连乾隆皇帝亲口御封的两座大山的故事都不清楚，那就不算松花江人。

肇大鸡山主峰大鸡山海拔1257米，是吉林市境内第二高峰。森林覆盖率达90%以上，总面积14128公顷。山中植被类型丰富，林相完整，是野生动物栖息繁衍的乐园。山上奇峰险秀、峭壁林立。山顶的人面石，山中的通幽石，分布自然和谐。肇大鸡山位于桦甸市区北45公里处，距吉林市陆路交通50公里。2003年11月23日，肇大鸡山被国家林业局批准为"国家级森林公园"。

肇大鸡山国家森林公园的三大自然景区是鸡公岭、龙腾溪、红叶谷。

鸡公岭上的鸡岭霞光、人面狮身崖、朝霞雨淞、天书岩等都是自然界难得的景观。龙腾溪从凤尾瀑一路随形就势蜿蜒而下12公里，溪水在岩壁山间跳跃。秋到红叶谷时，唯见满山红枫如霞，如诗如画。冬季，大鸡山顶，雾珠在树木枝头凝结成银白色的冰串，形成得天独厚的瑰丽景观。

据史料记载，大清乾隆十九年(公元1754年)秋，乾隆皇帝东巡吉林，乘龙舟溯江上游，八月十五日夜曾泊舟康大蜡山下，亲眼目睹了康大蜡燃烧的奇观，故御口钦封康大蜡山。康大蜡与肇大鸡山隔江相望，康大蜡山受皇封的消息迅速传到了肇

大鸡山的山神土地耳畔。山神土地二神急忙相商。山神说，康大蜡山神以点燃枯松为蜡，照亮了松花江航道，赢得了真龙天子乾隆皇帝的御封，咱肇大鸡山也不能落后呀！土地神急忙说是，但不能再点大蜡了，不如让山上的神鸡提前打鸣报晓。太

阳公公一听鸡打鸣了,时辰到了,一定会早早上天照明。天亮得早,皇帝的龙舟不就能早早起航了吗?山神一听有理,立即通知神鸡报晓。神鸡接令,登上肇大鸡山顶,冲着东方昂首连啼三声。

一鸡引领万鸡啼。沉睡的太阳公公忽闻天下雄鸡皆鸣,以为自己误了时辰,急忙揉揉睡眼,打个哈欠,爬上东方天际的高山,立刻,霞光万道,旭日东升。乾隆皇帝闻得鸡鸣,看看西洋进贡的钟表,根本不到亮天的时辰,急忙问吉林将军,这是为何?吉林将军说,"当地山神土地大概害怕耽误了真龙天子的军国大事,所以命令金鸡神早早来到山顶打鸣报晓。太阳老儿听到鸡鸣也不敢怠慢,就早早地起来值日来了。"乾隆闻之,龙心大悦,遂手指江西高山,说,"真乃肇大鸡也!"肇,即开始。肇大鸡,即今天从这只大鸡开始了的意思。另外,大鸡,即大吉。此山为长白山余脉。长白山是满族的龙兴之地。故肇大鸡即是兆大吉。江东的枯松燃烧为"大蜡",江西的报晓神鸡叫"大鸡",蜡和鸡前都加个大字,同样赞誉,不偏不倚,可见乾隆皇帝处事有度。从此,江西此山名叫肇大鸡,乾隆皇帝亲口御封的消息也即传开了。

肇大鸡山属大清吉林围场,是吉林打牲乌拉总管衙门采集桦树皮、桦木箭杆以及山韭菜、寒葱等山珍野物的封禁之地。

蜂蜜砬子

蜂蜜砬子位于松花湖与辉发河交界处西北岸。山峰高耸,拔地而起,高471米。远望山分三层,底层有条一米宽的石径,从东向西绕山而上。此山一面是陡立如壁的石砬,一面抵临洪波涌荡的松花湖。石径的转弯处,有一深3米、宽2米的孤石洞,洞内多石窟,被人称为"蜂蜜洞"。

经石径登上蜂蜜砬子第一个平台极目远望,顿觉天高地远,山河壮丽。松花湖宛如一条玉带，委婉地从山下伸向远方。登上第三层砬子头，视野更加远大。湖对岸是亭亭玉立的三十二道玉女峰。壮观的烟囱砬子也顿时变得矮小平凡起来。远处青山座座，湖中渔帆点点，景色十分宜人。

从湖中仰望峰顶，可见山崖如蜂蜡排列，欲淌欲滴。据传，过去确有无数蜜蜂在崖顶建巢酿蜜。春夏秋三季，无数蜜蜂四处采蜜，嗡嗡嘤嘤之声终日不绝，老远就可看见崖上飞舞的蜂群如烟似雾，飘来荡去。夏季炎热时，山崖上蜂巢蜜满，不断溢出蜂巢，然后从崖顶流淌到崖底，老远就闻得见蜂蜜的香甜，故人称之为蜂蜜砬子。

据老年人讲，解放前后，曾有一位仙风道骨、鹤发童颜的道人在蜂蜜砬子下修炼打坐，从来不吃五谷，只靠饮用砬子上流下的蜂蜜掺水度日，后不知所终。有人说此人成道而去。

牡丹砬子

牡丹峰峰如其名，众峰丛立，居于松花湖畔，在湖光山色之间，犹如一朵盛开的牡丹花，俊美峭立。峰壁石崖，有枪炮弹痕，战争遗迹，临湖可观。峰中有一处不知多深的山洞，无人敢往探险。据传，此洞驻有两条大蛇，修炼日久，早已成仙。雨过天晴的晨昏时刻，霞光映照着翻腾的山岚雾气，衬托着如此巍峨的众多山头，犹如天上牡丹花开，蔚为壮观。

相传很久以前，牡丹峰名叫大砬子。砬子下不远处有个小山村，村中有一陈姓人家，母子俩相依为命。儿子陈郎，年方十九，浓眉

大眼，魁梧英俊，是打鱼砍柴的好手，笛子也吹得悠扬悦耳。在一个月朗星稀的夏日夜晚，松花江风平浪静，陈郎在渔船上吹起横笛，优美的笛声传得很远很远。突然，陈郎发现倒映在水中的石砬子上坐着一个美丽的姑娘，急忙抬头朝砬子顶望去，却什么也没有见到。平日，陈郎上山砍柴累了时，就取出笛子吹一曲，这时总感觉有一个漂亮姑娘在附近听他的笛声，寻找时却不见踪影。陈郎奇而怪之，疑惑不解。

有一年的端午节，陈郎上山采艾蒿，发现砬子顶上的草丛中有一朵鲜艳盛开的红花，在朝阳的照耀下光彩夺目，花香四溢。陈郎刚攀上砬子，想到花前看个仔细，突然一条大蛇窜出来，张开大口就要吞掉红花。陈郎大急，抡起柴刀朝大蛇砍去。大蛇断成两截死了，可那株鲜花却不见了。陈郎正奇怪时，忽见一位亭亭玉立的秀气姑娘站在他面前，并向他连声道谢："我是牡丹花，感谢陈郎哥救了我。"陈郎说："姑娘，我们从没见过面，你怎么认识我呢？"姑娘忙说："我经常听你吹笛子，你吹得太好听了。"说完脸儿微微一红。陈郎恍然大悟，问："姑娘你从哪里来？"姑娘说："我叫牡丹，是百花王国牡丹家族的一支，为了躲避黑蛇精的纠缠才迁到这座山顶上居住，哪知道黑蛇精也跑到这里。多亏陈哥搭救。你是一个善良的人，一定会有好报的。"陈郎听得心里热乎乎的，俩人越唠越亲近，分手时订下了终身。陈郎回家与娘一说，老人十分满意，不久就与牡丹姑娘举行了婚礼。一家人幸福地生活着。

有一年的夏天，牡丹砬子下突然电闪雷鸣，乌云翻滚，松花江水猛涨。牡丹刚做完饭，一条巨大的蜈蚣窜进屋，咬住了牡丹的脖子。陈郎冲上去和蜈蚣拼死搏斗起来，他们从屋内打到山坡上，打得天昏地暗。陈郎力弱，终被蜈蚣精抛到山岩下摔死了。牡丹见状，悲恸欲绝，瞬间变成了牡丹花，然后渐渐变成了多个峰头的牡丹砬子。从此，人们把这座山称为牡丹峰。

这故事一直在松花江上的艉艛手、放排人间流传。

善林寺

善林寺，建于清同治十一年，即1872年，是闻名遐迩的关东金王"韩边外"、李茂林等人主持修建。工匠有盖德珍、王永昌、霍德明等。古刹坐落在松花江畔。《桦甸市志》描述曰："东依群山，面临松水，正殿精舍，檐廊回抱，墙院周迎，雕梁画栋,巍然壮观"。整个寺庙的建筑由山门、院墙、前殿、正殿、后殿、配殿、钟鼓楼等组成。布局严紧,错落有致。所有建筑有阑额、平板枋、雀替、斗拱、铺作、明栿、神佛龛等组成。浮雕上面有人物传奇,神话古诗,山水花鸟,是清代寺庙里的佼佼者。

善林寺位于牡丹峰侧,占地5公顷,各殿神佛栩栩如生,绘画、雕刻无一不是佳作。

古刹香火旺盛,香客如流,晨钟暮鼓,经声佛号不绝于耳,大有深山古刹的韵致。

烟筒砬子

孑立湖边,一峰独秀,高约80米,形如烟筒,故俗名烟筒砬子。遥望似角龙凫水,上有龙体、龙爪、龙鳞,能兆风雨阴晴。阴雨天气到来之前,石砬子周围必先雾气蒙蒙。将要天晴时,雾先散去,颇为灵异。

烟筒砬子又称龙角峰,矗立在松花湖东岸。此峰石壁峭立,嶙峋斑斓,临江崛起,似人工雕凿而成。龙角峰独峰秀美,是松花湖上的奇特景观。

据传,清同治七年(1868年)"韩边外"欲在桦树林子建庙宇,故沿江而上考察地形。路经此地时,看到此峰由江边小山包托起,两边有两眼清泉,恰似一条巨龙的头伏在江边,其后重叠起伏的山峦,则是巨龙之身,两侧山脊沟谷构成龙爪,很像一条俯身饮水的巨龙。韩边外大喜,遂决心在此建造善林寺。

相传很早以前,"墙缝屯"住着母女俩,女儿爱穿白衣服,被人称作阿白。一天,

阿白被山洞中的恶龙掳走,母亲悲恸欲绝,乡亲们束手无策。

不久,村里来了位道人,问村里发生了什么事?人们把事情告诉了他,道人说:"你村牛威能救阿白。"说完就走了。大家一听愣住了:牛威才十多岁,还是个孩子,怎么能救阿白呢?但牛威听说后,却义无反顾地朝龙穴走去。途中,他看见地上有个金笛,拿起一吹,笛声悠扬。周

围的青蛙、兔子,蛇等动物都跟着跳了起来。他吹得越急,小动物们跳得越欢。停止吹笛,动物也停止跳动,恢复常态。

牛威心中大喜,拿着金笛直奔龙穴走去。他来到山前发现,荒草丛中随处可见人的骨头。阿白就坐在恶龙跟前。牛威立刻吹起金笛。恶龙不由自主地跳了起来。牛威一看有效,便不停地吹。此时,恶龙受不了了,哀求牛威说:"饶了我吧,我再也不害人了。"牛威警告说:"你再作恶,我决不饶你!"说罢带着阿白就走。忽然,他觉得背后有声响,原来恶龙正向他们扑来。牛威迅速吹起金笛,恶龙无论怎么哀求,他也不相信它了。牛威一直把恶龙引到江边,直到恶龙累死才罢手。乡人说这个直立的大石柱就是当年的龙角。"龙角峰"由此而得名。

三十二道砬子

松花湖上游至桦树林子镇附近的湖边,有一系列形状酷似、大小微异,排列紧凑的三十二座石砬子,长约三里。远望石峰林立,如军列阵。近观群峰比肩,云雾缭绕,婉如传说中的三十二位仙女并肩而立。松花湖形成以前,行走在松花江上游的舰艨手和放排人,总是对三十二道砬子赞叹不已。

湖上风情

　　松花湖风情万种。春夏之际，她是青山绿水松花湖；霜秋季节，她是姹紫嫣红松花湖；冬季来临，她是冰清玉洁松花湖。

　　神山圣水，是她的基因；含蓄雍容，是她的性情；依山狩猎、临湖捕鱼、入山挖参、下湖采珠，是她的营生；关东十怪，是她的风情……

　　只有陶醉于松花湖的风采、风情，才能走进松花湖的心灵。

1. 神山圣水

松花湖源自松花江,而松花江则发源于长白山。

长白山和松花江被历史上许多少数民族恭称为神山圣水。

我国先秦最早的地理文献性书籍《山海经》称长白山是不咸山,汉朝的《后汉书》称单单大岭,魏朝的《魏志》称盖马大山,南北朝时期《北史·勿吉列传》

称从太山,《新唐书·黑水靺鞨列传》称太白山,北魏称徒太山,唐称太白山。

长白山是东北第一高峰,号称"东北屋脊"。长白山脉是一条西南至东北走向绵延上千公里的系列山脉,横亘于吉林、辽宁、黑龙江三省的东部及朝鲜两江道交界处。北起三江平原南侧,南延至辽东半岛与千山相接,包括完达山、老爷岭、张广才岭,吉林哈达岭等平行的断块山地。山地海拔多在800—1500米,以中段长白山最高,向南、北逐渐降低。

长白山是北宋、辽,金时期的金国女真人定名为"长白山",传至今日,已有八百多年历史。自金国开始,长白山备受尊崇。《金史·世纪》记载,"长白山"一词最早由金世宗完颜雍使用。《契丹国志》:"长白山在冷山东南千余里……禽兽皆白。"《金史·卷第三十五》:"长白山在兴王之地,礼合尊崇,议封爵,建庙宇"。"厥惟长白,载我金德,仰止其高,实惟我旧邦之镇"。

清朝统治者宣称长白山是满族的发祥地。爱新觉罗氏的始祖就是由仙女在长白山中孕育的。1677年,康熙派遣内大臣武默纳、费耀色前往长白山拜谒,又撰有《祭告长白山文》,称颂"仰缅列祖龙兴,实基此地"。两大臣回京复命后,康熙下了一道圣谕:"长白山发祥重地,奇迹甚多,山灵宜加封号,永著祀典。以昭国家茂膺神贶之意。著礼部合同内阁,详议以闻。"11月,礼部建议册封长白山为"长白山之神",并在山上设帐立碑,每年春秋二祭(望祭、叩祭)。从此形成了祭祀长白山的制度。

康熙二十一年(1682),康熙皇帝东巡视察吉林乌拉,在吉林市临江门设坛遥祭长白山神,诏谕"将长白山封为长白山之神,岁时祭

祀,如五岳焉"。他第二次东巡吉林时,第一要事仍是拜祭长白山神和松花江神。雍正十一年(1733),雍正皇帝批准在小白山建望祭殿,供奉"长白山之神",由地方官代替皇帝按时祭祀。后来乾隆皇帝东巡吉林时,在小白山望祭长白山神,又到江神庙拜祭松花江神。这祖孙二人都以"望祭长白山"为题,赋诗抒怀。

松花江发源于长白山天池,所以松花江也被满族奉为圣水。

茫茫的长白山和滔滔的松花江,在满族人的心目中,永远拥有神圣的地位。

其实,生息繁衍于松花江畔的人,世世代代都把松花江当做天赐圣水,当做母亲河。无论满族、汉族、赫哲族还是鄂伦春族,每当开江捕鱼前,都要举行神圣的祭江仪式,感恩松花江为他们提供了衣食来源,祈祷松花江保佑他们平安吉祥。

也许古人对松花江的记忆主要来自感性。但世世代代的感性认识必然上升为理性认识——松花江是圣水、天水、母亲河。

春湖荡舟

2. 野人女真

据史料记载,在古代的松花湖区的山林间,散居着满族前身的一个部落,即野人女真长白部落。由于此地远离唐宋元明等时期已经开发的辽东地区,所以,至明代时此地被称为远离华夏教化的野人女真居住的地区。某

些历史资料又将这些散居在长白山中的女真人统称称为长白女真。需要说明的是野人女真并非"野蛮"的女真人。明代中叶后,即在建州女真、海西女真形成时,被用来代指这两支女真人以外的女真人。其含义,是因这部分女真人的社会经济和文化比较落后,故名。近人有以其居住在"远甚"地方,对明朝"朝贡不常"而得名。

努尔哈赤统一东北女真各部时,虽然为平定海西女真扈伦四部的乌拉部曾三打乌拉,两驻吉林,但丰满镇之上的群山之中人烟稀少,并非兵家必争之地。所以,这里仍然是野人女真白山部落世代生存的世外桃源。

努尔哈赤和皇太极统一女真各部后,松花江沿岸海浪村一带的长白女真,

归属额亦都的镶黄旗达牛录管辖。

额亦都(1562年-1621年),满族,钮祜禄氏,世居长白山,都灵阿巴图鲁子。满洲镶黄旗。为后金开国五大臣之首,是康熙朝重臣遏必隆的父亲,孝昭仁皇后的祖父。

额亦都年幼时父母为仇家所杀。他13岁时手刃仇家，逃到远嫁给嘉木瑚寨长穆通阿的姑姑家。某日，努尔哈赤途经嘉木瑚寨住在穆通阿家，从此与额亦都一见如故。额亦都不顾姑姑阻止，从此跟随努尔哈赤南征北战。时努尔哈赤22岁，额亦都十九岁。额亦都一生转战东北各地，胜仗无数。满洲镶黄旗在他指挥下个个都是虎将，他本人也被明朝称为"大虎"。

满洲人出兵或打猎，按族党屯寨进行。每人出一支箭，十人为一牛录，首领叫"牛录额真"（"佐领"）。牛录，是努尔哈赤创建八旗的基层单位，满族的一种生产和军事合一的社会组织。

万历二十九年（1601），努尔哈赤在牛录制的基础上建立了黄、红、白、蓝四旗，规定每300人设一牛录额真，五个牛录设一甲喇额真，五个甲喇设一固山额真。固山，是满洲户口和军事编制的最大单位，每个固山有特定颜色的旗帜，所以汉语译"固山"为"旗"。原有黄、白、红、蓝四旗之后又增添四旗，即在原来旗帜的周围镶边，黄、白、蓝三色旗镶红边，红色旗镶白边，增添了新的镶黄、镶蓝、镶白、镶红新四旗。这样，共有八种不同颜色的旗帜，称为"八旗"，即满洲八旗。每旗原则上应该包含

二十五个牛录，每个牛录有三百人，共计七千五百人。但是实际上，每旗的牛录数量都是不一样的，都不是固定的，都是随时可以按照皇帝个人的爱好而不断变更的。

牛录成为满清八旗的最基层的组织。屯垦田地，征丁披甲，纳赋服役，都以牛录为计算单位。

八旗初建时，满族各

部落兵民合一,全民皆兵。凡满洲成员皆隶于满洲八旗之下。旗的组织具有军事、行政和生产等多方面职能。入关前,八旗兵丁按牛录为单位,平时从事生产劳动,战时荷戈从征,军械粮草自备。入关以后,建立了八旗常备兵制和兵饷制度,八旗兵从而成了职业兵。

八旗的最高统帅叫"汗",先是努尔哈赤,后是皇太极。固山额真(旗统帅)由其子侄担任。努尔哈赤与各旗旗主都有精锐卫队,叫"巴牙喇"。

松花湖区的原松花江畔的野人女真长白部落,人数不多,但散居于几乎整个松花江两岸的山沟岭岔间。他们就地砍伐树木,用原木搭建成墙壁、房顶都是木头的"木刻楞",或者搭建简易的马架子(人字形大窝棚)、地窝棚(依山修筑的半地下室)居住。房屋门窗一律向东。烟囱用枯树筒做成,桌椅板凳,皆用粗糙的木板拼成。由于生产力落后,瓷器缺乏,所以,即使生活所用的器皿都是原木挖成的盆、碗、勺等。直至20世纪60年代,湖区百姓家仍然有木碗、木瓢、木勺,木桶等。他们善于用火,除了用火炕取暖,家家都有黄泥糊到柳条筐内做成的炭火盆。灶下和火盆中的炭火日夜不息。

3. 松花湖满语地名趣意

广大的松花湖区原是满族长白部落的聚居之地，所以，现今流传下来的许多地名，都是由满语音译过来的。从汉语字面看，其意义与满语意义根本不同，甚至南辕北辙，大相径庭。但说起来，却饶有情趣。

请看以下辑录：

松花江：松花江的名称是满语"松啊察里乌拉"的音译缩减加上汉语的"江"字，其意为"天河"。并非其江流景况如"松花"，或者有着汉族民间故事的底蕴如有松花的地名，或者有叫松花的女子的故事发生在这条江中。

满族的先人女真族自古即生息繁衍在松花江流域，因此崇拜、热爱松花江，认为此江是孕育他们世世代代的天河，因此每年都要祭祀松花江。到清代，清王朝皇室认为不仅长白山孕育了他们的祖先，是龙兴之地，而且发源于长白山的松花江同样孕育了他们的祖祖辈辈，因而，康熙和乾隆在东巡吉林时，不仅在松花江畔祭祀"长白山神"，而且同样隆重的祭祀"松花江神"。所以，松花江

在满族人的信仰中是天河,是圣水。

松花湖:松花湖是松花江的派生名字。1937年,日本关东军为达到长期霸占中国东北的目的,决定在吉林市丰满镇拦截松花江,修建丰满水电站。1943年丰满大坝合龙,丰满镇以上的松花江段开始拦

江蓄水,松花湖开始形成。这是中国最早的人工堰塞湖。

吉林乌拉:"吉林"为满语口语语音"鸡令"的音转,其意是"沿"。"乌拉"也是满语口语语音"乌拉"的音转,其意是"江"。"吉林乌拉"意为沿江的城市或沿江的城池。

五家哨:松花湖畔地名。五家,满语发音为"五吉",哨,哨口。即松花江上的险滩。位于丰满水电大坝北6华里松花江西岸,满语含义为"山狸子"。清康熙1722年建村。"五家哨"是满语汉化的音转,此处属于丘陵地带灌木丛林,蒿草繁茂,是适合山狸子生息繁衍的地方。五家哨是松花江航道进入吉林市的著名哨口,并非曾有五家人在此江岸居住而得名。与其对应的江东岸朱雀山下现依然有"武家坡"地名。

阿什哈达:阿什哈达,是满语"陡峭的山崖"的意思,指峭壁。阿什哈达位于松花湖水电大坝下两公里处,朱雀山下,属朱雀山景区。峭壁上有明朝辽东指挥使骠骑将军刘清三次率军来此担任造船总兵官时留下的石刻,称为"阿什哈达摩崖石刻"。悬崖下建有

吉林市古船厂博物馆。

温德河：位于吉林市西郊，满语发音为"温德亨恩"，意思即"祭板"，就是实行祭祀的地方。温德附近的小白山号称吉林市四大灵山之"右白虎"，系清雍正年间确定为大清国祭祀长白山神的国祭之地。温德河是因温德而派生出的河名。

蝲蛄塔：位于松花湖坝西，满语发音"老号道"，蝲蛄塔，是满语发音的音转。并非此山曾生长着很多的蝲蛄而得名。

张广才岭："张广才岭"，是连接长白山和大小兴安岭的一座山脉，也是东北虎由大小兴安岭往返长白山的自然通道。看到这个名字，我们一定会想象，当年，肯定有个叫张广才的人首先来到这座山居住、打猎，开荒种地。其他山

林中的猎户知道了居住此岭的人名叫张广才，所以口耳相传曰，那山是张广才住的。于是，此山从此有名，并渐渐简化成了"张广才岭"。中国尤其是长白山中，有许多地名就是这样命名、流传，固定下来的。

但是，"张广才岭"其实是满语口语语音"折更才令"的音转。张广才岭的满语书面语为"折拉应撒阿令"，其意是"吉祥如意"。并非是汉语中上文所述的那个望文生义的意思。

康大蜡：康大蜡是松花湖畔的一座高山，一座充满着历史传奇和红色革命传奇的山，是老爷岭的第二高峰。康大蜡是满语"堪大乐"的音转，意思是牛脖子下的褶皱皮。

康大蜡之名，并非江湖流传的如下故事——"乾隆溯江东巡时，夜漫江道，无法航行，驻康大蜡山神立刻点燃山头的枯松为蜡，为乾隆皇帝照明。乾隆皇帝感动，因而封其山为康大蜡"的汉语意思。这个美丽的故事是清中后期流民渐入松花江流域时，开荒、伐木，放排，走舵舻者，根据满语音译，演绎出来的汉族文化中的文学创造。

肇大鸡：是松花湖畔位于桦甸市境内的一座著名高山，是满语口语语音"招达吉"的音转，满语书面语为"肇东皆阿林"，其意是"陡坡山"。

至于传说乾隆溯江东巡时，该山山神土地急命神鸡首先开始在山巅打鸣报晓，以催动太阳老儿早起，为皇帝照亮航道，因而乾隆感动，钦封此山为"肇大鸡"之说，纯粹是望文生义的江湖杜撰，是民间的文学创作。

庆岭：庆岭是松花湖畔的地名，老爷岭山脉中的一道岭，系图乌公路（302国道）中吉林市至蛟河市段中间的一道大岭，道路陡险。庆岭下有改革开放后兴建的庆岭活鱼一条街。庆岭活鱼，闻名国内，现已成为吉林名菜。

但"庆岭"也非民间流传

的"磬岭"——因山上有一古磬而得名。其实是满语口语语音"庆阿令"的音转,其意是"很多山岭中的正岭"。

恶河:恶河又名额赫,位于松花湖石龙壁景区,是松花江中最为著名的险滩。《永吉县乡土材料》记载:"小恶河为县境内第一锁钥。著名康大蜡山北伸一臂突出江中,如三指焉。高出江面数尺,奔流因湍急而肆放。土人呼三巨指,为大将军石、二将军石、三将军石。江底因山脉余势,复有三巨石耸立江心,水势湍跃。是以行船及放木排者过此,往往遇险。小恶河之名因此而著。"松花江船夫和放排人称之为鬼门关。丰满水电站建成后,此处峡谷已没于松花湖底,只留下了一个历史传说。

"恶河"汉语中意思是凶恶的河流,但也是满语口语语音"额赫"的音转,满语书面语为"额赫哈",其意是浊流,又意为坏水、危险的水,泛指有危险的水域。这意思倒有些和汉语中的恶河相近。

新开河、新开岭:"新开"为满语,是满语口语语音"兴开"的音转,其意为"水耗子"。并非汉语含义中新开辟的山和河流。

嘎呀河：是满语口语语音"嘎哈"的音转，其意是"乌鸦"，或乌鸦河。并非是水中生长着带刺的嘎牙鱼(学名黄颡)的河流。

冰湖沟："冰湖"是满语口语语音"别钩"的音转，其意是"小河"。并非结满冰冻的湖或者河沟。

牤牛沟："牤牛"是满语口语语音"矛宁"的音转，满语其意是"马"。满族人惯用马来形容速度快和时间紧，如水急则被称之为"矛宁"水，水流速快则被称之为"矛宁"河。指流速像马一样快的河流，并非像勇猛的牤牛一样的河。其实，汉人用桀骜不驯

的牤牛来形容激流奔腾的河流倒也贴切。可惜不是满族比喻的马。

夹皮沟："夹皮"为满语，是满语口语语音"加急"的音转，其意是"夹板"，即夹板子沟。

莫拉艮："莫拉艮"是满语，满语的原字原音没变，其意是指"智慧"。满族人对好猎手、有能力、称得上英雄的人物都称之为莫拉艮。

杨木夏: 杨木,是松花湖景区的地名。"杨木夏"为满语口语语音"呀来歇"的音转,其意是"闹鬼、闹邪"的地方。满族人在森林中一旦迷失方向,便把此地称之为"杨木夏"。松花湖凤舞池景区北岸的"杨木沟"和"杨木大顶子山"都是满语之音转加汉语发音的合成地名。此处在清代曾是山岭连绵、沟谷纵横、森林茂密,地形复杂的"窝集"(满语林海的意思),因而满族人称此地为"杨木夏",汉族人称为迷魂阵。

罗圈: 罗圈位于松花湖石龙壁景区北岸的罗圈沟屯,即满语"拉庆阿母称"屯落。"罗圈"为满语口语语音"拉圈"的音转,满语书面语为"拉庆阿母称",其意是"带耳的锅"。并非汉语中的做筛罗的圆圈。

杉松背: 杉松背是松花湖畔屯名,位于金蟾岛之东北方。"杉松背"为满语口语语音"杉缩别"的音转,其意是"有喜鹊的河"。并非是长满杉松树的山背面。满语的喜鹊鸟和汉语的杉松树,其意大相径庭。满语的河与汉语的山,也是其意相悖。

半拉窝集: 松花湖畔屯落名,"半拉"为满语口语语音"班巴"的音转,其意是刺毛子"。"窝集"也为满语口语语音"欧吉"的音转,其意是森林。"半拉窝集"加在一起,便是"长满刺毛和森林"的地方。用以形容山高林密,不是汉语半个山窝窝的意思。

海浪: 松花湖畔屯落名,位于卧龙潭景区北岸。"海浪"应为满语"海浪布",是满语口语语音"海兰坡"的音转,其意是"榆树"。

满族人多用榆树做车辕的木料,合起来称之为"海兰榆木"。现在松花湖区的大海浪屯和小海浪屯,并非是松花江此

处浪涛如海浪一样汹涌。

五虎山：松花湖中著名的岛屿风景区，即今天的五虎岛。

"五虎山"为满语口语语音"五虎善"的音转，其意是"一边高一边低的山坡或山路"，俗语称为"偏脸子"山。并非汉语中曾有五虎占据的山。

狩岭：狩岭又音"猞猁"、"奢林"。南狩岭和北狩岭是松花湖中隔江相望的南北两山。满语发音"骚力"，狩岭是满语的音转。

狩岭位于松花湖骆驼峰（三道砬子）附近，满语意思是"树木稀少"。并非此山出产猛兽猞猁，也非满族的围场狩岭。南狩岭、北狩岭的南北，是汉语方位，指松花江南的山和松花江北岸的山。

苏尔哈：松花湖畔屯落名。满语发音"苏尔哈"，含义为"站杆，即林中自枯之树"。苏尔哈是著名的松花湖渔场。

牡丹砬子：松花湖上游的山名。满语发音"牡丹"，砬子是汉语，含义为"湾子"。并非是状

如牡丹花的砬子山，也非是生长着牡丹花的山岭。

拉法：满语，发音"拉佛"，含义为"熊"。松花湖畔的蛟河市有拉法山和拉法河。拉法河是松花江支流，河名。即有熊出没的河流。拉法山是著名的风景区，全名拉法山国家森林公园，俗名"九顶铁叉山"。拉法

山,满语是有熊出没的山岭。

旺起:松花湖畔地名。满语发音为"翁起",含义为"榛子秸"。说明此地曾生长着茂盛的榛子秸灌木丛。满族曾写为"汪起"。

洋砬石:松花湖畔屯名。满语发音"洋娄",含义是"狗头雕"。并非山上的岩石形状像蜇人的"洋辣子"。说明此山中经常有坐山雕栖息。坐山雕即狗头雕,即长白山秃鹰。

蛟河:"蛟河"为满语口语语音"角哈"的音转,汉译为"狍子河"之意,通常是指有狍子出没的河畔,并非今日所传曾有蛟龙出没的河流。

汪清:"汪清"为满语,本名旺钦、旺清,旺城等,现存三种解释:一是《吉林通志》译为"堡垒"之意;二是《满语汉意》为"厚老野猪皮"之意,引申为富有、富裕;三是"近处的小河"。通常是指野猪出没的河畔。

珲春:语源为女真语的"浑蠢"。现存两种解释:一是"末端、近边,边陬"之意;二是"江岔、河岔"之意。通常是指末端、尾端。

梅河口:"梅河口"为满语,是满语口语语音"摩克托美赫"的音转,其中"摩克托"汉译为"秃尾巴";"美赫"汉译为"蛇"。用以形容"其状如秃尾巴、如蛇状的河流"。并非盛开着梅花的渡口。

舒兰：是满语口语语音"舒伦"的音转，其规范之满语为"锡伦"，泛指山林的果实。

富尔岭："富尔"是满语口语语音"富尔阿令"的音转，其意是"红色"。现在人们取其吉祥之音义，理解为"让你发家致富的山岭"。

南楼：松花湖畔桦甸市地名，是满语口语语音"南路"的音转，其意是"野菜"。满洲人称南楼山，即生满野菜的山岭，并非形容山体像南部矗立的楼房一样高。

威虎岭：松花湖畔的山岭名。威虎，是满语口语语音"唯无"的音转，其意是"兽角"，也用来形容山势的高而尖。电影和长篇小说《林海雪原》中的威虎山，也是满语之音转。

土麦子岭：土麦子是满语口语语音"特闷"的音转，其意是"骆驼"。不是生长着粮食作物麦子的山岭。

老岭：松花湖畔的老岭，既非高山也非峻岭，而是满语口语语音"捞令"的音转，其意是"毛水獭"。指此地曾有水獭栖息，和山名风马牛不相及。

荒沟：听到松花湖畔的这个地名，你的眼前一定会浮现出一座灌木丛生，荒草

茫茫的沟谷的图像。其实，荒沟是满语口语语音"洪格"的音转，其意是"铃铛"，又意为"山帽、山头、山尖"。并非荒草丛生的沟谷。你看有意思吧！

木其河：松花湖上游的一条支流，是满语口语语音"木其哈"的音转，满语书面语为"穆钦哈拉"，其意是"筏子"，或者木筏子。说明此河口曾有木筏摆渡。原意应为有木筏子的河流。

苇沙河：松花湖上游的一条小河，观其名想其实，眼前必然会出现一幅写头画面——这是一条金黄色的沙滩上生长着茂密的芦苇的河。

其实，"苇沙"是满语口语语音"乌沙"的音转，其意是"山麻"，又意为长满山麻的地方。根本不是字面所说的长满芦苇的河。

蚂蚁岭、蚂蚁河：看到这个名字，你一定会联想到络绎不绝的蚂蚁大军和浩浩荡荡的蚂蚁阵。大蚂蚁、小蚂蚁、红蚂蚁、黑蚂蚁，有的匆匆赶路，有的口叼食物，有的正在和昆虫拼力厮杀。这才是蚂蚁岭的含义。至于蚂蚁河，肯定是河边也居住满了蚂蚁。

其实，此处的"蚂蚁"为满语口语语音"蚂蜓"的音转，其意是"弯"，引申为"急弯"，土语称之为胳膊肘子弯。并非这些山岭以蚂蚁众多而命名。你看有意思吧！

辉发河：辉发河，松花湖上游的一条较大的支流。"辉发"为满语口语语音"回拨"的音转，其意是"用靛染青布后的剩水"，用以形容淡青色的水。

色洛河：松花湖上游的支流。"色洛"是满语口语语音"梭罗"的音转，其意为元枣子。

雾萦秋湖

程英铁摄

185

金沙河:金沙河,松花湖上的一条支流。松花湖上游有闻名全国的夹皮沟金矿,附近许多河流都有沙金可淘。金沙河,那么顾名思义,此河中一定满是金光闪烁的沙金吧!

非也!金沙河,是满语口语语音"吉尔萨河"简称的音转,亦是满语口语音的缩写,其意是"沙狐狸"!

勃吉:"勃吉河、勃吉岭"是满语口语语音"勃吉叶赫"的音转,后被简称为"勃吉",如勃吉岭、勃吉山、勃吉沟,大勃吉,小勃吉等,其意都是"野鸭子"。即有野鸭子的河和山。

加级河:"加级"为满语,是满语口语语音"加级哈拉"的音转,其意是"小白鱼"(山民称为柳根鱼)。加级河是用来形容生长小白鱼的地方。

栗子沟:通常你根本不会把栗子和野鸡联想到一块去。但松花湖畔的栗子沟,却

非要把这两样东西生拉硬扯到一起。外来的旅游者一听栗子沟的名称,就会联想这条山沟肯定生长着许多栗子树,如果能在旅游中捡拾到又香又甜的野栗子,不是一举两得吗?于是乎,执意进军栗子沟,结果大失所望。

为什么?因为"栗子"为

满语口语语音"力子列"的音转,缩写后为"力子",其意是"野鸡或生长野鸡的地方",根本不是生长栗子树的地方。野鸡和栗子的意思也是搭不上边儿。

挂牌沟:"挂牌"为满语口语语音"卡牌"的音转,其意是"蝎子草"。并非谁曾经在此挂牌。

砍椽沟:"砍椽"为满语口语语音"坎缘"的音转,其意是"带腿能支架的吊锅"。不是能砍盖房用的椽子的山沟。

小营沟:松花湖畔地名,满语口语语音"应应"的音转,其意"弯道"。

狗皮梭:"狗皮梭"为满语口语语音"口木索"的音转,其意是"稀少"或"罕见,少有"的意思,不是狗皮做成的织布梭。

鸭子架:松花湖畔之地名,"鸭子"是满语口语语音"牙歇"的音转,其意是"青色"。

欧力:松花湖畔地名。欧力为满语,原满语的语音没变,其意是"山梨",泛指一些可食用的果实。

半拉瓢:松花湖畔地名。"半拉瓢"为满语,是满语口语语音"半拉别"的音转。其意是"灌木丛中的小河",不是半个葫芦割成的瓢。

密什哈:松花湖畔地名。"密什哈",为满语口语语音"尼什哈拉"的音转,其意是

"小鱼"。过去,此处河中可能生长着很多小鱼。

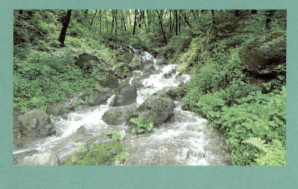

苏密:松花湖畔地名。"苏密"为满语口语语音"粟末"的音转,其意是"从天而降的河"。松花江曾叫过"粟末江",在红石林区一带的满族曾叫"粟末部落",皆因靠近松花江而起的名字。

荡石:"荡石"为满语口语语音"达施"的音转,其意是"山鹰"。荡石河,也并非是布满了阻挡流水石头的河,而是指有山鹰飞过的河。松花湖畔有多条名为"荡石河"的河流。

碱厂:"碱厂"为满语,是满语口语语音"闲彰"的音转,其意是"三道眉鸟",另意为小。并非松花江边曾有个生产碱的场子。

金银鳖:"金银鳖"为满语,是满语口语语音"金银别"的音转,其意是"有沙金的地方"或"盛产黄金的江河、流域"。

鳌龙河:满语音译,意为"线麻"。指古时沿河两岸农业发达,满族先民多用线麻绳织网捕鱼。并非河中有鳌龙。

4. 关东老酒

闯进关东的松花江、松花湖，有许多关东酒谣——就是有关关东酒的歌谣，不是喝酒的酒肴。诸如：

人活九十九，全靠关东酒。
最冷不过关东三九，
最烈不过关东老酒。
酒是关东人的胆儿，
酒是关东人的魂儿，
酒是关东人的精气神儿。
不喝关东酒，怎过冬三九！
关东酒，一入肠，
上山敢打虎，进林敢捉狼。
关东酒，进肚肠，
上山敢捉白眼狼，下江敢抓大鲟鳇。
……

关东老酒，即关东的老白干，俗称老烧刀子。关东老烧刀子以松花湖水所酿最烈，最醇厚。一口下肚，就像烧烫的刀子从嗓子划到肚肠子，故名老烧刀子。

俗话说，没喝过关东老烧刀子，就不算到过松花湖。

关东的老烧刀子酒，是关东各民族，特别是满族自古以来的最爱。据《魏书》载："勿吉（满族前身有肃慎、粟末、勿吉、挹娄、女真）嚼糜酿酒，饮至能醉。"嚼糜酿酒，糜就是黄米，是当时酿酒的主要原料。由此说明，满族的祖宗在汉魏时代就会造酒了。到辽金时，女真人已懂得用糜制酒。至清代，制酒更普及，主要品种为米儿酒和烧酒。

米儿酒，满语称"詹冲努力"。据清代著名学者、康熙的大臣高士奇所著《扈从东巡日录》记载，其制法为"炊谷为糜，加以曲蘗，须臾成酒，朝酿而夕饮，味少甘，多饮不醉"。这种酒又称黄酒、秋酒。可见黄酒并非南方的专利。

另一种酒为烧酒，是东北人最喜欢饮用的酒类，又称白干、老白干，最烈的酒称之为"老烧刀子"。这种酒度数极高，喝一口，火辣辣地如同烧红的刀子顺着嗓子眼一拉到底。制酒的原料多用高粱或玉米。《大中华吉林地理志》载：吉林省"高粱专供造酒"。此酒纯真度高，味道好，度数大，饮后身体发热，有助于御寒，故此酒又有"水棉袄"之称。《额穆县志》载：本地"各处烧锅，酒不停烧，随售随罄"，足以说明当时烧酒销量之大。

满族先人嗜酒，史书早有记载。辽代女真人每逢婚嫁、节日、娱乐、祭祀，都要饮酒助兴。金代嗜酒之俗有增无减，从上到下，酗酒成风。金熙宗皇帝"荒于酒，与近宫饮，或继以夜，并酗酒妄杀"（《金史》卷一）。为此，金朝多次严令禁酒。海陵王时规定："朝官饮酒，犯者死。"明人严从简的《殊域周咨录》曾记载，建州女真人"聚会为礼，人持烧酒一鱼泡，席地歌饮"。南宋时，民族英雄岳飞面对金军

势如破竹的攻势，曾对部下说："直捣黄龙府，与诸君痛饮耳！"黄龙府即今日松花江畔的农安县。若岳飞率部直捣黄龙府，那么他与诸君同饮的酒，就必然是关东老酒，即金人喜欢喝的老烧刀子！拿下了金人的关东老窝，不痛饮老烧刀子能过瘾吗？！

努尔哈赤建立后金以后，饮酒之风继续发展，并且酒的度数也有所提高，由原来的糜子酿的薄酒，改为高度数烈性酒。八旗贝勒们宴客所用的酒都是烧酒，即老烧刀子。

满族民间嗜酒，与东北气候有直接关系。东北冬季极其寒冷，康熙年间，内阁大学士高士奇跟随康熙皇帝东巡吉林时，曾在《扈从东巡日录》中做过这样的描述："三月之前，地冻未开，八月以来陨霜杀草。""而冬季则是地裂盈尺，雪才到地即成坚冰，虽白日照灼不消。"东北各地也有民谚："腊七腊八，冻掉下巴；腊八腊九，棒打不走。""一九二九，在家死守；三九四九，棍打不走。"

对于终年劳作、艰苦谋生的松花江畔的满族人民来说，要生存，要抵御严寒，要壮胆，酒是最好最方便的物品。在生产生活的实践中，人们发现，酒不仅可御寒、解忧、消除疲乏，还可以医治跌打损伤，活络筋骨，消肿化淤，这对缺医少药的东北各民族是何等宝贵。更何况，在长期的山林生活中，酒精气味可使毒虫远避。

关东老酒就如关东人一样，洋溢着火辣辣的味道：粗犷、豪放、热情、侠义。因此，满族人对酒极具好感，视酒为最高享用品、奢侈品，还是交际佳品。朋友见面不喝一杯，算什么朋友！有事相商，不喝一杯能办什么事！一个男人不能

喝酒,还算男人吗?进山打猎,不喝酒,谁有胆去杀老虎、猎狗熊、捉野猪?若下江捕鱼,不喝酒谁敢深水捕鱼、潜水采珠,捕捉几米长、上千斤的鲟鳇鱼?若走松花江雪道赶爬犁,不喝酒,谁能抵御住零下三四十度的酷寒?

婚俗方面,吉林乌拉的满族求婚以酒为礼,男方请媒人去女方家说亲,要先后去三次,每次带一瓶酒,到第三次才能知道是否成功。所以有"成不成,酒三瓶"的俗话。婚礼中饮酒的名目繁多,如提神酒、换盅酒、定亲酒、嫁妆酒、交杯酒、敬天酒、敬神酒、谢媒酒。酒在婚俗方面是热情的、友好的、甜蜜的。

松花江畔日常交往有接风酒、送行酒,还有上马杯、下马杯、进门盅,出门盅等,一举一动皆需酒,一招一式都有酒,每一环节、每一过程都少不了酒,随着杯起盏落,情绪也达到顶点。酒在交往中是豪侠的、仗义的。

丧俗方面,松花江畔的吊唁者要向死者祭酒,出殡前,亲友们要向遗体祭酒,俗称"送灵酒"。参加送葬的人,都必须吃"回灵饭",喝"回灵酒"。酒在丧礼中,是凝重的、肃穆的、庄严的、悲痛的。

节庆方面,酒是必备的尚品。春节,满族人要在祖先堂、天地桌前供酒,祭祀祖先。除夕午夜,迎财神、喜神,要祭酒跪拜致礼。松花江畔的满族风俗,午夜要饮消夜酒。三日后送神,要到十字路口焚纸祭酒。逢三月初三上巳节、清明、三月十六山神爷生日、五月初五端午节、七月十五中元节、八月十五中秋节、九月初九重阳节,十月初一下元节等节时,满族人都要以酒纪念或祭奠。酒是萨满跳神中不可缺少之物,缺了它,就缺少了隆重与庄严,就没有了人神沟通的中介。

总之,酒是关东人的魂儿,酒是关东人的胆儿!

没有酒,就没有亲朋情谊,

就没有战斗勇气，就没有江湖豪气。所以，关东酒文化，在松花湖畔表现得淋漓尽致：婚丧嫁娶生孩子，要喝酒。造房架屋，要喝酒。朋友聚会，要喝酒。春天开犁播种，要喝酒。秋天收获，要喝酒。逢年过节，要喝酒。亲朋往来，要喝酒。木帮开山，要喝酒。挖参开山，要喝酒。狩猎开山，要喝酒。捕鱼祭江，要喝酒。长途出征，要喝酒。凯旋归家，要喝酒。湖畔的人说，小两口要亲热，也要先来碗老烧刀子……

西方人喝酒，用杯，关里人喝酒，用盅，唯独关东人喝酒，用碗！

用杯太文雅，用盅太小气，只有用碗才过瘾！君不见《水浒传》中的梁山好汉无论男女，个个喝酒都是大碗酒大块肉吗？

松花江畔的关东人就喜欢这气概！酒坛子拎过来，摆下海碗，哗！老烧刀子带着呛人的酒香，把一个个大海碗倒得酒水横溢。高腔大嗓喊一声"造一个！"咕嘟嘟，齐齐地灌下去，烈火立刻在体内燃起来，人的情绪也燃烧起来。这时候，刀山敢上，火海敢钻。

雪山凇林

程英铁摄

5. 关东饭菜

关东饭菜,饱含着关东文化的底蕴。

关东饭菜,像关东人一样粗犷、豪放。

大楂子饭咸鹅蛋:关东饭很特殊,春夏秋以大楂子水饭就咸鹅鸭蛋为主。

东北人为何喜欢吃大楂子? 这不仅因为东北盛产玉米,更重要的是玉米大楂子饭好做、好吃、抗饿。松花湖畔的居民把玉米用石碾子磨成苞米楂子,做饭时将苞米楂子和大芸豆一起放到锅里煮,煮好后,用凉水过滤,然后用笊篱捞进碗中做主食。东北人大多临江临河居住,家家喜欢饲养鸭子和鹅,因此家家的鸭蛋鹅蛋用筐装。把鸭蛋和鹅蛋腌到蛋黄透油时煮熟做饭肴,吃一口大楂子饭,就一口咸鸭蛋或者咸鹅蛋,味道好极了。

黏豆包。冬季,湖区关东居民的主要食物是黏豆包。黏豆包是用一种特殊黏玉米面或糜子面包红小豆馅做成的粘干粮。查查史料,黏豆包是康熙爷喜欢的吉林打牲乌拉总管衙门进贡的御膳呢!

每当冬季到来时,松花湖区的妇女都要把黏玉米楂子用水泡几十天,再用石磨磨成水面子。这个过程叫泡楂子,拉水面子。再把煮好的红小豆捣碎掺上糖,攥成鸡蛋黄大的一颗颗红豆馅,送到外面冻结实。这个过程叫攥豆馅。最后一个过程叫包豆包。谁家要是包豆包,屯子里的大姑娘小媳妇都会聚集到谁家,围坐在火炕上,或是唱着关东小调,或者讲着瞎话,嘻嘻哈哈地一起包豆包。包好的豆包密密麻麻地排在盖帘上,由家中的老爷们(男人)端到外面冰冻,冰冻好了,再储存到木槽子或者大缸中。然后,每天放到锅中的帘子上蒸着吃。蘸着白糖吃,又黏又香又

甜。如今,黏豆包已经成为城市
人的口中美食。

蘸酱菜:无论到东北还是
进入松花湖湖区,最常见的菜
肴是蘸酱菜。东北人世世代代
喜欢吃蘸酱菜,无论是小葱、大
葱、蒜苗、蒜叶、辣椒、小根蒜,
还是生菜、白菜、小萝卜、胡萝
卜,几乎所有可以生吃的蔬菜,
他们都可以蘸着自家腌制的豆酱大吃特吃。外地人把关东人"不炒不炖吃生菜"的
现象,归纳为关东几大怪之一。据最新科技证明,生吃蔬菜,是最有营养价值和最有
食疗价值的吃法。传说,康熙爷和乾隆爷两位皇帝东巡吉林时,每顿饭都离不开吉
林乌拉的蘸酱菜。

清炖鱼:是松花湖区的传统菜。松花湖盛产鱼虾,最著名的是过去进贡大清皇
室的鲚花、鳌花、鳊花和岛子,号称松花江"三花一白"。最普通的是鲤鱼、鲫鱼、胖
头、鲢鱼、嘎鱼和鲶鱼。这些鱼在松花湖区居民中的烹制方法及其简单,但却鲜香无
比,正如庆岭活鱼,早已声名远播,已经成为名扬天下的吉林名菜。

松花湖区的清炖鱼虽然工艺简单,但却极其讲究。它要求主要食材必须是鲜

鱼、松花湖水。佐料必须是豆瓣酱、地产芭蒿加葱姜蒜。有了这些条件后，只要用木杵子火炖它半个小时以上，就可出锅食用。

松花湖鱼鲜可做几十道菜，来松花湖旅游不吃清炖鱼是最大的遗憾，但如果没有品尝到"三花一岛"皇家口味，是终生的遗憾。

酸菜：湖区的关东家常菜是酸菜。"新鲜的白菜腌酸菜"是关东十大怪之一。由于冬季气候寒冷，鲜菜难以储存，当地居民只好在冬季到来前把一棵棵大白菜用开水焯过晾干，然后装进大缸中加水发酵，这样就变成了成缸的不易腐烂的酸菜了。用酸菜炖猪肉，肥而不腻，是关东菜的主打菜。用酸菜丝儿炒粉条肉丝，菜名叫酸菜粉，更是流行长城内外。至于猪肉炖粉条，小鸡炖蘑菇，那是丈母娘招待闺女女婿的传统菜。过去，一般人是没有口福吃到的。干豆腐炒青椒，是最典型的关东素菜，但此菜品业已风靡全国。

杀猪菜：杀猪菜是东北特色菜之一。每当大年临近，松花湖区的居民都要将自己精心豢养的大肥猪杀掉，以为过年食用，这个过程叫"杀年猪"。

每当大年临近，村屯中时不时地响起肥猪声嘶力竭的哀叫声，大家知道，这是又有人家杀年猪了。果然，不到中午时，就会有人报杀年猪的信儿。图省事儿的人会站到大道上可着嗓门大喊："咱家杀年猪了，请各家老少爷们一会儿去吃猪肉呀啊！"那些讲究些礼数的人会挨家挨户地去告诉，去请。年年入冬落雪后，松花江流域的村屯中几乎天天上演着"杀年猪，吃猪肉"的节目。这是习俗，是松花湖区的淳朴民风。偷偷地杀掉年猪，不请乡亲们过过猪肉瘾，是会让村邻戳脊梁骨的。不杀个过年猪，当然也会让村邻笑话日子过得不行了！

杀年猪，很隆重。男人们刚到猪圈中捕捉肥猪，屋里的女人们就开始生火烧开水、切酸菜了。小孩子会高兴得屋里屋外地跑着当通讯员，一会儿跑到外面说，水烧开了，酸菜切好了；一会儿会跑到屋里说，肥猪抓住了，开杀了！杀猪时，许多老人孩子都会来看热闹。

杀猪菜，独具关东特色。无论谁家杀猪，都要炖上一大锅切好的酸菜，酸菜中煮上几大方子肥瘦相间的猪肉，肉要煮熟时，再把灌好的血肠煮上。吃饭时，除了南北大炕上要放桌子安排村邻家的老人孩子，还要在外边的地上垫上木板做流水席，青壮年人随来随吃，随吃随走。那菜就是大碗的酸菜加血肠，大盘的肥猪肉。大海碗中装满老烧刀子白酒，用筷子夹一块肥猪肉，颤巍巍、肥肥腻腻，蘸上蒜酱，送到口中一嚼，满口芳香，满嘴流油。再喝一口老烧刀子。嘿！过瘾！

猪肉炖粉条：是东北的传统家常菜。每当年节，家家都要炖上一锅猪肉炖粉条。肥肥的猪肉，炖上滑溜溜的粉条子，解馋，过瘾。有时候条件允许，日子富足的人家，不等年节也要来锅猪肉炖粉条解解馋。至于农村里每当干春种、夏锄、秋收、冬藏阶段的繁重活儿时，过去的东家都要为伙计炖上一锅猪肉炖粉条。若没有这个菜，伙

计们就会认为东家太小气，太抠门儿。结果就是干活不出力！当然，无论进山挖参、菜肴、狩猎、伐木的第一顿饭，自然是猪肉炖粉条。

小鸡炖蘑菇：不仅是关东的传统家常菜，而且是一种特殊的待客菜。松花湖区有句俗话：姑爷子进门，老母鸡掉魂。意思是女婿来到丈人家，老母鸡就要被杀掉招待姑爷了。如果姑爷来到丈人家，没有享受到小鸡炖蘑菇，那么这个姑爷大多是不受欢迎的。如果能吃到小鸡炖蘑菇这道菜，则说明丈人家很心疼姑爷，很拿姑爷子当回事儿。

小鸡炖蘑菇，就是炖鸡肉时掺上野生的榛蘑。小鸡炖榛蘑有股子特殊的醇香味儿，所以，这道菜经久不衰。

6. 松花江祭

风送松花暖，开江碧水寒。
祭湖敲网醒，滗水煮鱼鲜。
酒酽鳞脂净，萦香醉翠烟。
恍然如幻境，自在水云间。
　　　　——王秀军

　　倘若你有缘，那么，当你五一期间春游松花湖时，你可能有幸能看到沿湖渔民举行的传统的开江祭江仪式。

　　祭江，是松花江沿岸的满族渔民每年春天在松花江畔举行的传统仪式。所以，春节一过，渔民便盼望着开江。因为只有开江了才能祭江，只有祭江了，才能下江捕鱼。

　　丰满大坝未曾修建前，每年农历二三月，松花江面的封冻由江心开始大面积融化流淌，沿江的老百姓把这冰化过程称之为"开江"。

　　"文开江"是松花江开冻的一种形式，即江冰逐渐消融开裂，并温柔地漂荡东去，似化干戈为玉帛，让人们于无声处领略春天的来临。

　　"武开江"的景象惊心动魄，十分壮观。开春之际气温急剧上升，上游两岸的山中积雪坚冰迅速融化，万千条大大小小河流的"桃花水"汇入松花江。以致江水暴涨，将

　　江面的坚冰猛然崩裂,变成了一块块冰排,在激流的冲击下互相冲撞,又堆积成阻挡江流的一座座冰丘,最终被洪峰冲决,发出山崩地裂般的巨响。这就是武开江。武开江声势惊人,冰挤冰、冰压冰,巨大的"咔嚓、咔嚓"声让人胆战心惊。犹如古战场金戈铁马的激战之声。

　　清代,皇室将民间的松花江祭祀活动纳入国家祭祀重典,每年都要派员到吉林市的松花江畔进行春秋大祭。吉林地区的松花江祭祀有官祭和民祭两种形式。官祭,除了清高宗乾隆皇帝敕建的松花江神庙,每年进行载入大清会典的春秋大祭之外,主要是体现在打牲乌拉总管衙门的江祭上。打牲乌拉总管衙门是负责祭祀贡品和皇室贡品的采捕机构,它负责的水产品主要是鲟鱼、鳇鱼、白鱼,细鳞鱼等。他们每到一水域就备好香案,供上"三牲"焚香跪拜,请求水神和松花江神给予保护,保佑收获更多,保佑渔丁安全。

　　靠山吃山,靠水吃水,但必须敬山、敬水。这就是古代满族人的天人观念。

　　每年春天,当冰冻了一个冬天的松花江即将全面解冻的时候,江边的满族渔民一边观看着山上融化的雪水变成桃花汛汇入松花江中,一边看着暴涨的江水将封冻了一个冬天的冰层冲裂,冲碎,以排山倒海之势呼啸着推向下游,一边高兴地检修着渔网、船只,杀猪宰羊,准备祭江仪式。

　　开江的第二天,所有渔民都会聚集到江边,用石头支起木板做祭台,上边摆上猪头、鸡鸭鹅等祭品,香炉中盛满江沙,旁边放着烧酒和黄香。男女老少肃穆地站在祭坛之后,等待着祭江仪式的开始。

满族古代祭江，一般以屯落为单位。祭江仪式由大萨满（巫师）担任祭祀的司仪。祭江的目的是向养育自己民族的母亲河松花江表示敬意，感谢松花江为他们提供了丰富的鱼虾，养育了他们，并祈求松花江之神保佑平安，希望今年获得更大的渔业收成。

祭江仪式一般包括三个步骤：

第一步，祭江。

担任司仪的大萨满首先将祭坛上的黄香点燃，捧在手中，此时的吹鼓手会吹响喇叭，敲响锣鼓。

当大萨满将手中的黄香插入香炉的时候，所有准备下江捕鱼的青壮年渔民都要身穿鱼皮衣，头戴柳条编制的花环帽，手拿鱼皮鼓，一边砰砰地敲打着，一边列队走到祭坛前做祭坛护卫。当大萨满把猪头亲手摆正，把猪蹄按生前形态摆放在猪头两侧，再把猪尾巴压在猪头的脖颈后面，表示一头整猪送来祭祀江神，然后敲响狍皮鼓，用神调哼唱着祝颂松花江江神的祭文时，渔民则要和着大萨满的狍皮鼓的节奏敲响手中的鱼皮鼓。

大萨满念完祭文，晃动头上的鸟羽头饰，摇动围在腰上的铃铛，热烈地跳起萨满舞。此时，渔民要跟着大萨满的节奏，边敲鼓边跳舞，之后将祭品撒入江中。

第二步，醒网。

祭江仪式一结束，渔民就要将修补好的渔网摊开在江滩上，由老萨满手持酒瓶边唱边跳地将酒撒在渔网上，渔民要跟随老萨满围着渔网跳转一圈，此举为之醒

网。意思是祈求渔网充分发挥作用,让渔民捕到更多的鱼虾。

第三步,开江捕鱼。

醒完网,老萨满亮开嗓门,冲着苍天一声吼:开江了,捕鱼了!第一水就捕到大鱼喽!所有渔民立刻将渔网抱上船头,两人一组跳到渔船上,一人推棹,一人撒网,不久,再将渔网起出。一俟捕到鱼,岸上的人尽皆欢呼。渔民划船靠岸,将第一网捕到的鱼虾重现供奉于祭坛上,然后带回家中加工成鱼鲜佳肴。全屯人聚集到一起喝酒吃鱼。

过去,满族捕鱼除了用渔网,还用鱼叉。一旦发现大鱼,必须用鱼叉叉刺,然后众人合力围捕。松花江中的鲟鳇鱼小的数十斤,大的几百斤或者上千斤。一条船的力量是很难捕到的。

满族捕鱼,基本用的是名为艉艧的独木舟,或者用白桦树皮做成的小舟。一舟一人。二人用的推棹的船,叫快马子。

古人记载:独木舟,长二丈余,阔容膝,头尖尾锐载数人,水不及船常寸许,而中流荡漾,驰如竹箭,此真刳木为舟也,遇河水暴涨,则联二为一,以渡车马,名为对子艉艧。满族人经常驾"艉艧"闯荡急流险滩捕鱼。后来,凡是类似的木制小舟,也通称"艉艧"。《长白汇征录》记载:"东山无陶器,皆以木伐,粗笨异常,不雕不凿,朴素而坚,依然鸿荒之世。刳木为舟,剡木为末";"刳巨木为之舷,平底圆唇锐尾,长剡木为桨,运棹甚灵"。独木舟,是选用大型独木,用斧凿刨砍成中空的木槽形状,两头尖而翘,造型独特,雕工粗放。据《满州源流考》记载:这种艉艧"大者容五六人,小者二三

人，刳木两头为桨，一人持之，左右运棹，捷若飞行"。汉族称这种独木舟叫"槽子"。秋冬之季，江河封冻，将独木舟拉上岸，用以盛草料喂牛马，叫牲口槽子。春季到来，马匹则放到山上吃青草，不需饲养，槽子又推入江中。这种独木雕凿的小舟，沿用至今，在江河及湖泊与水库，仍用其摆渡或捕鱼。

桦皮船长十余尺、宽三尺左右，两头尖而向上翘，用松木做架，外面覆以桦树皮。桦树皮接头处用柳条作线或用鹿筋作线缝合，然后涂上松树油脂即可。船体很轻，转移时可用肩扛起。平时搁置于岸上，用时一人就可将其推入水中，顺流用桨，逆水用竿，时速可达20至50里，常用于狩猎和捕鱼。

每年船下江以前，船主要举行家祭，跳平安神，祈祷祖先庇佑行船安全。横渡第一船时，孕妇与寡妇不能乘坐，第二船方能乘坐。顺水行船要走上几里外，寡妇方可上船。行船时，妇女不许坐船头。摆渡人不许饮酒（收船后不忌），从开船、行船到停泊，不许在船上打架骂人，不许说不吉利的话，如"翻"、"沉"，都要用其他吉祥名称代替。如携带喇叭、锣鼓或其他乐器，必须演一番，以娱江神。如遇风险或搁浅，除了祈祷河神，不许人哭大闹。至今，长白山地区和松花江流域的许多乡村仍有祭山神、江神的习惯。

7. 白山挖参

　　长白人参,江湖传说中能救死扶伤、令人延年益寿的人间奇药,是关东三宝中的第一宝。中国的任何一家药典都写着人参对人有"培根固元"的滋补作用。港澳台的剑侠小说中经常将长白山人参描绘成能让重伤病危者起死回生的神药!

　　居住在长白山和松花江畔的满族人从女真时代就开始采集人参。满族人不但把人参当做滋补品,而且将其作为对外销售换取生产和生活资料的重要商品。

　　大清太祖皇帝努尔哈赤从少年时即跟着自己的祖父、外祖父进长白山采挖人参,然后收集女真人采集的人参,卖给明朝到东北贸易的汉族人。有一年,明朝发现东北女真势力增长过快,难以控制,随即颁布了限制对东北女真人参贸易的法令,此举让收集人参集中出售的努尔哈赤当年即烂掉鲜人参几十万斤。但努尔哈赤聪明异常,亲自试验发明了用开水将人参焯后晾干的生晒参的方法,从而避免了进一步的损失。努尔哈赤及其部属,在战争间隙也要在长白山中狩猎、采集人参。

　　松花江畔的采挖人参活动有着很神秘的行会组织的色彩。人们进山挖参时说话必须说行话,做事必须按规矩。譬如有经验的挖参人叫"参把头",参加挖参的伙计叫"棒槌伙子"。人参叫棒槌。进山挖参叫"放山",或者"挖棒槌"。挖到人参叫"拿货"。休息叫"拿火"。做梦叫"拿景"。拉开距离集体横向推进着寻找人参,叫"拉棍"。每人必须手持一根叫索拨棍的木棍。敲树联络是"叫棍"。发现人参必须喊山:棒槌! 参把头必须问山:什么货? 回答:×品叶。参把头喊:快当,拿着! 然后即是一系列活动:用两头拴着大钱的红绒绳拴

住人参苗儿，叫"拴笼头"，防止人参跑了。清理人参下的杂草叫"清盘子"。挖参的过程叫"起参"。进山挖参前，参把头要带领棒槌伙子进行庄严的祭山活动，名为"开山"……

初出土的人参苗儿叫"三花"，有两个枝杈的叫"二荚子"，有三个枝杈的叫"灯台子"，四个枝杈的叫"四品叶"，五个枝杈的叫"五品叶"，六个枝杈的叫"六品叶"。六品叶是人参中年龄最大的人参，有的是几十年，有的则是上百年或几百年。

人参珍品是人形的人参，有四肢，但极品是"龙参"。龙参的参体斜生在土中，挖出后可见身形如龙行蛇式，故名龙参。相传，努尔哈赤在朱雀山中曾经挖到一棵龙参，从此下定了龙腾华夏的决心，于是率领八旗进军中原，终于在皇太极这一代，实现了满族统治大中华的梦想。

松花湖畔的自然生态保护得好，因而，群山密林植被良好，非常适宜长白人参生长。2006年，松花湖林场职工在松花湖北岸的朱雀山进行森林调查时，无意中就发现了13苗长白山野生人参。2013年7月19日，吉林市丰满区旺起镇四间村三官庙屯迟振东和孙长久二人在松花湖南岸的大二道河子山上一次遇到一个生长着20多苗长白山野生人参的"人参片儿"，其中，五品叶6苗，四品叶16苗，还有多苗三个茎叶的灯台子。二人本着拿大留小的挖参规矩，挖出了22苗较大人参，其余留在山中继续生长。

当地的人参把头（采参行家）说，松花湖畔无论哪个地方都可能有人参生长。就看你与人参是否有缘，看你是否有命担当起长白人参这份财！

如果能跟着参把头进山挖一次人参，那经历将会留在终生的记忆中。

8. 松江采珠

据史料记载,古代吉林市的松花江流域曾盛产珍珠,号称"东珠",是自宋辽金元明代直至大清皇室崇尚的贡品。某报载:2010年4月8日,香港苏富比拍卖行拍卖的一串清朝皇帝颈上悬挂的御制东珠朝珠,由108颗色若淡金的上等"东珠"串成……拍卖开始的10分钟内即叫价61次,终以6000万港元的天价落槌成交,其价高令人咂舌。

中国是世界上名副其实的珍珠古国。据《尚书·禹贡》载:"淮夷蠙珠",说明中国采珠历史早在4000年前的夏禹时代就已开始了。《战国策·秦策五》载:"君之府藏珍珠宝石"。唐代李咸用之《富贵曲》诗:"珍珠索得龙宫贫,膏腴刮下苍生背"。可证珍珠在我国自春秋战国时起,即已经被统治者作为宝贝搜刮珍藏了。

明代宋应星之《天工开物·珠玉》载:"凡珍珠必产蚌腹……经年最久,乃为至宝"。但现在,很多人只知道珍珠产自海蚌,并推崇产自广西合浦的珍珠,说其素有"掌握之内,价盈兼金"之说。因而,沿海珠宝行里流行的

说法是"东珠不如西珠,西珠不如南珠"。南珠主要分布在我国两广、海南沿海,以广西合浦县白龙尾至西村约30公里的海区所产珍珠为南珠的上品。历史上也曾有说法:"合浦珠名曰南珠,出欧洲西洋者为西珠,出东洋者为东珠"。殊不知,以吉林市为核心的松花江所产之珍珠,才是历史上享有盛名的真正东珠。

东珠,满语为"塔娜",被辽金元明清几代皇室贵族誉为宝中至宝,稀世奇珍,亦被称"北珠、大珠、美珠"。《辽史·食货志下》所载的从靺鞨、于厥征收的贡品清单里就有了蛤珠,即后来的北珠、东珠。历史上松花江流域的女真各部落,曾在契丹族建立的辽国统治之下生活了200余年。而东珠,就成了契丹贵族向女真横征暴敛的主要物产之一。史载辽国末代荒淫无度的天祚皇帝,每年早春都要到女真部落去度"春捺钵"(游猎、野营)。此时,江河未解冻,契丹人便强迫女真人凿开冰封的江河,下水捕捞河蚌,剥取新鲜的东珠。契丹人在岸上温暖的帐篷里花天酒地,而采珠的女真人则往往冻死冰下,有去无回……这也成了女真人在首领完颜阿骨打率领下奋起推翻契丹人统治的动因之一。

东珠是松花江乃全黑龙江流域的江河中淡水珠蚌所生珍珠。形态晶莹剔透、圆润巨大,自古以来便成为中国历代王朝渴求进献的贡品。

有关史料记载,宋金时代,金末之金帝曾靠"东珠"买下一个国度的安宁——当时蒙古势盛,金帝遂将其所藏稀世东珠尽数献给成吉思汗,从而换得蒙古人退兵,让金国赢得喘息之机。明末,清太祖努尔哈赤故伎重演,靠东珠进献朝廷,麻痹了明朝末代的崇祯皇帝,从而赢得了休生养息的地盘。努尔哈赤羽翼丰满后最终挥师八

旗,问鼎整个中原华夏。

东珠是淡水珠,主要产于东北淡水河流如松花江、黑龙江、牡丹江中,其中以松花江流域所产珍珠最多最好。吉林市上游松花江流域之支流中,如牤牛河、拉法

河、石头河,辉发河等稍大河流,皆有孕育东珠的河蚌。譬如《打牲乌拉志典全书》记载的"牤牛河,发源于老爷岭西之冰壶沟,西汇八七六五四三二一头道各河,至额赫穆站南,老虎洞沟诸水,曲折至猴石山南,又西里许至松花江,河堤甚浅,每至大雨,常酿成灾。产蚌。雍正五年,乌拉总管衙门派员打蚌选珠进贡……"清康熙年间,常熟人徐兰曾征战于吉林、黑龙江等地,亲眼看到松花江东珠的开采盛况,著有《塞上六歌》,并在《采珠序》中写道:"岭南北海(指五岭之南的广西合浦一带)所产珍珠,皆不及北珠之色如淡金者名贵。"北珠颗粒硕大,颜色鹅黄,鲜丽圆润,晶莹夺目,"实远胜岭南北海之产物"。徐兰所指北珠,即松花江流域之东珠。当时因地域方位关系亦称东珠为北珠。

据考证,东珠的采珠史可追溯至后汉,几乎和《后汉书》上所载的"合浦珠"同一时间。早在三国时期,人们即知"美珠"多出于夫余国。而夫余国于公元前200多年即建于东北的松花江畔的吉林市龙潭山下。此后的渤海国,也曾以珍珠向唐朝朝贡。到北宋神宗熙宁年间,"朝贵已重尚之,谓之北珠(即东珠)"。辽时小国铁离也曾用东珠、貂皮等物品和辽国易货贸易。

松花江东珠的采撷史到清朝时达到鼎盛。东北是满人的故乡,而吉林市濒临松花江筑城,又是清王朝御封的龙兴福地,因此,松花江所产东珠备受清皇室和朝廷达官贵人的青睐。清朝建国后,清朝皇室把东珠看做珍宝。《打牲乌拉志典全书》载:"东珠,又名北珠,为……松花江、嫩江,爱辉各江河产者俱佳。清代用以为皇室、官吏之制珠冠,嵌玉器之用。以颗大光晕,匀圆莹白为尚品。大者直径可达半寸"。清朝历代皇后、皇太后的朝冠,缀饰的东珠与珍珠约300颗,冠顶东珠13颗,珍珠51颗。余如耳饰、朝珠等,也用东珠镶嵌,以表示至高无上的尊贵身份并显现皇家的权威。

为加强对东珠采捕的控制,清廷特在吉林打牲乌拉总管衙门设置专门机构"珠

轩"，以便对采集珍珠活动进行管理。珠轩在产地设"珠柜"，负责对珍珠进行管理与收购。珠柜在行政上隶属当地最高行政长官，业务上直接受命于珠轩。每年四至九月，吉林乌拉总管衙门便派人沿松花江流域采蚌。为满足皇室对东珠的需求，清王朝不断增添捕蚌采珠牲丁。牲丁，即吉林打牲乌拉总管衙门招募的专门从事捕鱼、采珠、狩猎、驯鹰、挖参等专业的役丁。据《打牲乌拉志典全书》记载："康熙三十四年……经内务府大臣等议奏，加添珠轩达七名。""雍正六年，准都虞司咨文，20名，拨入镶白旗已革贝勒延新牲丁16名，镶蓝旗功宏牲丁4名，共牲丁20名，拨入上三旗捕珠，珠轩达一名。""乾隆三十三年，兼理乌拉总管事务护军统领雍和奏请，奉旨：着准打牲乌拉下五旗，放珠轩头目111名，内裁去一名。三旗现有珠轩头目16名，三共110名。至今如前，永未更章。"以上系仅从康熙、雍正、乾隆三朝多次增添采珠牲丁记录中各引一例。《打牲乌拉志典全书》中仅乾隆朝某年即有如下采珠记载："三旗历年捕珠，应用艍䑸（原指满人用独木舟，后泛指舟船）236只，每只艍䑸派人三名。此内协领衙门派出艍䑸56只，皮甲168名。又，跟随本署大人巡查捕珠各河口艍䑸10只，打牲丁30名。二旗由59珠轩派出艍䑸180只。珠轩头目、铺副40名，打牲丁500名，统共出派打牲丁530名……"由此可见清朝皇室在吉林松花江上的珍珠采捕规模之大。

《永吉县志》载："珠罕而难求，往往易数河而不得一蚌，聚蚌盈舟而不产一珠。"打牲丁采珠时极其艰辛："一人驶船江心用篙撑稳，复执长杆缘船身至水底，捕者裸体抱杆，闭息深入，身伏水底，左臂抱杆，右手扣蚌，得则口衔，缘杆而上，置蚌舟中，三次易入，趋岸，蒸火烤之，驱寒免疾。日夕，领队同众聚蚌剖脊，解壳得珠，置净水碗中，少许，纳诸印袋（打牲乌拉总管衙门制定的专供装珠并盖有官印的纸袋），封固注明，按日如此。"是说，在松花江中采蚌时若在水深处，捕蚌牲丁要用大

湖光山色

王天七摄

杆靠船插入水底,然后抱杆而下,潜水取蚌后,在采珠官的监督下,当面剥蚌取珠,包装密封,天天如此。然后逐级上交验收,最后由吉林打牲乌拉总管衙门的总管和驻军首领共同挑选。颗粒大者进献给朝廷,颗粒小者弃之江河,任何人不得私自留存。

据史料记载,大清朝廷每年向吉林打牲乌拉总管衙门下达采捕东珠数额与等级数量。打牲乌拉衙门再将总任务指标分解下达到各珠轩,各珠轩再将指标分解到各条采珠船。朝廷对采到大珠的牲丁要按照珍珠的成色赏以绸缎布匹,或折算成银两给予奖赏。如果是有罪之人,可以凭所采之珠减免刑罚。《打牲乌拉志典全书》对清朝各代每年的采珠官吏役丁人员、器具、耗费银两、所采东珠之等级、数量,产地,皆有详细记载。譬如"康熙三十九年二月二十八日……此次捕获东珠2180颗,着将总管穆克登加一级,并赏给三品顶戴,翼领罗禅赏给物品顶戴……"又如"乾隆五十四年十二月十三日,查上三旗59珠轩,每珠轩定例应叫额珠16颗,共应交额珠944颗,此次所交东珠尚缺294颗。应将该总管、翼领,骁骑校等员均照例降二级,仍罚俸五个月。"

吉林打牲乌拉总管衙门要每年将捕蚌采珠之事直接向朝廷奏报。四月上折奏报的内容,是捕珠役丁启程到各江河之安排。九月奏报的内容,则是已捕获珍珠的数量的多少。

　　乾隆十九年（1754）八月十二日，乾隆皇帝巡幸吉林城时，特别在松花江上观看了打牲乌拉总管衙门的牲丁的采珠活动，并即兴写下了《采珠行》诗：

　　圆流育蚌清且沧，元珠素出东海滨。旗丁泅采世其业，授餐支饷居虞村。
　　我来各欲献其技，水寒冰肌非所论。赐酒向火令一试，精神踊跃超常伦。
　　秋江川湄澄见底，方诸月映光生新。威呼荡桨向深处，长绳投石牵船唇。
　　入水取蚌载以至，刨划片片光如银。三色七采亦时有，百难获一称奇珍。
　　命罢旋教行赏赉，不览安识真艰辛！世仆执役非蜑户，元慎何关譬海神。

　　乾隆开端两句即写出了东珠的产地——"素出东海滨"。三四句写采珠牲丁以采珠为业，享受朝廷供养，统一居住一村的集约制度。九句至十四句则描绘了珠丁们如何荡舟至江流深处，潜入水中捕蚌的采珠经历。十五十六句则真实地描绘出牲丁们虽然采捕到的珍珠"三色七采亦时有，百难获一称奇珍"——获取上等东珠的艰难。

　　过去，松花江流域是盛产珠蚌的地方。为确保清廷皇室专有，永续利用，清廷曾严禁民间采集。《大清会典事例》载："康熙二十年题准：宁古塔乌拉人在禁河内偷采东珠者，照偷人参例，为首者拟绞监候，为从者枷两月，鞭100。" 但由于过分采集，以至蚌珠濒临绝迹。史载到雍正时已很难采到东珠，"偶有所获，颗粒甚小，多不堪用"。

　　现在的松花湖湾中，小的河蚌随处可见，枯水季节，偶尔还可以在支流入江处的河底采集到碗口大的河蚌。凑巧了，还可以从蚌唇中采集到一颗玲珑圆润，晶莹剔透的珍珠。

9. 白山狩猎

泛舟松花湖上,眺望松花湖畔的崇山峻岭,看到莽莽苍苍的林海,似乎能听到呦呦鹿鸣、嗷嗷虎啸;仿佛能看到古代满族猎人驰骋于林海之中,呐喊着,呼啸着,指挥着猎鹰海东青,驱赶着猎狗汗王犬,勇猛围猎。

松花湖畔的长白山脉森林茂密,水草丰美,是野生动物的乐园。这里不仅生活着紫貂、黄鼬、山兔,野狸等小型动物,而且生活着獾、貉、狐、狼等中等肉食类动物。至于狍子、梅花鹿,马鹿等草食类动物简直遍地皆是。就连野猪、长白熊、棕熊、远东豹,东北虎等大型肉食类动物也屡见不鲜。这里是真正的"棒打狍子瓢舀鱼,野鸡飞进火堆里"的富庶之地。秋冬季节,孩子们在庄稼地边,荒草林间,下几个小套子,就可以套住彩羽斑斓的大野鸡和活蹦乱跳的山兔。过去,分布在松花江畔的野人女真(满族前身)几乎人人是狩猎能手。他们的狩猎手段丰富而有趣。走进他们的狩猎故事,就是走进了松花湖畔的历史风情。

围猎:在松花湖畔俗称"打围",即众多猎手带着猎犬结伙进山,从四周山冈上压下来,将野物驱赶到包围圈中,然后万箭齐发,射而杀之。清代的康熙、乾隆等皇帝无论在吉林围场、盛京围场,还是承德的木兰围场狩猎时,用的都是长白山中常用的围猎手段。

诱猎:是技术高超的猎手经常在动物发情期采取的打猎手法。猎人悠然自得地潜伏在野物经常出没的地方,不断地吹着口哨或者树叶,发出各种不同动物或公或母的啼鸣声,野物误认为是同伴在求偶,于是乐颠颠地跑过来,结果正中了猎人的计谋,做了猎人的盘中餐。

狍子是长白山中最容易诱猎的动物。它们每每在林中受惊逃跑一段后觉得事情可疑,就常常要犹犹豫豫地跑回原来受惊的地方,看看到底怎么了。结果,猎人正是利用狍子的这一习性,等候在原地射猎它。所以猎人把狍子称为"傻袍子"。

圈套:是松花湖畔最休闲的狩猎方法。山林中,鸟有鸟道兽有兽道。猎人只要在动物经常走过的兽道上,分别巧妙地布设大小高低不同的圈套,就可以回家干自己的事情了。第二天或者几天后,顺着兽道走一趟,就可以收获自己套住的猎物。猎人下圈套的方法有多种,套子的大小高低正斜完全是根据野物的大小种类而定。而且必须把圈套下在动物经常走动的兽道上。有的圈套很奇巧,譬如"吊死鬼套",那是利用杠杆原理,将套子固定在杠杆的一端,只要野物钻进套子,触动了控制杠杆的机关,杠杆就会立即发作,将猎物高高吊起,令它不能挣扎。这种方法主要用来对付老虎、豹子、野猪等凶猛动物

的。至于"连环套",那是在一个小范围内从不同方位设下的多个圈套,一俟野物钻进一个圈套挣扎时,就会无意中钻进另一个或多个圈套。这种方法也是主要对付老虎、豹子、野猪等猛兽。

小孩子套野兔,是最有趣的狩猎活动。他们把山兔叫跳猫。冬季里大雪封山后,动物食物缺乏,孩子们就会从地窖中找出红萝卜,剜下萝卜缨儿(嫩萝卜叶)放在跳猫踏出的雪道上,吸引山兔前来就餐。山兔只知道吃,不注意躲避,所以很容易就钻进孩子们的圈套。孩子上学时在山路上下几个套子,放学回家时顺山路遛一趟,就会提拎一只或者几只山兔回家,让大人炖来吃。

陷阱:专门用来捉拿狍子的陷阱叫狍子窖,捉马鹿的叫马鹿窖,捉老虎的叫老虎窖,捉野猪的叫野猪窖。陷阱是猎人根据不同野物的生活规律选择地点挖设的。陷阱挖好后,只需在上面棚上树枝、荒草,然后上面敷设山土或者积雪,野物难辨真

假，一脚踏上，便陷落其中。狍子窖和野猪窖一般比较浅，老虎窖和马鹿窖比较深。但老虎窖和野猪窖的底部都要安装柞木或者水曲柳木削尖的木签子，锐箭朝上。老虎或者野猪一旦落入陷阱，就会被刺穿肚腹而死。抗日战争时期，猎人和抗联战士常常在林中设置陷阱，捉拿进山扫荡的日寇。

掏仓子：是猎取狗熊的最好方法。狗熊性凶猛，力大无穷，号称"森林力士"，敢和老虎一争高下。狗熊的凶顽在长白山中是出了名的。它的肚子被猎狗或者枪弹撕开以致肠子流出来也不在乎，能继续和对手搏斗。如果肠子碍事，它会将肠子塞进肚腹，然后薅把青草堵塞在创口处。如果肠子塞不进去，它就会扯断再搏斗，直到鲜血流尽而死。所以猎人猎狗熊，必须准备充分，有十足的把握。一般在林中偶遇狗熊都会主动躲开它。把冬眠的狗熊堵到洞中猎杀的方法叫"掏仓子"或"杀仓子"。狗熊冬眠的树洞叫树仓，冬眠的石洞叫石仓，冬眠的土洞叫土仓。掏仓子的猎熊活动极

其凶险，一般需要三个猎人合作。猎人需先用碗口粗的两根树干将洞口交叉别死，由一人抱住一根树干别住洞口，防止狗熊受惊后窜出，第二人用木棒到洞后狠敲树干，以震醒狗熊。如果无法用木棒敲打的方法震醒狗熊，就得回到洞口用木棍往洞里捅，直至把狗熊捅醒。第三

人手执武器站立洞口，一俟狗熊将头伸出洞口即开枪射杀或者用长矛刺入狗熊心脏。但睡眠中的狗熊熊胆太小，胆汁稀薄，卖不上价，所以，猎人在掏仓子时，要先将狗熊惊醒、激怒才能猎杀。被激怒的狗熊的胆汁最充盈，名曰金胆，最值钱。但激怒狗熊的掏仓子行为最危险。

松花湖畔有句俗话，叫"黑瞎子掰苞米——掰一棒扔一棒"。狗熊是杂食动物，经常到村屯附近的庄稼地中掰玉米吃。狗熊偷苞米时，将先掰下的一穗玉米夹到胳臂窝下，掰来第二棒时又往胳臂窝下夹，结果第一棒玉米就掉地下了它却不知，如此一直顺着地垄一棒棒地掰下去，走到地头，胳臂窝下也还是只剩下一棒。

"黑瞎子"是狗熊的俗名。因为狗熊的眼睛是黑褐色的，和毛色相同，不容易分辨，故名"黑瞎子"。其实它的视力好着呢！有人因黑瞎子之名杜撰狗熊的眼睛小，视力不好，因而在山中遭遇时一定要顺风跑，因为狗熊头上的刘海很长，顺风时狗熊头上的刘海会遮蔽它视力不好的小眼睛，这样人就能够从容逃离。如果顶风跑，狗熊的刘海被风吹散，视线好，容易被它追上云云。结果许多在山林中遭遇狗熊遵循此理的人吃了大亏。当然，吃这种大亏的人，绝对不是松花湖畔的猎人。

狗熊的舌头布满尖刺，攻击人时，先将人扑倒，用长满尖刺的舌头朝着人的脸用力一舔，唰的一声，人脸上的眼皮、鼻子，腮帮子都被舔没了，只剩下森森白骨。林区常见这种现象，叫"黑瞎子舔脸"，简称"被黑瞎子舔"了。

"坐殿"，是狗熊最喜欢的游戏。狗熊好玩耍，吃饱后喜欢选择在多杈的柞树、山桃等乔木上搭建凉台。胳膊粗的树枝人类用斧子砍尚且费劲，但狗熊坐到树杈上，轻轻一掰，这些坚韧的树枝就被它轻而易举地折断，然后被铺垫在屁股底下。等把树枝横七竖八地铺成平台了，它才在上面玩耍。猎人将这种现象叫黑瞎子坐殿。一般在林中遇到这种情况，人们都要远避。说不定附近正有狗熊呢！

秋季，是狗熊最活跃的季节。一是山中野果丰收了，它到处找吃的。二是冬季临近，它必须多吃，增加脂肪以备冬眠，这叫抢秋膘。要知道，一只狗熊即使在秋天把自己吃成个超级胖子，那么历经五六个月的不吃不喝的冬眠中，全凭自身蓄积的脂肪维持生命，到春天惊蛰后出洞，身体也已经瘦骨嶙峋了。所以，秋季进山采山货的山民一般都是带着猎狗，成帮结伙，以防被狗熊袭击。

狗熊凶悍而愚蠢。猎人说,熊遇到老虎时总要一较高低。老虎和熊搏斗饿了时,就主动逃离现场,捕猎到食物吃饱喝足后回来再战。而狗熊见老虎跑了则洋洋得意,饿了也硬撑着,留下来独自清理战场,等老虎回来再战。老虎和狗熊搏斗感到疲劳时又逃离战场,等休息好了再找狗熊搏斗。可狗熊呢,即使筋疲力尽还是硬撑着,继续清理战场,把树木拔掉,把石块搬出。等老虎再来挑战时,它虽然精神抖擞地继续迎战,但毕竟疲劳过度,终于还是做了老虎口中的美味。

猎猪:是长白山中最危险的狩猎活动之一。长白山密林中的谚语是"一猪二熊三老虎"。是说,野猪第一凶,狗熊老二,号称百兽之王的老虎排号第三。

猎人说,孤猪毒。是说孤单的野猪最凶狠。但凡孤单的野猪都是独来独往的公猪。它们虽然身材较矮,但身体粗壮,力大无比,俗称"孤个子"。

"挂甲",是野猪自卫保护的专利,其"挂甲"方法足可以申请野生动物界的"非物质文化遗产项目"。为了防止猎人的刀矛砍杀和枪弹利箭伤身,野猪们喜欢用獠牙挑开松树树皮,将松树流出的松脂蹭满身躯两侧,然后到有粗沙的地方打滚,将沙子沾满全身,之后再到有松脂的树上去蹭,蹭后再到沙砾上滚沙。如此反复无数次,野猪浑身就布满了松脂沙砾。猎人将野猪的这一行为叫"挂甲",即如古代的将士身披甲胄。挂甲后的野猪无论老虎和狗熊都无法用尖牙利爪伤害它,而它却可以凭借着尖锐的獠牙和浑身的力气向老虎和狗熊凶猛进攻。无奈老虎和狗熊只好败下阵来。但在松花湖畔和长白山区,老虎号称"猪倌",因为它最喜欢吃野猪肉。它常常跟随在野猪后面伺机猎捕那些老弱病残和小猪,就像放猪的人跟在猪身后一样。但遇到孤猪,它只好敬而远之,这是老虎的聪明之处。

捕貂：下碓是长白山中猎获紫貂、黄鼬的上佳猎法。紫貂体型较小，行动敏捷，又善于钻洞，很难猎捕。猎人要选择紫貂经常活动的地方，割出一篇平坦地方，用灌木茅草圈成喇叭口状。在喇叭口根细处，用一根长十米左右的水桶粗的原木做成碓身，紧贴着原木两侧秘密地钉上鸡蛋粗的木桩，在喇叭细口外用树权驾起　米多高的尤门，用杠杆原理将原木做成的碓身吊起，木栅内支起踏板。无论紫貂从哪头进入碓身下的栅栏胡同，只要踏上踏板，引发机关，沉重的原木碓身就会瞬间落下，将紫貂压死。这样猎捕的紫貂毛皮毫发无损，能卖出好价钱。

迷魂圈：也是猎人经常利用的不费枪弹的狩猎方法之一。即在野兽经常活动的地域，用树枝围成一个螺旋状的圈，内放食盐、食物。动物嗅到食盐和食物的味道后会寻觅而来，它能够看到圈内的食物，但有树枝障碍，吃不到，只好围着迷魂圈团团转，寻找进入的通道。三转两转，正巧遇到了入口，循着通道螺旋般转进圈内，食物是吃到了，可是却找不到外出的门路了，只好被圈在圈内，等候猎人来捕捉。

　　猎虎：是长白山中最危险的狩猎活动。松花湖畔是东北虎的自由王国。这里动物种群数量多，非常适于东北虎活动。清末民初，老爷岭和张广才岭交会处的黄松甸有个老猎人外号叫"打虎将"，一生猎捕到99只老虎。关东金王"韩边外"为和清军的鲍督军搞好关系，一次就用三只东北虎做见面礼。可见这里老虎之多。

　　由于十年浩劫之后森林资源和生态环境的严重破坏以及疯狂地肆意猎杀，东北虎沦为世界级濒危动物，成为国宝。改革开放后，国家重视东北虎及其野生动物的保护工作，实行禁猎，因而使自然生态环境快速恢复，松花湖畔的长白山崇山峻

岭又成了野生动物的乐园。1998年正逢农历虎年，多只东北虎在松花湖畔的蛟河市多处山林中猎捕农民在山中放牧的牛马，引起全国乃至全世界舆论的关注。这年初春，一只雄性成年东北虎在当地农民的众目睽睽之下，优哉游哉地在松花湖畔的新农乡拉法河口附近徜徉了几天。一时传为奇谈。现在，松花湖畔以及整个长白山区，时常会有东北虎的踪迹出现。

　　猎狼：松花湖畔的狼被称为雪原狼。雪原狼个头较大，常三五成群在湖畔村屯外的山林外逡巡。在野生动物丰富的情况下，雪原狼以围猎追捕荒原灌木丛中的狍子、山兔、梅花鹿、马鹿等草食类动物为食。对于马鹿、梅花鹿和狍子个体较大的动物，雪原狼通常是群体狩猎。一旦哪头狼发现了目标，就会仰天长嗥，发出有猎捕目标的信息。狼的叫声凄厉而悠远，充满了穿透力，尤其是夜深人静时，闻之毛骨悚然。山区的孩子听到狼嗥会吓得不敢哭。所谓鬼哭狼嗥，即是对其啼嚎声的厌恶。

但是散布在山林中的狼一旦听到狼的嚎叫声，会立即从四面八方向着狼嚎的方位快速集结。然后在头狼的带领下开始追踪、猎捕目标。

雪原狼不仅善于奔跑，而且极有耐力。在追踪鹿群和狍子群时常常要快速追踪很远的距离，以寻找适合猎取的目标。在猛烈而持久的追踪下，常有老弱病残或不慎掉队者，这时狼会不失时机地立即采取穿插分割战术，将其围而歼之。雪原狼很贪婪，一顿能够吃下十几斤肉，然后几天不食。母狼回到狼窝会把吃到肚子里的肉吐出来，喂养幼狼。

雪原狼在捕食困难的情况下会窜进村屯猎捕猪、羊、牛犊、马驹和毛驴。所以，湖畔村屯的墙壁上常有白灰画着的圆圈，房山头和篱笆障子上吊挂着用烟绳子结成的一个个圈套，以吓唬进屯的狼。因为狼生性谨慎，有"横草不过"的特性，即在行进中看见前方地上有横着的草木，就会认为是人类下的圈套，所以会另选道路，掉头而去。

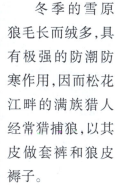

冬季的雪原狼毛长而绒多，具有极强的防潮防寒作用，因而松花江畔的满族猎人经常猎捕狼，以其皮做套裤和狼皮褥子。

过去，起早贪黑行进在松花江雪道上的爬犁帮、马车帮和零星行人，经常会遇到一只或者两三只雪原狼在雪道两旁逡巡。雪原狼一般不敢攻击爬犁帮和马车帮，但是在饿急了或者和人结下仇怨时会主动攻击人类。早晚间，雪原狼一旦发现有落单的爬犁或孤零零的行人时，就会通过周密的观察后实施长途跟踪，然后出其不意地发起攻击。

松花江畔的雪原狼最拿手的围猎活动是在冬季松花江刚刚封冻的时候。此时，江冰如镜，没有积雪覆盖，十分滑溜。过江的狍子和梅花鹿等偶蹄类草食动物小心翼翼地行走在冰面上，稍有不慎，就会滑倒。隐蔽在湖岸边丛林中的雪原狼一旦发现狍子和梅花鹿踏上冰面，就会嚎叫着冲上冰面，首先截断狍子和梅花鹿的退路，然后利用如钩的利爪抓住冰面，纵身奔跑如履平地，对猎物发起勇猛追击。狍子和梅花鹿一旦失足滑倒，就会立刻成为雪原狼的战利品。

汗王犬：是长白山中最优秀的土著猎狗。它身材矫健，善于追踪，奔跑速度快，性凶猛又对主人无限忠诚，因而深得满族猎人的喜爱。

汗王犬的名头来自清太祖努尔哈赤。努尔哈赤极其喜欢猎狗。他在刚刚起兵反对明朝时，曾经遭到明朝大将李成梁率兵追捕。那次，努尔哈赤只带着自己心爱的猎犬大黄只身落荒而逃。李成梁穷追不舍，把努尔哈赤包围在一片芦苇荡中。因搜索不出，李成梁即命令部下对芦苇荡四面放火。大火烧起后，努尔哈赤急忙砍掉自己周围的芦苇，以防烧到自己。但由于火势太大，浓烟冲天，努尔哈赤终于被熏倒了。它的猎犬大黄害怕大火烧到主人，急忙跳到水中浑身沾满水，再爬上岸将昏倒的努尔哈赤的衣服弄湿……大火过后，芦苇荡一片焦炭。李成梁以为努尔哈赤已经葬身火海，即收兵回营了。待努尔哈赤醒来后，发现周围一片死寂，心爱的猎犬大黄累死在他身边。自此，努尔哈赤下令，满族人不得食狗肉、寝狗皮。凡戴狗皮帽子穿狗皮袜子的人，一律治罪。这就是满族人为何不穿戴狗皮、不吃狗肉的原因。后来，努尔哈赤在统一东北女真各部时，把挑选出的优秀猎狗加以驯化。部下则称这些猎犬为"汗王犬"。八旗部将皆纷纷效仿努尔哈赤，选养汗王

犬。吉林朱雀山与松花江一带山区出产的猎狗，是汗王犬的基本来源。所以，清朝中叶，此地出产的汗王犬一条的价格抵得上十多头牛马。

猎道：是松花湖区的满族先民进山打猎遵循的道路。长白山重峦叠嶂，林海苍茫，入山很难分辨东西南北。故猎人必须遵循一定的道路，否则迷到山里，就会性命不保。

"雀路"：是满族先民在绵延千里的长白山茫茫林海里狩猎时辨方向、明路线，安全往返遵循的自然路线。猎人在密林中一旦发现白色的鸟屎，便会欣喜万分。因为鸟在满族先民的观念中是凌空飞翔，晓彻天神意图的灵禽。白鸟屎被他们奉为"雀书"，不仅是吉祥的预兆，也是指路辨向的路标。据猎民长期观察研究，鸟的飞行是有规律、有路线的，远途飞行绝对不会改变路线的，因此，猎人把撒满白鸟屎的路线叫"雀路"。

"溜子"，是松花湖畔的满族猎人安全往返于长白山密林中的另一种通道。鸟有

鸟道,兽有兽道。任何野生动物都会遵循自己的行动路线寻找食物,绝对不会任意涉足陌生的地方,特别是大型动物的行动路线更加固定,就如同人类行走的道路。因而,长白山猎人可以根据野兽的踪迹寻找猎道,这种猎道俗称为"溜子"。猎人在森林中沿着鸟道或者兽道,在大树的显要部位砍掉树皮,露出的白茬,留下路标。众多的路标连接起来,就指明了猎道。

10. 松水捕鱼

　　松花湖中的捕鱼技艺是我国丰富而宝贵的非物质文化遗产内容之一。

　　松花湖盛产鱼鲜，有"三花一岛"、"七负"、"十八子"，"七十二杂鱼"等一百几十种。其中三花一岛（鳌花、鳊花、鲅花和岛子鱼）是清朝由吉林打牲乌拉总管衙门必须上供皇家的贡品。

　　由松花江畔的满族传袭下来的捕鱼方式，至今仍在松花湖区实践着。参观松花湖捕鱼是件十分有趣的活动。就连康熙皇帝东巡吉林时，都曾亲临松花江和群臣一起观看吉林打牲乌拉总管衙门的牲丁在江中如何捕鱼。康熙参观完毕还不尽兴，又命令在江边野炊，将捕捞到的鲜鱼现场烹制，君臣共同品尝。为此还当场赋诗一首：《松花江网鱼最多颁赐从臣》：

松花江水深千尺，扳柁移舟网亲掷。

溜洄水急浪花翻，一手提网任所适。

须臾收处激颓波，两岸奔趋人络绎。

小鱼沈网大鱼跃，紫鬣银鳞万千百。

更有巨尾压船头，载以牛车输欲折。

水寒冰结味益佳，远笑江南夸鲂鲫。

遍令颁赐扈从臣，幕下然薪递烹炙。

天下才俊散四方，网罗咸使登岩廊。

尔等触物思比讬，捕鱼勿谓情之常。

张网挂鱼：是最常见的捕鱼方式。即用编织成不同网眼尺寸的渔网，下在不同水深的湖中，任凭在湖中游动的鱼儿自行撞到网上。小眼网，可以捕捉半根筷子长的青鳞子、黄鲇子等小型鱼。中眼网可以捕捉鲫鱼、二三斤重的鲤鱼、草鱼，白鲢鱼等。大眼网一般下到深水中，用来捕捉十多斤以上的鲤鱼、花鲢、草根，青根等较大的鱼。

夏季到来，湖区的居民到湖边洗澡时顺手带着两张渔网，在没腰深的水中把渔网撒进去，等洗完澡后再把网起出来，就会看到网上少则挂着几斤，多则网着一洗脸盆的青鳞子或者黄鲴子活鱼，足够你做下酒菜了。如果你能在松花湖湾露宿，租

一张渔网，涉水下到湖滩上，用不了多久，你就会享受到张网捕鱼的快乐。如果你自带锅灶，用湖水在湖畔用干浪柴炖湖鱼，那简直就是神仙般的享受了。当然，最享受的还是整个捕鱼的过程。

旋网打鱼：是全国各地常见的捕鱼方式，也是松花湖区一中常见的捕鱼方法。用植物麻纤维制成的旋网要先用猪血浸透，然后才能使用。有经验的渔民站到岸边，将旋网收在双手中，看住水中某处，身子一扭，随即将手中旋网很潇洒地甩出，立刻，脱手的旋网形成了一朵圆圆的大网花，唰地一声，准确地落在指定的水域。旋网的网脚镶满沉重的铅坠，入水后迅速落入水底。还没有来

得及躲避的鱼儿立刻被笼罩进网中。

旋网捕鱼，是一种舞蹈似的动作，舞姿张扬而优美。站在山野水旷的湖边看旋网捕鱼，简直是一种艺术享受。

拖网拉鱼：是一种集体捕鱼的方式。长长的拖网撒入水中后，网纲由两只渔船牵引着向前兜去，直至两头分别登陆岸边，由两头的人齐心合力将拖网拖向湖滩。当网兜要靠近岸边时，才发现被拖网圈住的鱼儿开始拼命上蹿下跳，想逃离罗网。那景象十分壮观。

拖网拉鱼虽然动用人力多，但往往收获大，一网就是几千斤或者上万斤。而且拖网拉鱼能拉出大鳡条鱼和巨大的松花江鲟鳇鱼。

康熙皇帝当年东巡吉林时所参观的松花江捕鱼，就是大拉网集体拉鱼，所以才能不仅有"小鱼沈网大鱼跃，紫鬣银鳞万千百"的多鱼现象，而且还有"更有巨尾压船头，载以牛车输欲折"的大鱼。

撅达杆钓鱼：是松花湖区最原始最省事的一种捕鱼方式。它不需要现代先进的设备和科技含量高的手段，只需在春汛到来后，砍几根架豆角用的树枝架条，在顶端用线绳拴上一把鱼钩，在鱼钩上勾上蚯蚓、蚂蚱、小鱼或者苞米粒做鱼饵，然后把这些架条在湖畔近水处隔不远斜插上一根，让鱼钩沉入水中一定的深度，你就可以

放心地回家睡觉了。待到第二天天亮，你只需沿着湖岸检查一遍，就可以看到许多鱼钩上已经钓到了长长的大鲇鱼、黑黑的狗鱼、牛尾巴和黄嘎牙鱼。碰巧了也许还会有松花湖大鲤鱼上钩呢！它的名字是从钓鱼时的形态得来的。斜插进湖畔的树条子，被咬钩的鱼儿拽得一撅达一撅达的弹动，所以，渔民就把这种粗俗的渔竿叫撅达杆。

你若在湖畔露宿，不妨在林中砍几根树条子，制成撅达杆斜插入湖中，看能不能钓上几条鱼来！

毛钩捞鱼：是松花湖区渔民专钓红尾鱼和岛子鱼的一种特有方式。苞米吐红缨、苕条开花时节，正是松花湖中的岛子鱼（松江白鱼）和红尾鱼咬汛（产）的时节。渔民在长约百米的纲绳上，每隔一米左右拴上一把钩背上绑有鹅毛的渔钩。这串长达百米的拴着近百把带毛的渔钩一旦放入水中，渔船就要拖着渔钩纲绳在湖中不断划出S形状，这样能使所有带毛的渔钩在水中舒展开并运动着。由于毛钩被纲绳牵引着不断变化方向前进，水流将毛钩冲击得舞姿翩翩，就像水中落进了一只只飞蛾。于是，正在水面咬汛的红尾鱼和岛子鱼会立刻追踪上

来，把毛钩误作飞蛾吞咬下去，结果，几乎一个毛钩就会钓住一条鱼。每有一个鱼儿咬钩时，坐在船尾用手拽着纲绳的捞钩者就会觉得一拖一拖的，收钩时，一串串长有一尺左右的鱼儿就被慢慢拖进船舱。那种收获心情，简直美极了。

红尾鱼名拟赤梢鱼，属鲤形目、鲤科、雅罗鱼亚科、拟赤梢鱼属，俗称红尾巴梢，背部灰绿色，体侧银白色，腹部白色。背鳍和尾鳍的上叶灰绿色，腹鳍、臀鳍和尾鳍的下叶鲜红色，十分好看。

岛子鱼又名松江白鱼，学名翘嘴鲌，属清代松花江渔民向朝廷进贡的"三花一岛"之一。自古松花江上渔民即以江水煮白鱼款待贵客。

竹崩子崩鱼：是松花江畔的渔民所创造的原始捕鱼方式之一。

渔民根据钓钩钩鱼的原理，用扫地竹扫帚的竹根部，用刀破成竹条，用水泡软，煨成U形，两头插进莛草裤中，就做成了鱼崩子。莛草是一种外表十分粗糙的骨节草。中间空心，十分有韧性。将两头的骨节剪掉，剩下中间就是一个中空的莛草裤。莛草裤要染上红色或者黄色。在水中要鲜艳，鱼儿老远就能看到，游过来张开嘴巴一咬，莛草裤被咬掉，竹崩子立刻弹开，将鱼嘴撑开，使其合拢不上，鱼就被崩住了。

汛期叉鱼：是松花江畔的渔民最原始的捕鱼方式之一，也是捕捉鳇条鱼、鲟鳇鱼最有效的手段。叉鱼需要技巧，即能在瞬间将手中的鱼叉投出，准确地插进大鱼身上。鱼叉的铁股上带有倒须刺，一旦扎进鱼身，就休想抖掉。几百斤上千斤的鲟鳇鱼一旦被渔民的鱼叉掷中，就会负疼带着鱼叉拼命逃窜。鱼叉上拴着柔细结实的叉绳，鱼儿逃到哪里，叉绳就会把渔民乘坐的渔船拖往哪里，直到它筋疲力尽，才会被渔民弄到船上或岸上。

松花湖区最有意思的叉鱼是在春天鱼汛期到来时。那时湖水不断上涨，湖中的鲤鱼、鲫鱼、鲶鱼、黑鱼等都开始顶着水往各个山岔湖湾的湖岸边游，寻找食物，产卵。这时的鱼儿好像不怕人，身体扁平的鲫鱼和鲤鱼还会放扁身子往岸边窜。此时，湖区的男女老少几乎都会倾巢出动，带着鱼叉和手电筒到湖边叉鱼。手电光柱中，只要看见鱼儿出现在浅水中，你手中的鱼叉对准了一叉，保证就能叉住鱼儿。除非你的手劲和准头太糟糕，否则，即使用铁锹砍，都会大有收获的。

沉钩钓鳇条：是松花湖捕鱼的一种奇观。上世纪六七十年代平静的湖中心区，你有时会看到一颗颗用绳网套住的葫芦漂浮在水面上，有赤橙黄绿青蓝紫多种颜色。这是渔民区别葫芦是谁家的标识颜色。

松花湖中的鳇条鱼个体很大，一般都在几十斤到百八十斤，足有一米多长，一般的鱼钩和渔网都捕捉不住它。所以，渔民就创造了用葫芦吊沉钩的方式，在深水区捕捉鳇条鱼。钓鳇条鱼的鱼钩是特制的大号鱼钩，上边勾上活鱼做诱饵。鱼钩上是非常结实的纲绳，上端直接拴在葫芦网上。漂浮在湖面的葫芦可以随波逐流地

在湖心飘荡。鳡条鱼一旦吞咽了鱼饵，就会连同渔钩吞进腹中，然后拖着水面的葫芦到处游荡，所以，渔民又把这种吊着沉钩的葫芦形象地称之为"跑帽子"。渔民一旦发现自己下在湖中"跑帽子"没了，就要划着船四处寻找，一旦找到自己的"跑帽子"，只要顺着葫芦下的纲绳顺藤摸瓜，就会把已经累得精疲力竭的大鳡条鱼收进舱中，然后继续在沉钩上安放上诱饵，继续把沉钩下在理想的湖区，等待下一条大鳡条鱼上钩。

捕捉鲟鳇鱼： 是松花江上最壮观的捕鱼活动。鲟鳇鱼个体庞大，肉味鲜美，一般有丈余长，几百斤甚至上千斤重。鲟鳇鱼经济价值很高，1998年，鲟鱼肉在国际上售

价为60美元/公斤、鱼籽300美元/公斤、鱼籽酱高达700美元/公斤。鲟鱼皮是制作高档皮革制品的好原料，抗撕裂性、耐磨性、柔韧性可与鳄鱼皮媲美。

史书记载，清廷在吉林打牲乌拉总管衙门设捕鱼八旗，有700多人专门捞捕鲟鳇鱼。打牲衙门特别在吉林市松花江畔修了打鱼楼，建立了鳇鱼圈，称为"龙泉渚"，设专人负责鲟鳇鱼的蓄养和看管。鳇鱼圈是一个由黄土迭筑的近似月牙形的土堤围塘。土堤高3.5米，南北长约150米，东西宽约100米，塘中可蓄水约1.5万立方米。清政府每年都下达任务，规定过丈的鲟鳇鱼要几条，其它大小的鱼要多少。如果完不成，总管要被罚款，甚至撤职。据传，乾隆皇帝曾因吉林打牲乌拉衙门总管索柱上贡的鲟鳇鱼不够尺寸，就将其革职降为翼领，还罚其俸禄3年，以示惩戒。

鲟鳇鱼——素有水中"活化石"之称，是鲟鱼和达氏鳇两种鱼类的总称，人们常

将两者相提并论,称鲟鳇鱼。成年鱼的体重可达1000公斤,是我国淡水鱼类中体重最大的鱼类。鲟鳇鱼起源于亿万年前的白垩纪时期,曾与恐龙在地球上共同生活。由于其原始古朴的外形2亿年来几乎没有改变,因而具有"水中熊猫"的美称。1998年,联合国《华盛顿公约》将鲟鳇鱼认定为濒危物种。

鲟鱼类为古老鱼类,起源于一亿三千万年前,世界现存约28种,我国有8种,其中具有经济意义和现实捕捞价值的仅为黑龙江的施氏鲟和达氏鳇。

施氏鲟,地方名七粒浮子、鲟鱼,曾用名黑龙江鲟鱼。体长无鳞,体色背部棕灰或褐色、腹部银白。栖息生活在河道水体底层,以水生昆虫幼虫、底栖生物及小型鱼类为食。产卵期在5—6月。寿命很长,已发现40龄以上的个体;性成熟晚,一般雌性为9—10年,雄性为7—8年。松花江、黑龙江、乌苏里江均有分布。

鳇鱼,曾用名达氏鳇,个体甚大,为淡水中最大型的鱼类之一,大的个体长达4米,重500公斤,最大的重达1000公斤。终生在淡水中生活,在江水中不作远距离洄游,系底栖鱼类。历年5—6月是其产卵繁殖活动的主要季节,为肉食性凶猛鱼类,寿命很长,能活50年以上,性成熟最小年龄雌性为16—17龄,雄性为12龄以上。

每年春季开江时节,清代吉林打牲乌拉总管衙门的捕鱼牲丁乘船齐集打鱼楼,在隆重地举行完杀猪宰羊祭江仪式后,才开始下江捕鱼。各捕鱼队牲丁沿松花江分头捕捞,吃住都在船上。他们用大拉网捕捞,往往十几天才能捕到一条大鱼。一般大鱼可达300至400多斤。捕到鲟鳇鱼后,无论昼夜,都要立即运往特设的鳇鱼圈喂养。待冬季到来时,把鳇鱼从圈中取出,吊在木杆上,挂冰挦直冻好后,再用黄绫裹上,装上桃木车,插上贡字旗,由官兵押运到京城。松原文化网上这幅图,便形象地描述了清朝吉林打牲乌拉总管衙门往北京进贡鲟鳇鱼的情景。

清朝皇帝对鲟鳇鱼情有独钟,相传几代皇子登基都要踩鲟鳇鱼头。曾陪康熙皇帝东巡的比利时传教士南怀仁,在《鞑靼旅行记》中写道:"乌拉(泛指吉林市)盛产鲟鳇鱼，皇帝乌拉之行是为了钓这种鱼，可不巧的是昼夜连下大雨，皇帝没办法活动……"

乾隆东巡吉林时，参观了吉林打牲乌拉总管衙门的牲丁在松花江上捕捞鲟鳇鱼的活动，并写下了《松花江捕鱼》诗：

松江网鱼亦可观，潭情潦尽澄秋烟。

虞人技痒欲效悃，我亦因之一放船。

施罟溅溅旋近岸，清波可数鲦鲈鲢。

就中鳣鳇称最大，度以寻丈长鬐轩。

波里颓如玉山倒，掷叉百中诚何难。

钩牵绳曳乃就陆，椎牛十五一当焉。

举网邪许集众力，银刀雪戟飞缤翻。

计功受赐即命罢，方虑当秋江水寒。

乾隆此诗极尽对鲟鳇鱼之形、之巨、之态、之势的描述，让人如临其境。可见在松花江中捕捞鲟鳇鱼是何等艰辛！

据报道，2010年10月，吉林市渔民在松花湖捕获了一条鲟鳇鱼，身长1.5米，重20公斤，鱼龄在20年左右。后来，此鱼被市文化局购得并送北京制成标本，现供展在吉林市满族风情博物馆中。

黑龙江和乌苏里江，现在仍然生存着这种庞大的鱼类。

2010年9月5日，黑龙江省伊春市嘉荫县乌云镇胜利村杨氏兄弟，在黑龙江打鱼时，捕捉到一条500多斤的大鳇鱼，这条鳇鱼长约3米。

2011年10月28日，黑龙江省孙吴县沿江乡渔民在黑龙江捕鱼作业时，意外捕捞到一条长250厘米，重达207公斤的鲟鳇鱼。沿江边防派出所民警在协助渔民把鲟鳇鱼妥善安置在岸边深水区后，与鲟鳇鱼养殖基地取得联系，拟将这条具有繁殖能力的雌性鲟鳇鱼运往养殖基地予以保护。

2011年11月14日，虎林市虎头镇渔民在乌苏里江捕鱼时，意外地捕获了一条225公斤重的鲟鳇鱼。被捕的雌性鲟

鳇鱼外表无伤,生命体征正常。当日,被抚远县鲟鳇鱼养殖繁育基地,以17万元价格购买下来,用以繁衍后代……(此图为网载:黑龙江中捕到的鲟鳇鱼)

凿冰捕鱼:是松花江畔的满族自古传下来的冬季捕鱼方式。

冬季,滔滔的松花江完全被冰层盖住了。艋艍(满族的独木舟)已经靠岸,踩着江涛捕鱼已经根本不可能了。但是,这难不倒靠渔猎为生的满族渔人。他们带上冰镩,木锹,串网杆和渔网来到松花江的冰面上,看好地形后,就开始用冰镩在江冰上凿冰窟窿。冰镩是一种特制的破冰工具,是铁匠锻造的四棱铁锥,锥锋十分尖利。铁锥上端有个小碗口粗的铁裤,安装在一根碗口粗的木杆上。木杆高约一米多,在齐腰高的地方凿几个横穿木杆的鸡蛋粗的孔洞,在洞中横穿一根木棍,用作把手。渔人只需双手握紧冰镩木杆上的横木,即可像打夯一样举起冰镩用力凿冰。冰镩重且锋利,咔咔几下子,就会将江冰凿开一个半米方圆的冰洞,一洞凿好又凿下一个洞。洞中的碎冰和积雪由助手用木锹舀出来,堆在冰窟窿旁边,就成了冰下下网的记号。如果冰层不断加厚,渔民就会将冰镩木桩上的横杆换到上边的木孔中。渔人根据渔网的长短,来决定在冰上凿几个冰洞。冰洞凿完后,渔人将后端拴好绳索的串网杆子,自冰洞口顺着下个冰洞的方向捅入水中,用树杈做成的木钩将串网杆拨正,然后再捅向下一个冰洞。等最后一个冰洞凿好,就从最后的冰窟窿中抽出串网杆子,后端的串网绳就会把渔网从第一个冰窟窿中一直拖到最后一个冰窟窿之间的水下。这样,渔网就下好了。第二天,渔人重新用冰镩凿开再次封冻的第一个和最后一个冰窟窿,把串网绳拴到渔网的一端,就可以从另一端的冰窟窿里起网了。当渔网从冰窟窿中拽出来时,就会看到一条条大大小小的鱼儿挂在网上。将挂在网

松花湖冬捕

上的鱼儿摘下后,再从另一端将串网绳拽起来,渔网就会再次被拖入冰窟窿,下在江中。此后,天天都可以如此起网、下网。除非这地方不利于鱼儿挂网,否则,整个冬季,这下网的地方是不会随便挪动的。

冬季捕鱼是件非常有意思的事儿。大人下江时,扛起冰镩一走,孩子们就会呼朋引伴地拉起小爬犁,献殷勤地把大人的工具抢过来装在爬犁上,领着自家的猎狗,跟在大人身后乐颠颠地来到风雪呼啸的江面上,充当大人的工作助手和热情观众。每当大人从网上摘下鱼时,孩子们都要欢呼着把鱼儿接过来,摆到冰面上的白雪中,任鱼儿冻僵伸直后,再装进筐中。整个捕鱼过程中人欢狗叫,十分热闹。大人忙活儿的时候,也正是孩子们带着猎狗在江面上疯跑疯玩的时候。

如今古老的满族冰上捕鱼的传统已经被后人继承了下来。每到冬季,五六百平方公里封冻的湖面上,到处都可以发现成串的冰窟窿。不过,喜欢现代科技的渔民再也不用串网杆子串网了,而是采用遥控的水下牵引快艇来牵引串网线。这种水下牵引快艇只有半尺长短,内装电池,上面有红色的警灯。只要渔民在冰上按照自定的方向按动遥控器的方向按钮,牵引快艇就会从冰窟窿中钻入冰下,闪烁着红灯,向着主人要求的方向前进,到达目的地后,渔民只需在附近凿开一个半米方圆的冰窟窿,快艇就会按照指挥从冰窟窿中钻出水面。如此,一长串渔网就会完全下到湖中,再也不用费力地每隔十米八米就打一眼冰窟窿了。

观看原始的冰上捕鱼,是游客的一大爱好,也是松花湖冬季旅游活动之一。现在,每到冬季,松花湖上渔民传统的冬季捕鱼方式,总会招来一批批旅游者前往参观。然后还要买上几条冬捕上来的鲜鱼,到住处让饭店厨师做来尝鲜。

程英铁摄

11. 白山木帮

看到松花湖畔的茫茫林海，人们会不由得想起神秘的"关东木帮"。木帮，是松花湖畔长白山中特有的行业名字，即伐木的行会、行帮。

松花江木帮最早产生在六百年前明朝在吉林市设船厂时。因造船需要大批木材，因而木帮可能应运而生。时隔120多年后的清顺治十三年（1656），顺治皇帝派遣宁古塔将军沙尔虎达率兵进驻吉林，在温德河口至临江门一带建立大清船厂，并组建吉林水师。因需要大量的造船木材，吉林"木帮"再次应运而生。康熙十年（1671），安珠瑚奉命率军进驻吉林船营建造吉林乌拉城。所建房屋多是原木搭建，城墙也是竖立松木围栅而成，甚至许多街道都用原木铺垫，故吉林乌

拉又名"木寨水都"，因而，连年所需木材更巨。其后，吉林水师及吉林打牲乌拉总管衙门以及之后的黑龙江水师所用舰船，均由吉林船厂建造，因而所需木材数量极多。由此推断，当时吉林的"木帮"势力必定盛于历史上的明朝。因而，自从清朝创建吉林乌拉城后，整个松花湖区

就成为众多的木帮的聚集地。

旧时代的木帮过着群居的行帮生活，大多数木帮伙计是关内的流民。每个木帮有一个伐木经验丰富的"把头"，俗称"老木把"。木帮把头具有绝对权威。加入木帮的伙计，必须听从木帮把头的领导，否则必将被驱逐下山。因为不听把头的话，很可能破坏木帮的组织纪律和信仰，会给生产和生活带来不安全因素。

木帮集体居住在用原木垒筑的霸王圈和马架了房中，房中央是地炉子，上面倒扣一口大铁锅，里面不断地烧着大木柈了，以抗御山中零下三十四度的酷寒。地炉子两边是用板石砌起的两铺大炕，供木帮休息睡眠用。旧时代木帮的伐木工具主要是开山斧和大肚子锯。

木帮进山后，搭完窝棚安好灶的第一项工作是开山祭山。开山是木帮中最隆重的祭奠仪式。开山时要选择在一棵将要伐倒的大树前，用石头搭起祭台，放上黑猪头、大公鸡，由木帮把头点上三炷黄香，带领木帮伙计跪在祭台前，集体向山神发誓同心同德，并祈祷山神保佑木帮平安上山、平安下山。发完誓即将公鸡杀掉，把鸡血滴到烧酒中，然后从木帮把头起一人一口喝完鸡血酒，有歃血为盟的意思。

由于运输条件差，采伐工具落后，工作条件艰苦，危险性大，世代的伐木工用生命和鲜血总结出一整套的生产程序和必须遵循的规矩，被后人称之为"木帮密码"。

挂号：砍伐的树木，必须由木帮把头预先看好，并用斧头砍掉树皮，作为采伐的标记，此为"挂号"。采伐工只能采伐把头挂好号的树木，不得随便砍伐。

吊向：伐木者在采伐前，必须首先像木匠"吊线"一样，看好被采伐树木倒下的方向是否便于运输，这叫"吊向"，或"看向口"。吊向的窍门是"大树看干，小树看冠"，即大树要看树干向那个方向倾斜，小树要看树冠哪个方位长得偏大。否则，伐倒的树木可能因地势不好而无法运出。

打吊死鬼："吊死鬼"是木帮行话，专指树木上的枯干树枝。被采伐的树木上常常有干枯的树枝吊挂着，伐木前必须先用力敲打树干，以便将干枯的树枝震落下来。否则，干树枝会因受震动而突然坠落打伤伐木者。有的干树枝突然掉落，重量加

速度,会像利箭一样轻易扎穿伐木者的头颅、肩膀或者脊背。你若不首先把树冠上的吊死鬼震掉,负责安全的老把头会骂死你的。以上是采伐前必做的三道工序。

开门:采伐时伐木工要首先根据树木的粗细,用开山斧在树根部砍开一个钝角的碴口,叫"开门"。开门的方向,就是树木倒下的方向。开山大斧一抡,巴掌大的木碴片纷飞,碴口砍得整齐,是采伐工必备的技艺。开好门,就要用二人大肚子锯伐树。等锯口接近"开门"碴口时,树木开始向开门的碴口方向倾斜,并发出咔咔地声音,这叫"叫喳"。

喊山:伐木者听到树木叫喳的声音时要立即"喊山",即大声清晰地呼喊出树木要倒下的方向,以便让附近的木帮伙计提前躲避。树木向山头方向倒去时,要喊"迎山倒"。顺着山势向山下倒时,要喊"顺山倒",这是木帮最提倡的方式。因为便于运输。另外,顺山倒象征着吉利。所以开山祭山时,每个木帮都要先伐一棵顺山倒的树木,以便开个好头。如果树木横着山坡倒下时,要喊"横山倒"。横山倒的树木难以运输,另外"横"与不吉利、不顺当有关,所以木帮很忌讳这种方式。一旦听到"横山倒"的喊山声,老把头会第一时间赶到现场。

防踢:树木倒地时,由于反作用力,树干根部常常要猛然蹦跳起来。尤其是横山倒的树木,常常会出现树根部横扫一片的险象。这时,缺少伐木经验的人如果在树木倒下时仍然站立在树根附近,很可能被骤然蹦起的树干踢死、踢伤,或者拦腰横扫出去。所以,有经验的伐木者必须在树木倒下前躲开树根部,以防被踢。

坐殿:伐木者最讨厌、最恐惧的是树木"坐殿"。坐殿,即已经伐透的树干不但没有按照提前吊好的向口倒下,而是巍巍然地稳稳站立着,把锯条死死地压在底下。

这时，如果伐木者焦急地向旁边走动，想看看树木为何不倒，那么，树木可能会立刻以排山倒海之势、雷霆万钧之力向人走动的方向倒下来，几吨甚至十几吨的重量以加速度向着走动的人倒下去，砸下去，想躲都躲不及……因为树干越粗，树冠越大，树木本身的重量也越大。一棵直径50厘米的树木，树冠差不多就有半个篮球场大，倒下时遮天蔽日，砸地时山摇地动，伐木者根本没有机会逃生。树木为什么会向人走动的方向倒下？因为人走动带动了空气流动，从而让树冠失去了平衡。木帮把头说，坐殿的树木处于静态的平衡中，只要有一丝儿风的作用，树冠就会顺风倾斜。

只要树冠倾斜，树干就会瞬间倒下。所以，有经验的伐木者一旦遇到树木"坐殿"，首先，是通过喊山的形式通知木帮把头和周围的伐木工，自己伐的树木"坐殿"了，"切勿接近"！另一方面要立即采取措施，造成空气流动，比如向树木应该倒下的向口

扔帽子、衣服；或者在"开门"相反的锯口处拼力打进树楔子以破坏重心平衡。这是现代气象学中的"蝴蝶效应"——科学家说一只南美亚马逊河流域中的蝴蝶偶尔扇动几下翅膀，可以两周以后引起美国德克萨斯州的一场龙卷风。

如果扔帽子、衣服的方法都不行，你就只好坐在树下耐心等待来风。只有林中风来了，树干才会倒下。常有伐木工为等待来风要在"坐殿"的树下等上半天或者一天。所以，伐木工常要揣上两个大饼子，以防树木坐殿。

归楞：木帮把采伐下来的木材按照材种和直径、长短的规格截断，最后归置到一起，为之归楞。归楞是一种既要力气又要技巧的重体力活。靠腰杆子硬，肩膀子有千把斤的力气，能用专门的"小杠"抬得动大木头的木帮伙计叫"杠力"。通常一根重约五六百斤的木材，只需两个"杠力"用掐钩吊起来，就可以拖走；千八百斤的木材，只需四人就可轻松愉快地抬走。如果超过两千斤的木材，则需要六个杠力，再重就需要八个人抬了。归楞时，杠力之间要绝对合手、合拍。合手即心灵默契，合拍则是步调一致。木材要归楞时，由"杠头"唱号子，其他人齐声相和，每一步都要踩到号子的点子上。这样搬运起来才会感到不累。归楞时有着极其特别的规矩。即遇到抬不动的木头人员不加反而减少。如果一根原木八个人抬不动，那么，杠头一声令下，就要"退八上六"。此时，力气稍逊的要自动退出，留下六个人，一声号子出口，木材呼地抬起，然后口中喊着号子，一步一点地将木材归到楞上。那场景，任何看到的人都会紧张得大气不敢喘。

归楞的杠力不准恃强凌弱。木帮中有个久传不衰的故事，说有个闯关东的山东人初进杠力帮，由于不懂规矩，在挺腰的刹那间被右杠抢先突然发力，将左杠的他别了个跟头，腰杆子突然扭得不敢动弹了。老婆问明了情由，第二天即结扎停当来到楞场要替丈夫顶班归楞，而且要求原杠八人不能调换。杠头明白这女人是为丈夫讨公道来了，无论如何都劝不住她。伙计们暗想这女人来者不善，但没想到她竟然开肩就抬最大的一根原

木,而且在千斤重量加身的挺腰起身的刹那居然毫不费力。令他们更加吃惊的是,这女人抬着如此重的原木上跳板,竟是腿不哆嗦腰不软。更未料上到多半个跳板的关键时刻,女人忽然说"停!我的鞋掉了,大家等我提上鞋。"说着居然单腿踩在跳板上支撑着千斤重量,而另一只腿竟然弯起来配合着她的手去提鞋。这一停,把其他七名男伙计压得青筋暴露,汗流如雨。大家死挺着把木材抬上跳板后,杠头带头给这女人跪下发誓,这个木帮里如再出现恃强凌弱的事儿,他杠头带头跳下松花江!

帮规:木帮的规矩很多,但规矩的中心是安全、义气。譬如木帮伙计不能坐树碴子即采伐过后的树根。山中潮湿,休息时千万不能坐树碴子。因为树碴子是山神爷的饭桌子。而山神爷是木帮的安全保护神。坐了树碴子,就是不尊敬山神爷!再如山中过客无论土匪、挖参人、猎人路过窝棚时可以随便进入休息、做饭吃,但不准把东西带走,而且走时要在窝棚门口上方挂"树荚子",即树枝,表示"有客来访,谢谢!"木帮的伙食被吃,不得吝啬,不高兴。还有,木帮中不得收留女人;木帮伙计不得单身外出;不得随便在山中杀生,哪怕是一条爬进窝棚的蛇;有酒大家喝,有肉大家吃,不准吃独食;爬进饭碗的蚂蚁要用筷子轻轻挑出……

放爬犁:放爬犁,是由爬犁把木帮砍伐倒的原木,装载在爬犁上,顺着山势运到山下,然后沿着冬季冰封的松花江雪道,直接运往吉林市的原始的生产活动。

在山上放爬犁是比伐木更危险的木帮活儿。一架爬犁只能装载一根粗大的原木。而且爬犁伙子装爬犁时只能一人装,除非木材太过粗大,他才会喊附近的爬犁伙子过来帮忙。装载时,他需要先把爬犁朝着原木倾斜过来,然后用撬棍伸进原木底下,一点点翘起来。撬动一点,用腿顶住,然后再撬动,再用腿顶住。常常把一根粗大的原木装上爬犁,会把爬犁伙子累瘫在雪地上。

把爬犁放下山坡,则是最危险的生产活动。爬犁伙子常常要右手死死挽住牛头上的缰绳扣子,瞪大眼睛牵引着老牛往平坦的树空里走。一旦来到陡坡前,老牛立刻挺起脖颈,瞪大牛眼选择道路,鼻孔中大声喷着牛气,后边的巨大木材催动爬犁,重量加速度,忽地一声冲下山坡。倘若爬犁伙子失足滑倒,老牛会一挺脖颈将人拽起来,如此才会避免爬犁伙子被重载爬犁碾压死的惨剧发生。这就是人为什么要死死挽住缰绳扣子的原因。

爬犁放坡时,只见一片雪雾腾起,瞬间爬犁就到了坡下。端的是危险异常!如果坡下传来砰、咔之声,或者老牛悲惨的哞叫声,那就说明爬犁撞树或者撞在石头上了。多半是人和牛都遭难了!

12. 关东响马

松花湖畔山高林密,物产富饶,因而强盗多生,土匪如毛,关内人称之为"关东响马"。著名作家王宗汉先生,即曾以松花湖区的绿林豪杰以国家为重,团结奋战抗击日寇的事迹,创作出电影《关东响马》。传说,古代劫持客商的绿林好汉都在马脖子上拴上串铃儿,大老远就会听到马铃儿响,声势吓人,所以称之为"响马"。民间则把强盗称为土匪。西北则称之为"刀客"。在松花湖区的山林中,这些打家劫舍的人被称为"胡子"。

胡子:关东的绿林道为什么叫"胡子"呢? 民间有很多种解释。最流行的几种解释是"胡子"之称,源于五代十国及宋代,当时汉人称北方少数民族为夷族,民间称"胡儿"。夷族是马背上的民族,他们依靠来去如风的骑马优势,常常成群结队呼啸南下,越界掳掠,后来便被民间沿袭称强盗为"胡子"。也有说关内的强盗抢劫时戴面具挂红胡须以遮耳目,此为"红胡子"。还有的东北人说,过去的俄国人常留长发和大胡子,因而东北人称他们为"老毛子"。"老毛子"经常越过边界烧杀抢掠,因此,东北的土匪也就跟着沾了胡子的光,被称为"胡子"。更多的人说,最早在山林中从事抢劫的匪徒害怕被人识破真面目,往往在脸上粘上长长的胡须作伪装,所以被劫的人,认不出劫道者的面目,只记住了那长长的胡子,因而"胡子"就成了关东土匪的代名词。

绺子: 关内的匪帮多叫"杆子",而关东匪帮则叫"绺子",其来意无从查考,但所指是匪伙无疑。

义气: 盗亦有道。关东响马有大绺子和小绺子之分。大绺子占山为王,有老营盘,人多势大。小绺子三五人或者十几二十几人一伙。但无论绺子大小,他们崇拜供奉的偶像都是关公关二爷。原因有二:一是关公武艺超群,能过五关斩六将。二是关公义气千秋,为保义嫂千里走单骑。所以,响马的信仰中贯彻始终的是一个"义"字。

山规: 旧社会松花湖畔的关东响马绺子虽然很多,但无论大小绺子都有自己的山规,这些山规中有十条基本一致:第一,不抢婚车丧车。第二,不抢邮差。第三,不抢摆渡。第四,不抢行医者。第五,不抢赌博的。第六,不抢挑八股绳的,即货郎。第七,不抢车店。第八,不抢僧侣、道人。第九,不抢鳏寡孤独。第十,不抢单身夜行人。

有的绺子还要多几条帮规,譬如,"兔子不吃窝边草",即不抢邻居。"老虎不吃回头食",即路过或者抢掠过的村屯不能再抢。"爱花不采花",即不抢、不糟害女人。

关东响马无论以松花江为活动路线还是以长白山为根据地,都是各有各的地盘。一般都遵循"井水不犯河水"的规矩,但为了抢地盘或者报仇雪恨,常常有火并行为发生。

老营: 老营即山寨,根据地。所有拉绺子的土匪,都要首先寻找一个安全可靠的地方做根据地,在此压窝棚,做山寨,叫"扎老营"。松花湖畔的山林中过去曾有过许多土匪的老营。这些老营远离都市村镇,地处偏远的深山密林中,一般建筑在易守难攻的山头上。譬如杨木顶子山、老爷岭、康大蜡山、肇大鸡山上都曾有过土匪的老营。

名号： 关东响马都有自己的名号。这些名号各有千秋。有的是为了吉祥如意，譬如名号是"老青山"、"老顺当"、"双胜"；有的是表示信仰，如"三江好"、"过江龙"；有的是表示特点，如"双镖"、"小白龙"、"秀才"；有的则表示地盘，如"白山虎"、"松江会"，"杨木张"等。

松花湖区过去响马众多，据不完全统计，大约有十几个绺子。他们绝大多数是关内流浪来的流民，有的是无家可归的流浪汉，有的是官逼民反的罪人，有的是为报仇雪恨找靠山，只有个别的人是游手好闲之徒。响马绺子在日本鬼子占领吉林时，绝大多数都枪口对外，报号抗日义勇军，坚决打击日寇，许多绺子成为抗日联军的生力军。至今，康大蜡、老爷岭，肇大鸡等高山密林中，还有关东响马和抗日联军驻扎的密营。

黑话： 关东响马专门有自己的"江湖切口"即黑话、暗语。响马之间进行联络时要说黑话并配以相关的动作。如果不懂这些江湖切口，就会被当成"空子"（不是同行），而不是"溜子"（同伙）。譬如《智取威虎山》中杨子荣和坐山雕以及八大金刚的暗语对话即十分有趣：

土匪：蘑菇，溜哪路？什么价？（什么人？到哪里去？）

杨子荣：哈！想啥来啥，想吃奶来了妈妈，想娘家的人，孩子他舅舅来了。（找同行）

土匪：天王盖地虎！（你好大的胆！敢来气你的祖宗？）

杨子荣：宝塔镇河妖！（要是那样，叫我从山上摔死，掉河里淹死。）

土匪：野鸡闷头钻，哪能上天王山！（你不是正牌的。）

杨子荣：地上有的是米，鸣呀有根底！（老子是正牌的，老牌的。）

土匪：拜见过阿妈啦？（你从小拜谁为师？）

杨子荣：他房上没瓦，非否非，否非否！（不到正堂不能说。）

土匪：嘛哈嘛哈？（以前独干吗？）

杨子荣：正晌午时说话，谁还没有家？（许大马棒山上。）

土匪：好叭哒！（内行，是把老手。）

杨子荣：天下大奔拉！（不吹牛，闯过大码头。）

坐山雕：脸红什么？杨子荣：精神焕发！

坐山雕：怎么又黄了？

杨子荣：防冷涂的蜡！

坐山雕：晒哒晒哒。（谁指点你来的？）

杨子荣：一座玲珑塔，面向青寨背靠沙！（是个道人。）

当然这些江湖黑话都是艺术化了的。松花湖畔的许多江湖话至今仍在流传，比如：

"老底子"指母亲。"老根子"指父亲。"并肩子"指弟兄们。"放仰"是睡觉。"招子"是眼睛。"黄鱼"是金条。"卷帘子"是失败。"飘洋子"是饺子。"摆河子"是鱼。"大菜"是肉。"青苗子"是菜。"凤凰"是鸡。"缩头"指乌龟。"全家福"是大吃一顿。"搬火三子"是喝酒。"啃富"是吃饭。"敁草根"是抽烟。"流水窖"是旅店。"啃水窖"指饭馆……

13. 江畔喊山

　　无论在松花湖畔还是在湖畔的崇山密林中,常常可以听到"呕——""呕——"的喊山声。这种声音尖利,高亢,悠长,穿透力极强,可以在山林中传得很远很远。这是经常进山的人发出来的特殊鼻腔音。它发音时不用嗓子喊,而是用鼻腔音,因此十分省力。无论男女都可以将声音传播得很远。

　　长白山山深林密,树木遮天蔽日;松花江千回百折,云遮雾障。过去,通讯联络手段落后,人们外出捕鱼、打猎一旦走散就很难联络,因此,山里人就创造了这种用鼻腔音发出的呼啸声。无论是进山砍柴的,伐木的,打猎的,挖参的,采药的,还是下江下湖捕鱼的,一旦需要联络,都要用鼻腔发出这种特殊的呼啸声。通常,同伴之间互相熟悉其呼啸的特点和声音,因而一旦听到就要回应。人们就把这种呼啸叫做喊山。

14. 关东烟

关东烟，名闻天下。

正宗关东烟在松花湖畔的蛟河市，因而正宗关东烟叫"蛟河烟"，蛟河烟中的精品，才是漂河烟。

清代，漂河烟是吉林打牲乌拉总管衙门征收的供应大清皇室的贡烟。

民国期间，吉林省的漂河烟已经誉满长城内外，大江南北。1959年元

旦，参加第一次全国社会主义建设先进代表大会的漂河烟产地代表——吉林省蛟河县漂河乡的贾连山，受到了毛泽东、刘少奇，朱德等党和国家领导人的接见。1962年春，在全国烟叶生产会议上，负责经济计划的原国务院副总理李先念看到展出的漂河烟后赞扬说："关东烟，很出名"。自此，漂河烟的种植纳入国民生产计划，种植面积由国家下达，计划面积内生产的烟叶全部由国家收购。1992年8月初，全国政协委员、全国书法家协会副主席、清皇室后裔爱新觉罗·溥佐先生，根据大清帝国及新中国的有关历史记载，在品评了漂河烟后为其亲笔题词"正宗关东烟"。1992年8月25日，吉林省蛟河市人民政府和吉林省烟草公司吉林分公司为支持

发展传统的漂河晒烟,于松花湖畔的漂河镇举行了隆重的"正宗关东烟"立碑揭典仪式。从此,"正宗关东烟"石碑矗立在长白山麓、松花湖畔的蛟河市漂河川中。

关东烟即关东旱烟,因产于山海关以东故称关东烟。关东烟从工艺上区别又分关东烤烟和关东晒烟。关东晒烟是烟友们长期喜欢吸用的传统品种,所以,习惯上称谓的关东烟,即关东晒烟。

关东烟又有蛟河烟、敦化烟、辉南烟、夹皮沟烟、农安烟、亚布力烟,漠河烟等说法,但尤以蛟河烟最具关东烟的典型代表性。

关东烟并非关东的土著物种,也非中国物种,其原产地在美洲。考古发现,人类使用烟草最早的证据是在墨西哥南部贾帕思州倍伦克的一座建于公元432年的神殿里一幅浮雕。浮雕上画着一个用烟叶裹着头部、口中叼着长烟管烟袋的玛雅人,在举行祭祖典礼时以管吹烟和吸烟的情景。考古学家还在美国亚利桑那州北部印第安人居住过的洞穴中,发现了遗留的烟草和烟斗中吸剩的烟灰。据考证,这些遗物的年代大约在公元650年。有记载发现人类吸食烟草是在14世纪的萨尔瓦多。有关专家考证,烟草自世界航海大发现时代由美洲传播至全球,至今已有500余年历史。我国明史学家吴晗先生原研究表明,烟草约在明朝万历年间传入中国,与传入日本的时间(1598年)比较接近,来源地是南洋(泛指东南亚)。

据《吉林土特产》记载,满清入主中原后,为有效经略龙兴之地的东北,顺治皇帝于1653年即颁布辽东招垦令,动员山东、山西,河北等地农民携带粮食、蔬菜以及

烟草种籽"闯关东",在东北广大地域开垦荒地,发展农业生产。从此,美洲烟草开始落户于中国的大荒之野。另据记载,关东烟是清代吉林打牲乌拉总管衙门进贡大清皇室的贡品之一。我们从明代以前的文学作品及涉及明代以前的影视作品中均没有看到过吸食旱烟的人物,只有清乾隆朝的大才子纪晓岚才叼着个皇帝御赐的大烟袋。文学作品虽然不可作为历史考证的依据,但纪晓岚喜欢叼着大烟袋,确是清朝许多史书记载的史实,由此可窥见烟草在中国、在东北的种植历史之一斑。清代人张集馨所撰写的《道咸宦海见闻录》,记载了咸丰皇帝开发振兴关东设想:要开矿、渔虞、牧畜、种烟麻,以助富国利民……可见关东烟在咸丰皇帝心目中占有较高的经济地位。清光绪二十一(1895)年成书的《吉林外记》载曰"淡巴菰即烟草,冬可御寒,东三省俱产,唯吉林产者极佳,名色不一。此南山、东山、台片,汤头沟之所以分也,通名黄烟"。由此可见,吉林产的关东烟在清朝已经闻名遐迩了。

关东好烟产在松花湖区,是由松花湖区的特殊地位造成的。一,松花湖区的山岭沟谷中,背风向阳者众多。二,松花湖区的土质多为长白山钙质腐殖土。三,松花湖区空气温润。此三点是松花湖区的特殊环境、特殊土质和特殊小气候。这三点是生产上等烟的首要条件。1827年8月(清道光七年)成书的《吉林外记》载:"独汤头沟(即塔头沟)有地四五垧,所生烟叶只有一掌,与别处所产不同,味浓而厚,清香入

鼻、人多争买……"此"汤头沟"烟，即吉林省蛟河市的漂河烟。1926年满蒙文化协会出版的《满蒙全书》四卷记载："吉林烟叶称为南山烟，吉林省的南山地方多产，其名称普遍为世人所知"。南山，即指蛟河。《桦甸县志》卷六所载"黄烟，土名叶子烟……通呼南山烟，而漂河之烟质味尤美，冠他产之上"。建国后，在北京的中国农业展览馆中，曾陈列着吉林省的蛟河烟，实际上是"漂河烟"。

漂河烟产于蛟河市的漂河镇寒葱沟村塔头屯。这是一片四山围护的峡谷盆地，早年的名字叫"漂河川"。漂河川腐殖土层深厚，肥沃，濒临松花江，局部小气候好，雨量充沛，气候适宜，最适于烟叶生长，方圆数十里的土地都可种植黄烟。传说，漂河烟曾经受过乾隆皇帝的御封。在贡品漂河烟的主产地漂河镇塔头沟一带至今流传着一段顺口溜：

"要说烟，就说烟，好烟出在漂河川。

乾隆爷，上白山（到吉林市小白山祭祖），封下贡品漂河烟。

上品就数柳叶尖，年年朝贡烟不断。"

据说，乾隆皇帝于乾隆十九年（1754）东巡，农历八月初七到吉林，其间曾乘坐吉林水师的战舰溯松花江上行到漂河口时，因慕漂河烟之名故停船步行来到漂河川。当时，白露已过，乾隆爷只见路边一架架烟叶黄灿灿地惹人喜爱，遂命烟农拿来品尝。岂知吸食一口香气扑鼻，心旷神怡，遂连声叫好，并当即御封其名"漂河烟"。

我的家在松花江上

从此,漂河烟名声大振,誉传中外,而后大部分成了贡品。因而,当时这里的农民开始大量种植黄烟。

据史料记载,吉林打牲乌拉总管衙门每年都派遣官员,专门负责管理漂河烟上贡大清皇室之事。这些管烟的官佐丁役除了监管漂河烟的收购外,还负责监管漂河烟的种植与收晒。等到冬季松花江封江之后,来自漂河川的黄烟都打成统一规格的烟包,由一张张大爬犁装载着,沿松花江雪道日夜兼程来到吉林市,再由吉林打牲乌拉总管衙门统一验收,然后装进贡车,直送北京。贡品之外的漂河烟才能在市场出售。当时吉林市内经营烟麻的商号有数家,但最大的是牛子厚家的"恒升庆"烟麻栈,位于北大街路东。每当收烟季节,各地喜欢蛟河烟的客商,很早就住进恒升庆客栈等候。待蛟河烟农的爬犁一到,便纷纷定购、囤积,然后源源不断运往沈阳、唐山、天津、北京、张家口甚至大江南北。清末民初时,蛟河每年销往关内的烟叶仍在1000吨左右。

漂河烟是全国八大烟叶品系之一,1991年,蛟河市成立了专营机构烟叶公司,专门组织生产和收购漂河烟,并使漂河烟进入全国十几家卷烟厂的产品配方,其中延吉卷烟厂还专门生产出"漂"牌卷烟。被烟友赞为"南有云烟,北有漂烟"。1992年,漂河烟被批准为国家名晾晒烟,列为专卖管理品。1999年,漂河烟被吉林省政府命名为"吉林省名牌产品"。2007年漂河烟的栽培技术被列入吉林省首批非物质文化遗产保护名录。

任庆仕摄

273

15. 湖畔民居

从长白山天池发源的二道白河一直到吉林市的整个松花江流域,世代生息繁衍的是满族及其先祖女真族靺鞨族。满族的先人们由于生存的需要,基本是靠山筑屋,沿江而居。所以,他们的房屋用材和外形格局都与生存环境紧密相关。

满族及先人沿松花江流域居住的房屋基本是撮罗子、山窝棚、地窨子、马架子、木刻楞。

撮罗子:又称"斜仁柱"或"撮罗昂库",是鄂伦春、鄂温克,赫哲等东北狩猎和游牧民族的一种圆锥形"房子"。"撮罗"是"尖"、"昂库"是"窝棚",这是赫哲人的叫法;"斜仁"是"木杆","柱"是"屋子",这是鄂伦春、鄂温克人的叫法。把两种名称的意思合起来,就是"用木杆搭起的尖顶屋",这正是"撮罗子"最主要的特征。据考证,松花江畔的许多山中的满族先人最早也搭建撮罗子用以居住。因为这种房屋建筑简单,只需在地势较高,背风向阳离水源近的地方,用三五根约碗口粗细上有枝杈的木杆,把树杈处交合一起,搭成上聚下开的骨架,然后再用30根左右木杆斜搭在骨架之间捆绑固定,在南面或东面留出门,即基本搭成了"屋架"。然后在木杆搭起的房架外覆盖桦树皮或者狍子皮等兽皮遮挡风雨,门帘则夏用草或树条编,冬用狍皮

做成。内里用柴草垫成铺位，北位为尊，供神，老人居住，中间是火位，不可亵渎。右为长，左为卑。

窝棚：是满族先人居住的简易房屋之一。伐木工人、猎人、挖参人在偏僻的密林中从事生产活动时，还常用窝棚居住。

窝棚的搭建方法简单，比撮罗子更适用。即选在依山近水的地方，砍伐出碗口粗的树干，首先南北方向搭成两个高约六七尺的人字形，再在两个人字形木架的交叉处横上一根木梁，然后依照人字架的斜形将木杆斜倚在横梁上，窝棚构架即成功了。再在东西北三面的木杆上编上树条，糊上泥巴，外面再苫上茅草或者挂上树皮，即可遮风挡雨。不过门一定要留在南侧。满族先人在窝棚内的安居方式和撮罗子相同。

有的窝棚是依靠峭壁或者浅显的山洞修建的，这样的窝棚更牢固，更容易修建。解放前，许多从关内逃荒来到松花湖畔的流民，也多模仿满族人建筑窝棚居住。因而许多地名仍然带有窝棚的字样，如"张家窝棚"、"大窝棚屯"等。

地窨子：又名地窖子，是一种半地下的房屋，特点是冬暖夏凉。根据古书记载，东北地区的渔猎民族，至少在一两千年前，有了"夏则巢居、冬则穴处"的居住习俗。所谓"巢居"是在林中树木之上，距地一定高度搭建的类似鸟巢一样的住处；而"穴处"则是住在"穿地为穴"的屋子里。这种地穴或半地穴式

的房子一直沿续到民国以后，满、赫哲和鄂伦春等民族冬季住宅都曾有这种形式，东北民间称为"地窨子"或地窿子。

地窿子的建筑一定要选择在高冈地，随山就势往地下挖下几尺深的方坑，在坑沿上架木为顶。门开在南侧或东侧，类如洞口。

马架子房：是满族人在松花湖畔最常见最普遍的房屋。建造房屋的方法是先树立房屋两个山墙的六根房柱，称柱脚。柱脚一般采用带杈的树干做成。中间的两根柱脚高，两侧的四根柱脚低，以高于马匹的身架为宜。然后在两根最高和两侧的四根柱脚上两两相对地横上房檩子，然后在脊檩和边檩上每隔二尺左右挂上椽子，这样马架子房的房架就构成了。第二步是在房柱中间钉上横木杆，上面用草缠泥像麻花一样拧在上面，成为"挂啦哈"。然后在干透的"拉哈"两边糊上厚厚的泥巴，如此墙就构成了。房顶的椽子上用树条子或者木杵子铺满，上面涂上厚厚的泥巴，泥巴上苫上小叶樟或者黄茅草以及甸子中生长的甸子草即可。马架子房因房檐低矮，故房门留在房山上。松花湖畔的简易民居，无论是窝棚、地窨子还是马架子，里面都用石板砌成炕，以供取暖睡眠。

霸王圈：是松花湖畔的猎人、挖参人在林中就地取材，把树干两头砍出凹槽，再按照房屋结构横竖搭建起房架子，再在墙壁木缝中涂上泥巴，房顶苫上木板或者树皮而成的房屋。这种房屋建造容易，冬暖夏凉，而且坚固耐用。后来许多村屯居民也喜欢搭建霸王圈。现在旅游区的林间木屋别墅就是模仿霸王圈的形式构建而成的。

关东大屋：关东大屋又名关东老屋，是居住在平原市镇地区的满族先人根据汉人的住房形式建筑的，但内部格局又有所不同。关东老屋基本是土木结构，即以土垒墙，以木材做房顶。东北多是腐殖土，难以像关内的黄土可以用石夯在木板中夯实成墙。于是关东人就创造了用草和泥叉垛成土墙的方式。见识过关东老屋的人，都会注意到房屋的墙土中夹杂着很多草茎。这就是叉垛土墙的关东特色。

关东老屋有两间和三间之分。两间的房屋外间为灶房，里间为卧室。三间的老屋中间是灶房，两头是卧室。但满族的房屋是西为上，所以，满族的老人一般居住在西屋。而且西屋一般砌三铺炕，而靠西山墙的炕上是供祖宗牌位和神位的，名为"祖宗匣子"，极其神圣，一般不准人看，匣中藏有本族祖先和民族英雄像，还有18位尊神，其中13位是索罗条子，5位是高丽纸。再就是宗谱和记载本家族兴衰及先人功绩的史册。外来客人千万不要坐西山墙的炕！两间的房屋南炕住长辈，北炕住晚辈。

满族老屋的窗户多设在南面。最早的房子有西窗无北窗，这与供祖宗有关。后来，以南北两面设窗者居多。窗是上下开合，上扇窗棂多构成"盘长"、菱形图案；下扇窗棂中间留玻璃口，常贴有窗花，边上的窗棂多是"工字卧槽"图案，窗纸糊在外面，房门分两层，外层为风门，向外开；内层是寸板做成板门，有牢固的门闩。

现在，满族老屋即使在乡下也已经不多见了。

凡有关东老屋的人家，基本都是人丁兴旺、有土地、有车马的殷实人家。所以自然有自己的关东大院。关东大院一般用木桦子夹成围墙，房屋圈在木桦子篱笆内。房屋前后是菜园子。老屋的一头是耳房，内设石磨，又称磨房，有炕，可睡打工者。另一头是仓房，用以收储粮食。院落中必不可少的是苞米楼子。其形式如同南方少数民族的吊脚楼，只是规模要小得多。主要用途是装苞米穗子，故称苞米楼子。为了防止老鼠和牲口糟害苞米，所以，苞米楼子要建成二层，离地面的高度以牛马够不到为标准。

老屋院内的的另一个建筑是碾坊。东北人无论吃玉米糙子还是吃大米小米，旧时都是用石碾子脱皮。脱过皮的粮食要通过吹风机把糟糠吹去，留下精米，这个吹风设备叫扇车。

另外，关东老屋前还要有牲口棚，用以饲养牛马。院中还要安设掌桩子，用来为牲口挂铁掌。

16. 萨满教

萨满教是最原始的宗教，它崇拜自然，相信天地、山川，日月星辰等万物都有灵异。萨满教的核心是由神主宰万物。神居天上人居地上，恶魔居地狱，人死其灵魂不灭。

萨满也称察玛，是萨满教的专职司祭，南方成巫师。

萨满充当人与神之间的媒介。满族的家族察玛，都是满洲人，男性。最有权威的察玛，不但会唱祭祖的整套歌词，而且会安排祭祖仪式。另外，还有一种跳邪神的察玛，男女都有，满族和其他民族也都有。主要察玛称为大神，助手称为二神。他们声称自己能请神，也能送神。整个请神送神活动民间称之为跳大神。跳大神的所驱之妖邪，多为狐狸精，黄鼠狼精，称之为"胡黄二仙"。跳大神时所唱的歌调即今日二人转中的"神调"旋律。

从前，生活在松花湖畔的猎户，信奉虎神、貂神和猎神，称虎为山神爷。松花江中捕鱼的渔民则信奉龙王和水神。吉林打牲乌拉总管衙门所属的打鱼楼的居民，驯鹰的信奉鹰神，捕鱼的信奉龙王。这些信仰，都与萨满教崇拜自然界、相信万物有灵有直接关系。即使后来东北开发后而产生的伐木的木帮、采参的人参帮、淘金的淘金帮以及汉族猎人进山的猎帮，他们在进山时也要举行隆重的祭山活动。这些活动基本都源于萨满教。

17. 雪道爬犁

　　冬季一到,长白山中的千百条江流全都大河上下,顿失滔滔。松花湖畔,周围是千里冰封,万里雪飘的林海,湖中是白雪皑皑的雪原。江湖湖泊之上,最灵巧、最便捷的交通工具,就是号称"雪原之舟的"爬犁。

　　爬犁,类似于西方的雪橇。满语称"法喇"。如今的爬犁名称,也许是满语的音转。

　　爬犁制作简单,把大碗口粗、七八米长的硬杂木杆前端用火煨成弓形,高高翘起,后边用锛子锛成平面,其上凿出两个卯榫,上面安装上两个木架,将两根爬犁杆子固定在一起,爬犁即做成。其上再架上一副宽达四尺、长达七尺左右的爬犁架子,就可以载人载物,靠两根安装着架子的杂木杆后部的爬犁底在冰雪地上滑行。

　　载重爬犁用牛、马拖拽,轻便爬犁用几条狗或者几头鹿即可牵引,或行于雪原,或驰于江河,拉人载货,轻捷简便。什么道路都能行驶。

　　爬犁是生活在长白山区满族先民的主要运输工具。长白山区一年中有二分之一的时间处于冰雪期,而户外山川沟野之间雪特别大,往往填没了原有的道路。人和车行驶其上,很难分辨路况,加之冰雪拥堵,十分难行。只有爬犁可以在这些雪路上任意行驶。

"大雪河封上,冬至不行船"。冬至节气一过,松花江两岸千山万岭大雪茫茫,滔滔滚滚的松花江被冰封冻起来了,就像条冬眠的长龙。这时候,松花江走艒艒(满语,船)的水道就变成了跑爬犁的雪道了。吉林市上江(上游)的永吉、蛟河和桦甸三县几

十个乡数百座村屯的爬犁,陆陆续续、缕缕行行地从各条山沟顺着爬犁道,汇集到松花江雪道上。喊牲口声,甩鞭声,天天响彻整条百多里雪道。站到山头上往松花江雪道一看,吓!就像一条前不见头后不见尾的蚂蚁道。

关东大爬犁,被称为长白林海的雪原之舟,是关东冬季的主要交通工具。大雪一落,农民即就山林之便,砍伐柞木、桦木等硬杂木制作成大爬犁,前边由牛马拖拽做动力,后边可装载货物或载人乘坐。精巧的小爬犁可人拉,也可狗拉羊拽鹿拖,是山区孩子们冬季专有的玩具。

松花江畔的大爬犁则非畜力驾驶不可,如进山装运原木、烧柴的山爬犁和运送粮食客货的松花江雪道的架子爬犁,都是大爬犁。

清代到东北拜谒祖陵的乾隆皇帝,曾在《盛京土风杂咏》《吉林土风杂咏》两组诗中都提及爬犁。其中一首诗说:

架木施箱质莫过,致遥引重利人多。

冰天自喜行行坦,雪岭何愁岳岳峨。

骏马飞腾难试滑,老牛缓步未妨蹉。

华轩诚有轮辕饰,人弗庸时奈若何。

所以说,东北的大爬犁当年还受过皇封呢!

进入松花江雪道的爬犁帮,所载货物有蛟河产的黄豆、漂河产的黄烟、桦树林子产的木炭,有山区猎人猎取的皮张以及打死的狍子、梅花鹿、野猪和晒干的木耳、蘑菇、干鱼等土特产,有柞木桦子、木板材。雪道上也有用山爬犁拖拽松树、曲柳、柞木、楸子、黄菠萝等贵重原木进吉林市的爬犁帮。总之,进入松花江雪道的载重爬犁,多是运载山区特产进吉林市交易,然后换回农具、工具等生产资料和棉花布匹油盐酱醋等生活资料的。

载人爬犁，是松花江雪道上特有的客运交通工具。这种爬犁底架宽大，可坐十几人到二十人，一般由一马驾辕，一梢了马拉长套。辕马脖子上挂着串铃，跑起来老远就传来"叮叮咚咚"的悦耳铃声。旧时山区冬季娶媳妇、走亲戚都坐架子爬犁。有钱人家还要在架子爬犁上装暖棚——上覆皮革或棉被遮挡风寒，两侧留小窗，形如轿子，内中可置火炉取暖。至于在松花江雪道上行驶的载货爬犁，一般都可承载两吨的货物，一头犍牛或一匹壮马即可驾驶。

在松花江雪道上乘坐架子爬犁者多是老人和妇女。他们有的是到下江某个村屯走亲戚的，有的是到吉林市买办货物的。爬犁伙子岔开双腿站在辕马后的爬犁架子上，甩动红缨长鞭，随着一声叱咤或一声清脆的鞭响在松花江峡谷雪道上空爆炸，马儿便扬起四蹄，超越一队队载重爬犁帮，向前驰去。爬犁后留下一串串妇女们欢乐的嬉笑和卷起的一股股迷茫的雪雾。

大年之前乘坐架子爬犁到吉林市"办年"（购置年货）的，大多是妇女。他们一般在家时就请识字的人开列出一张所需年货的"年纸单子"，大到棉花布匹、日用杂货，小到香烛纸张、胭脂糖果，到达吉林市时再成群结伙地来到河南街或者牛马行、东市场等商贸区，掏出年纸单子，让货栈的伙计按照所列项目逐项购买。购买完毕，再归拢成大包小裹地集中到来时的架子爬犁上，然后欢欢乐乐地打道回府。整个松花江雪道的众多爬犁帮中，唯有"办年"的爬犁是最亮丽的风景——妇女们多数穿着鲜艳的棉袍或者皮袍。要知道，当年偏僻闭塞的山

村人烟稀少，交通不便，前后近邻二里远，妇女们寻常难得与人交流，只有偶尔走走亲戚才会穿上新衣服。至于一年一次到吉林市来办年，那可是见大世面的，所以，只要有压箱底好衣服的女人，都要翻箱倒柜地折腾出来穿到身上。妇女们生性好热闹，如今好不容易遇到这么多的同伴焉能不高兴？所以，见了面便嘻嘻哈哈地说笑不止，爬犁驰过，便洒下一路欢声笑语。

雪道爬犁伙子，是指专门在松花江雪道上结伙跑爬犁的人。

现在的松花湖区，就是原吉林市上江的百多里松花江雪道，是寒风凛冽的峡谷。丰满镇原有风门之名。西北风汇聚到峡谷江道中，刺人肌骨。刚刚封冻的江面便如玻璃一样光滑。只有无风时落下了大雪，再被过往的爬犁碾压住才会变成雪道，但那寒冷也就越发厉害了，所以，驱赶载重爬犁的多是青壮年，一是他们火力旺，抗冻。二是他们年轻力壮，有能力胜任装卸爬犁的力气活儿。

松花江雪道上爬犁伙子装扮特殊：头戴长绒毛的狐皮帽子和貉皮帽子，最不济的也是长绒毛的狗皮帽子，否则，鼻子和耳朵最容易在雪道上不知不觉间被冻伤，如不注意，就会将冻伤的耳朵和鼻子扒拉掉！脚上要穿絮着柔软的乌拉草的牛皮靰鞡鞋，靰鞡腰子外打着高高的绑腿。身穿长棉袍或者羊皮大氅。只穿短的棉衣棉裤是无法抵御松花江雪道峡谷的凌厉风寒的。人人屁股后吊扎着一块獾子皮或者狍子皮裁制的屁股垫儿，只有扎着这种屁股垫儿坐在爬犁上，才不会冰屁股。人人胳膊上套着狼皮或者狗皮套袖筒，干活时手冻疼了，就双手插进皮套袖筒中去，既方便又暖和。

爬犁帮多是一村一屯的松散组织，但都要推举出一位德高望重的爬犁头儿主事儿。爬犁帮进松花江雪道时一般都要携带大斧子、猎枪等应手的家什，因为松花江雪道上常有截江的胡子（土匪）出没。这些胡子多是几人或者十来人的小绺子。他们常常骑着马或者乘坐马爬犁，突然从旁边的山沟中旋风般窜进松花江雪道,先是对天鸣枪,而后高声呼啸着冲向爬犁帮,气势十分吓人。及至冲近了,胡子们才耀武扬威地挥舞着刀枪,高喊着谁都能听得懂的江湖狠话:"此山有我寨,此路是我开。要想从此过,留下买路财!"或者高喊:"要命的留下年货,保财的留下脑袋!"不过,有见识的爬犁帮头儿常常把十几架爬犁一圈,呼喊爬犁伙子人人亮出明晃晃的斧子大刀,一副同仇敌忾的拼命架势。持枪的爬犁头儿还要迎着胡子的马头往天上砰地开一枪,以示警告:别靠近,我们才不怕你们呢!胡子一看吓不住这个爬犁帮,就转而找那些吓得不知所措的爬犁帮的晦气,叱咤而来,包抄而上,挥刀弄枪地将爬犁上的米面、年货抢上自己的爬犁,再冲天放一枪,一阵风似的呼啸而去,遁入山林。

在松花江雪道跑爬犁最重要的是防寒冷,防冻伤。爬犁伙子坐一会儿爬犁就要跳下来跟着走一大阵儿,等觉得乏累了,再坐一会儿爬犁,待一会儿又要主动去走,否则就会在不知不觉中被酷寒冻伤。

在松花江雪道上搭乘爬犁必须遵循爬犁帮的规矩。那些专门长途载运客人的马爬犁伙子待人严厉。你只乘坐一会儿,他就会劝你下来走一会儿,暖和暖和身子再坐。刚坐上一会儿,他又会说"马儿累了,跑不动了",劝你下来再跑一会儿,让马儿缓缓劲儿。你若赖到爬犁上不下来,他就会翻脸不认人,或者吆喝,或者斥骂,逼你下来。你若敢和他顶牛,他就敢用鞭子抽你。那鞭划儿在你脸前骤然炸响,足有绞掉一只马耳朵的威力,不信谁还敢赖在爬犁上岿然不动。等你不情愿地跳下爬犁时,他会长鞭一挥,驱赶着马儿嘚嘚地跑起来。你若想不被落在寒冷陌生的雪道上,就得跟着爬犁跑。等跑累了、热了,他自然会把爬犁放慢,让你跟上来。

外地人不知道松花江雪道到底有多冷,怀疑地问,还能冻掉鼻子耳朵?爬犁伙子们不屑地回答说,不信,你就走一趟试试。他还会告诉你,你想半道儿上撒泡尿,就一定得准备好一根树条子。因为尿一撒出来,立马就会冻成了冰溜子。你不用树条子抽断,就甭想再尿出来。你看吓人不?至于女人,在松花江雪道解手,那会把屁股冻两半儿的!

松花江雪道有多

长？以吉林市为中心，上到桦甸市的桦树林子，下到黑龙江的哈尔滨甚至伯力，都是松花江雪道。有雪道就有交通贸易的爬犁帮。自从日本鬼子修了丰满水电站后，拦江大坝把长约千里的松花江雪道一截两段。松花湖区雪道依旧。但大坝以下的吉林市江段冬季不冻，爬犁无法行驶。只有到了上百里之外的江段才开始重新结冰封冻。

这是一道湮灭在50多年前的长白山风雪中的独特的历史风景。没有文字资料记载过这种爬犁帮风情始于何朝何代，但有位九旬老人说，它盛行于中华民国之后直到上世纪六十年代初。日本鬼子修丰满水电站前，上江的爬犁帮可以直达吉林市。自从水电站建成后，上江的爬犁帮只能停在丰满坝上的冰面上。原来的松花江雪道被大坝截断了。

随着新中国交通业的发展，松花江雪道的爬犁帮便逐渐冷落、惨淡直至消亡了。现在松花湖畔山中的林场采伐区中，冬季还可以看到在山林间集运木材的爬犁帮，一个帮最多不过十架八架爬犁。村屯之间，号称"雪原之舟"的爬犁，几乎完全被汽车、农用车、马车所取代了。那种在漫长的松花江雪道中络绎不绝地行驶着爬犁帮，早已成了回忆中的历史风景。现在，松花湖冬季的爬犁大赛和乘坐爬犁观看松花湖千里冰封、万里雪飘的冬景，观看龙豁口，体验松花江雪道走爬犁的风俗，是松花湖旅游区的一项旅游活动，很受旅游者欢迎。

18. 冰上客栈

湮灭在茫茫的松花江历史风雪中的另一道特殊风景，便是旧时松花江冰上客栈。在旧吉林，松花江雪道上的冰上客栈另有一个形象的俗名——水院了。

水院子不是用舟船建筑在水上的院落，而是构筑在冰上的商贸院落。它的存在与松花江

雪道的命运不可分割——因松花江雪道产生而产生，又因松花江雪道消融而消失。

每年的冬至节气后，上自长白山丛林，下至哈尔滨的千里松花江水道，成了坦荡如砥的松花江雪道。所有舟船樯橹早已泊进了江岸码头，代之运行的是爬犁帮。因而，冬季的雪原丝绸之路，让冰封而沉寂一时的松花江重新沸腾起来。万千张牛马爬犁，运载着山区的粮食、烟叶、木材、木炭、土特产等，源源不断地汇集到松花江沿岸的各大市镇码头。其中，吉林市成为松花江上游雪道上最大的商贸集散地。

旧吉林市船营老街下的松花江岸边的三座码头，泊满了停航的舟船。经过长途跋涉的疲累的牛马，再也无力将载重爬犁拉上雄踞于陡峭的江岸上的市区，只好徘徊在码头外的冰面上望市兴叹。又高又陡的江堤，隔断了因冰雪铺成的松花江雪道贸易路，近在咫尺的吉林市区成了可望不可即的海市蜃楼。

不知是谁第一个在码头下的冰面上首先圈起了一块地方，然后，创造性地用木板做起夹壁墙，中间填充上锯末子或者稻糠，板壁上端架上房梁架子，再盖上挡风遮雪的屋顶，简易房子落成了。再在屋内的冰面铺上青砖，在砖上面间壁出厨房、客厅。然后在客厅中间砌上火炉，火炉两边用木板搭上两座通铺。火炉中燃起大木桦子，待炉火熊熊时，简易的木板房中立刻暖和起来。尔后再在屋子外边按照心中

需要的规模，刨出一道四四方方的冰沟，沟内插上一人来高的木板或者木头椽子夹成篱笆障子，在冰沟中浇上江水，那板障子立刻冻住了，用手无论如何推不动拔不起，牢固异常，如此，一个大院落就形成了。最后再对着雪道分左右插上两根立柱，做成大门架，把"××客栈"的木牌往门架横木上一挂，于是，一个崭新的冰上客栈便在爬犁伙子们好奇和疑问的眼神中落成了。掌柜的一声吆喝："××冰上客栈开业了！管吃、管住、管喂牲口，外带保管货物。价钱便宜，欢迎各位老大住进来试试！"长途奔波的爬犁伙子抗不住诱惑，便犹豫着结伙把爬犁赶进冰院子，接着，会有更多的爬犁伙子赶着爬犁蜂拥而入。不久，空旷的冰上大院落立刻显得拥挤不堪……

吉林市原是吉林省的省城。据《吉林通志》记载："省城十一月江冰，沿江旅店因岸为屋，凿冰立栅以集行人，市售獐狍豕雉鱼之屋。居人购作度岁之馐，并为礼。"是说吉林市每年农历十一月，松花江就结冰了。沿江的旅店就在靠近江岸处建筑临时房屋，凿开冰，树立木栅栏做院落，以召集那些在松花江雪道上旅行的人，并买卖獐子、狍子、野猪、野鸡和鱼等野生动物。让居住在市区的人买来做过年的佳肴，并作为馈赠的礼物。由此推断，当时的冰上客栈不仅可以为松花江雪道上的爬犁伙子们提供食宿，存储货物，而且可以提供货物买卖的机会。

松花江雪道上的冰上客栈，犹如古驿道上的驿站，是专为长途跋涉的爬犁伙子而设的。据有关方面的不完全统计，1933年时，吉林城的水院子就有近百家。从吉林城到松花江上游桦甸境内的金银别河,沿江每隔十数里就有一两家冰上客栈:大长屯1家,阿什2家,大丰满口1家,江西吴家哨口1家,洋喇石1家,马伊河1家,喇叭河1家,半拉窝集1家,朝阳坡1家,五虎石(五虎岛)1家,深伯河口1家,骆驼砬子1家,舾舻口1家,老金厂1家,漂河口1家。仅蛟河县内的漂河口到桦甸县桦树林子就有水院了21家。最出名的两个店主叫曲小鬼和杜罗锅。

生意好的冰上客栈每天都宾客盈门,许多爬犁伙子为了找个称心如意的客栈,宁可冒黑加鞭越过服务不好的客栈。这样就常常逼得许多经营不善的客栈关门歇业。

松花江雪道上的冰上客栈,院中的灯笼杆上都挂着一面三角旗子,为的是让爬犁伙子老远就能看见那通红的颜色,知道客栈不远了。晚上,客栈灯笼杆上都吊挂起一盏气死风的马灯,爬犁伙子老远就能看见那如豆的灯光。有的客栈会别出心裁地在水桶中冻出一个圆冰筒,往高处一立,然后在空心里装上一盏油灯,晶莹剔透,十分夺目。这大概就是原始的冰灯。

19. 龙豁口

　　凡是湖区居民或者走过松花江、松花湖雪道的人都知道，松花湖三尺多厚的冰面上，每年都会出现一道道横截江面的龙豁口。这些龙豁口是一道道断裂的冰缝。最宽处三五米，最窄处也有一米多。黑黝黝的江水随着冰面的颤动，不断地涌荡着，令人望而生畏。透过水面，可以看清龙豁口断裂的冰碴儿。有经验的人，找到豁口的狭窄处就能轻松迈过去。胆小的人，绝对要绕到龙豁口的顶端走。

　　龙豁口是松花湖乃至原先的松花江上的一种特有的自然现象，诡谲而神秘。

　　行走在冰面雪道上的人，忽然间就会听到一声霹雳似的轰隆声从远方的冰下传来，而且带着强烈的震动感。及至响声传到脚下时，你会听到冰层恐怖的炸裂声，眼睛会看到乱纷纷的白茬冰裂纹忽然从远方裂到你的脚下，又炸响着向远方炸裂开去。接着你就会看到，坦荡如砥的冰面会忽然从中间拱起一道冰棱，最高处竟有一米，最低处也有半尺。冰棱会从彼岸一直拱到此岸。不一会儿工夫，冰棱渐渐下沉，冰面忽然从冰棱下断开，黑黝黝的江水便荡漾了出来。如果是夜晚走江道，一个不小心，就会连牲口带爬犁一下子掉进冰缝中。

这就是龙豁口形成的过程。激烈时，你会看到冰缝处的冰屑和雪花飞舞，真像什么东西豁开了厚冰，才能使雪花冰屑飞舞的。

湖区的老人说，龙豁口是湖中的独角龙用粗壮的犄角硬生生地将厚约三尺的湖冰豁开的。因为长期的冰封雪盖，让湖中的独角龙太憋闷了。它必须豁开厚冰，豁出一道冰沟来，让外面的空气能透进到湖中水里。老人说，松花江中原本就有蛟龙，丰满大坝建成后，上江的蛟龙便被拦截在松花湖中。它们没去用犄角豁开拦江大坝，就算是仁义的了。有的爬犁伙子和渔民言之凿凿地说，这确实是龙豁口，他们曾经亲眼看到过一根像水桶粗的尖状犄角，豁着江冰奋力前进。那犄角不是独角龙的，又是什么东西的？

还有人说，某年某月某地的某人曾经赶着牛爬犁上吉林，走到一半距离时，想歇歇脚再走，就将缰绳拴到了冰面上的一根尖锐的桩子上。没想到那根尖状桩子忽然豁着冰咔嚓咔嚓地驰向远方。他只好去追赶尖桩子上的牛爬犁。未料走不多远，牛爬犁就连人带牲口掉进冰裂缝中不见了！有人说，这是爬犁被独角龙拖进湖中了。

20. 松花湖十大怪

关东民谣说：

关东山，有三怪，

窗户纸糊在外，

养个孩子吊起来，

大闺女叼着大烟袋。

可是松花湖上却流传着"松花湖，十大怪"的歌谣，这"十大怪"精彩地概括了过去长白山麓松花江畔的生活习俗。

第一怪，木刻楞大窝棚家家盖。

第二怪，木桦子夹墙当村寨。

第三怪，西屋为尊住爷太。

第四怪，毛头窗纸糊在外。

第五怪，南北大炕对面开。

第六怪，公公穿错儿媳的鞋。

第七怪，养个孩子吊起来。

第八怪，女人叼个大烟袋。

第九怪，鲜嫩的白菜腌酸菜。

第十怪，冬喝凉水吃冰块。

第一怪，木刻楞大窝棚家家盖

过去，走进长白山中村屯，随处可以看到用原木搭建的木刻楞和窝棚，这是松花江畔的满族土著的主要居住建筑。木刻楞，就是用原木垒架的方式做成墙壁和屋顶的原木房屋。关东山中古树参天，木材丰富，满族人就地取材盖房子，省工省力。而且用木材直接搭建的房屋保暖性能强。

谁家要添人进口了，几个男人凑到一起，就地伐木，就地搭建，用不了几天，一

座木刻楞或者是人字形大窝棚就会搭建起来。所以才会产生"木刻楞窝棚家家盖"的怪现象。

第二,木杆子夹墙当村寨

同样,过去长白山中运输困难,没有砖瓦也就没有砖瓦墙,所以山中住户大多是用木头劈成两半的长木杆子夹成篱笆墙,当成院墙,用以阻挡野兽和牲畜闯入院中。

这就是"木杆子夹墙当村寨"的怪现象。

第三怪,西屋为尊住爷太

满族人居住的关东大屋一般为三间,东西屋是卧室,中间是灶房。满族西屋为尊,居住老人。东屋为下,居住儿孙。此俗正好和东上西下的汉族习俗相反。倘若不熟悉山中满族人的习俗,在满族人家中留宿时,千万别按汉族人的"东尊西卑"的观念住西屋,那会让主人生气的。这就是"西屋为尊住爷太"的怪现象。

第四怪,毛头窗纸糊在外

满族的居室多是方格窗户。木窗格上从外面粘糊着毛头纸遮风挡寒。房门也是下边木板上边木格,门格子上边"门窗"也在外头糊上毛头纸。这和关内在窗里头糊窗纸的习惯正好相反。

满族人为什么要把毛头纸糊

在窗外呢？那是因为冬季外面太寒冷，气温大都零下二三十度，而屋内木桦子火可着这劲儿烧，温度高，湿度大，窗纸糊在里面容易脱落。外面的天气越冷，屋子里烧火越多，锅里的蒸汽越大，屋里的湿度则越大，窗户纸糊在里面就越容易脱落。所以才逼出了"窗户纸糊在外"的怪现象。

第五怪，南北大炕对面开

为了有效防寒取暖，满族居室比关内人的居室宽大，一般要能容得下南北两铺大炕，中间还要留有比较宽绰的地方安放火盆和围坐的木墩。卧室内三面用石板砌成暖炕。南北炕叫对面炕，房山炕叫条炕。每铺火炕都是灶房中每口大锅下烧火的烟道，烟火烧得越多，火炕就越热乎。

火炕就是散热器。这就是为什么关东山要修筑对面炕的原因。

家中若人口多，住房狭窄，则南炕住老人，北炕住儿孙。西屋内沿西山墙的顺山炕是不允许坐人的，那是满族专门摆放祖宗龛架的。

第六怪，公公穿错儿媳的鞋

关东村居大多是对面大炕。如果只有一个卧室的房子，那么就是老人住南炕，儿孙住北炕。

满族人平时穿牛皮制作的靰鞡鞋，内絮乌拉草，男女靰鞡鞋的样式大体一样。因为过去的

满族妇女从来不裹脚,所以男女夜晚穿的便鞋差不多都一样,普通人家的女鞋鞋面上也不绣花。如果南北大炕上分别居住着公公、婆婆和儿子儿媳,那么夜间起夜解手,很可能摸着黑互相穿错鞋,闹出"公公穿错儿媳的鞋"的笑话来。不过,即使在几十年前的东北农村,也依然保留着住对面炕的习俗,所以知道了松花湖畔的生活习俗,也就不足为怪了。

第七怪,养个孩子吊起来

关东土著居民的孩子出生后,都要睡在吊在棚杆上用桦树皮制成的摇车(相当于南方的摇篮)中。倘若妇女要到地里干活,害怕孩子不在身边有危险,那么也要随身带着,然后把桦树皮摇车拴在地边的树枝上,以防毒蛇、蚊蝇和野兽伤害。哄孩子睡觉时,女人要放开喉咙大声唱着摇篮曲,催促孩子入眠。当然,这也是显示女性歌喉美妙的一种娱乐方式。如果老远就能在林中听到谁家的媳妇摇篮曲唱得好,悦耳动听,声音嘹亮,大家都要夸赞,谁家的媳妇好嗓门!

第八怪,女人叼个大烟袋

长白山山深林密,蛇虫蚊蝇繁多,所以满族人习惯于男女都吸旱烟。因为不仅毒蛇、毒虫害怕旱烟的尼古丁,即使是蚊蝇,一闻到旱烟味儿,即逃之夭夭。这就是

山中的女人为何也要"叼个大烟袋"的主要原因。但也有人说,过去,人们分散居住在密林之中,少有人烟,女人们守家看户,伺候老幼,很少有机会与人交流,心理压抑,精神寂寞,便从老太太开始,一代代地传授给女人们吸食旱烟的习俗,以此麻痹精神,消愁解闷。

第九怪，鲜嫩的白菜腌酸菜

长白山地处酷寒，冬季漫长，冰封雪冻半年多，任何新鲜蔬菜都不易存储，于是当地居民就创造了在秋天把新鲜的大白菜腌成酸菜的形式贮存。大白菜一旦被腌制后，就会长期不腐烂，但是却发酵变成酸味了。这就是"鲜嫩的白菜腌酸菜"的原因。后来人们发现，酸白菜炖肉比新鲜的大白菜炖肉更有解肥化腻的作用，而且味道更加鲜美。于是，猪肉氽酸菜，就

成了长白山区的土著名菜，也是今天著名的东北传统菜肴。要知道，喝一口酸酸的酸菜汤是很开胃的。猪肉氽酸菜，是肥而不腻的解馋菜。吃一顿，终生难忘。

第十怪，冬喝凉水吃冰块

关里人从来不敢喝凉水，因为喝了凉水会胃痛拉肚子。可是长白山里人在大冬天零下几十度的天气里，照样喝凉水。尽管外边冰天雪地，滴水成冰，但干活的山里人回到家第一件事，就是到水缸前抓起水瓢咕咚咕咚地大口喝凉水，以补充进山干活儿时失去的水分。即使刚刚吃了白肉血肠炖酸菜或者大过年整天吃了大荤大腻，他们也是照旧喝凉水。如果觉得热了，山村野屯中的青少年就会成群结伙地跑到河边、江边，砍点冰块下来大家分着吃，咬一口嘎嘣响，比嚼糖块还香甜。许多关内人看得浑身发冷，心想，他们怎么就不胃疼拉肚子呢？原来，长白山中的水好。山里人说，那是"人参浆"，喝了大补。

21. 关东三宝

关东山，

有三宝，

人参貂皮鹿茸角。

松花湖区，是"关东三宝"主要产地。

人参：是百草之王，草木之精，传说能幻化成人，药效卓著，有使生命垂危之人起死回生之功效，古人叫做"生死人而肉白骨"。所以，长白人参又被称作"神草"。

《梁书》（卷五十一）记载：陈留孝子阮孝绪，因母病到钟山采参，鹿引获此草，服之遂愈。

《五行记云》记载：隋文帝时，上党有人宅后每夜闻人呼声，求之不得。去宅一里许，见人参枝叶异常，掘之入地五尺，得人参，一如人体而四肢毕备，呼声遂绝。观此，则土精之名可证也。

《集解》之《别录》曰：人参生……辽东（长白山脉），二月、四月、八月上旬采根，竹刮暴平，无令见风，根如人形者有神……

《本草刚目·草部卷》记载：人参，或省作参。时珍曰：人参年深，浸渐长成者，根如人形，有神，故谓之人参、神草……其成有阶级，故曰人衔。其草背阳向阴，故曰鬼盖。得地之精灵，故有土精、地精之名。

《搜神别传》记曰：关东不咸之山（长白山）有异草（人参），生于半

275

阳之地，吸诸粟末（松花江）之水，凡千年方成龙蛰之势，为之龙参，能生死人而肉白骨。曾有渤海涑州夷人得之。是夜皇帝梦有草龙腾空而至。翌日，即有夷人献龙参一株……

长白山是人参的故乡。长白人参名扬天下。

有民谚曰：

天下人参在长白，

长白人参在吉林，

吉林人参在朱雀山。

朱雀龙参冠天下。

朱雀山在松花湖畔。当年清太祖高皇帝努尔哈赤曾在朱雀山挖得龙形人参一苗，是长白山之宝，故名龙参。

松花湖畔由于森林茂密，郁闭度高，土质肥沃，空气湿润，不旱不涝，非常适于人参生长，故上等长白人参基本产自松花湖畔的群山之中。

人参，是清朝吉林打牲乌拉总管衙门必须进贡的长白山特产之一。

貂皮：是紫貂和雪貂的皮毛。紫貂是一种产于亚洲北部的貂属动物。广泛分布在乌拉尔山、西伯利亚、蒙古、中国东北以及日本北海道等国家和地区，以长白山麓松花江畔所产最著名。紫貂主要猎食鼠、兔、野鸡、小鸟和鱼类，有时也吃浆

果和松果。紫貂性机警，行动敏捷，在天气恶劣或遭遇捕杀时，会躲在巢穴中，甚至将食物储藏在里面。紫貂喜欢栖息在海拔800-1600米的针叶阔叶混交林和亚寒带针叶林中，常以石缝、石洞、石塘，树洞等作为临时住处，洞内干净、清洁，还分为仓库、厕所和卧室等，卧室呈小圆形，直径20—25厘米，里面铺垫有草、鸟羽和兽毛等，洞口常有入口与出口之别，活动范围一般在5—10公里左右。紫貂除交配期外，多独居；其视、听觉敏锐，行动快捷，一受惊扰，瞬间便消失在树林中。

紫貂的皮毛称为貂皮，在中国只产于东北地区，与"人参、鹿茸"并称为"东北三宝"。是吉林打牲乌拉总管衙门每年必须向清朝皇室进贡的必贡品。

紫貂又叫栗鼠。身大的如獭，体型似鼬而尾粗。毛有一寸长，紫黑色。用皮制成衣帽和风领，寒冬腊月穿在身上既华贵又暖和，沾水不湿，雪落在上面即融化。毛带黄色的，是金貂，白的，是银貂，又名雪貂。

猎取紫貂很难。据老猎人说，吉林打牲乌拉总管衙门中的猎貂"牲丁"为完成任务并确保貂皮无损，常常要在风雪天赤裸着身体躺在有紫貂出没的林海雪原中。紫貂心善，常以自己身体覆盖冰冻的牲丁，便由此被捉。只是，赤身捉貂者，常常冻死在雪原中。即使捉到貂，自己也冻掉手指、脚趾和耳朵鼻子，人也残废了。猎人捕貂基本采用布网和烟熏的方式。

布网，即在有紫貂活动的区域布好罗网，网上有铜铃。紫貂出洞一旦撞到网上立刻被丝网包裹起来，铜铃一响，猎人立刻出来捕捉。这样捉到的紫貂也不损坏皮毛。

烟熏是确定紫貂在洞中躲藏后，即将其它洞口堵死，只留两个洞口，将网布在另一个洞口周围，人在这个洞口外点燃带有辣椒等物的燃料，然后将烟雾扇进洞中。紫貂抗不住烟呛，就会从另一洞口逃窜，结果钻进网中。中国古代皇帝的侍从们爱用貂的尾巴来做帽的装饰，《晋书·赵王伦传》中记载，由于当时任官太滥，貂尾不

足,就用狗尾代替。因此人们讽刺道:"貂不足,狗尾续。","狗尾续貂"这句成语就来源于此。

鹿茸角:就是鹿茸,雄鹿的犄角。

雄鹿的嫩角没有长成硬骨时,带茸毛,含血液,叫做鹿茸。

鹿茸是一种贵重的中药,用作滋补强壮剂,对虚弱、神经衰弱等有疗效。为常用中药,《神农本草经》列为中品。由于原动物不同,分为花鹿茸(黄毛茸)和马鹿茸(青毛茸)两种;因采收方法不同又分为砍茸与锯茸二种;由于枝叉多少及老嫩不同,又可分为鞍子、二杠、挂角、三岔、花砍茸,莲花等多种。

梅花鹿的鹿茸最好,是鹿茸中的佳品,也是清朝皇室指定由吉林打牲乌拉总管衙门进贡的必贡品之一。

松花江畔是梅花鹿的乐园。这里森林茂密,水草丰美,又滨临松花江,特别适于梅花鹿生长。吉林市之东的龙潭山,在汉魏时期的夫余国时叫鹿山——因生产梅花鹿而注入史册。朱雀山以及老爷岭等山脉都是梅花鹿的自由王国。至今,山中每到秋季,梅花鹿和狍子都要成群结队地跑到农民的大豆田中去捋吃黄豆,农民只好想法护秋、驱赶。

乌拉草:然而,松花湖畔流传的民谣却说:"关东山三件宝,人参貂皮乌拉草"——干脆把鹿茸换成了乌拉草。

乌拉草所以能成为关东人心目中的宝,是因为乌拉草是穷人的救命草。第一,乌拉草在松花江畔的山

前草甸子中遍地生长,容易割取。第二,乌拉草可以絮到牛皮靰鞡鞋中做保暖。一只靰鞡鞋中絮上三把乌拉草,即使在冰天雪地中站一天也不会冻脚。没有棉被的穷人

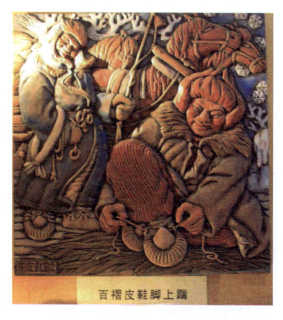
百褶皮鞋脚上蹒

家还可以用乌拉草絮成窝状,夜晚钻进去照样暖和。

松花江畔的山里人还说,乌拉草所以出名,是因为受过康熙爷的皇封。

传说,康熙皇帝第一次东巡吉林正值早春时节。那年春寒料峭,松花江畔冰雪未融,十分寒冷。年轻的康熙皇帝为了向东北边疆之外的沙俄和国内百姓炫耀武力,经常在巡查期间率众打猎。这天,康熙皇帝来到松花江畔的山林中围猎,纵马弯弓,驰骋于山林中,亲手射杀了不少狍鹿。虽然此时已经暮色苍苍,吉林将军启奏康熙,天色已晚,应起驾回吉林将军府了。康熙猎兴正浓,便说再围一猎,然后就地宿营。吉林将军只好组织人马再次圈住一片山林,以供康熙射猎。夜深时刻,皇帝的御帐中虽然生着熊熊的炭火炉,但终究难抵关东山野的深夜酷寒。康熙只好起身围炉烤火,但身上烤暖了,双脚却冻得猫咬似的疼痛。康熙忍耐不住,只好出帐行走以使脚暖。行走中听到随行的吉林将军府的官兵们躺在帐篷中鼾声如雷。心中暗忖:难道他们不冷?

正在此时,马槽的篝火旁传来砰砰的捶打声。康熙走近观看,原来马夫正在一块平板石头上捶打一把细细的长草,然后把捶打完的长草絮进了一双牛皮靰鞡鞋中。康熙奇之。马夫说这草絮到靰鞡鞋中可保整天站到冰天雪地中也不会冻脚,那些酣睡的官兵正是人人穿了乌拉草絮的靰鞡鞋才能安然入睡的。

康熙虽然穿了蒙古族人进贡的毡靴"踏踏玛",却早已冻得难忍,于是立刻脱下踏踏玛,换上了马夫刚刚絮好的靰鞡鞋,立刻感到柔软舒适,温暖异常。就这样,康熙回到御帐中安然睡到天亮。醒来后仍然觉得穿着靰鞡鞋的双脚温暖舒适异常。

早膳后,群臣齐集康熙大帐中议事,说起关东之宝物应数人参、貂皮、鹿茸角三宝为首。康熙听后却由衷地说,我看这关东三宝应改为"人参貂皮乌拉草"。人参是能使人强身壮力的大补之品自不必说,貂皮更是保暖异常,但鹿茸角只能药用,而乌拉草遍地生长,百姓随手可采,晒干捶打后便可取暖。尤其是关东的官兵和百姓,全靠乌拉草絮鞋防寒过冬。乌拉草有如此大用,难道不是关东一宝吗?

从此,这松花江畔的乌拉草,便成了皇上御封的神草了。

22. 拉帮套

　　拉帮套是旧社会存在于长白山麓松花江畔的一种一妻二夫的婚姻形式。

　　旧社会，长白山区人烟稀少，许多闯关东的流民一头扎进长白山，或者挖参，或者伐木，或者放木排，或者在船上当水手，或者给有土地的人家打短工、长工。时间长了，因为各种原因回不去关内老家了，只好找个人家落脚。如果时间长了，和女主人产生了感情，就很可能和男主人形成了二夫一妻的婚姻关系。这种后落户于女家的婚姻关系，叫拉帮套。

拉帮套,原来指一马拉不动大车,必须在车辕旁再套一匹马帮助辕马拉车,这叫拉帮套。后来有人就以此喻人。说有困难的家,好比载重的大车,男主人好比拉不动车的辕马,那么帮助男主人顶起门户的人,就叫"拉帮套的"。

拉帮套通常有如下几种形式。一是男人老弱病残,无力养家糊口,只好同意妻子再找一个男人进家种地、砍柴,拉扯老婆孩子,形成事实上的二夫一妻制。二是男人游手好闲,吃喝嫖赌,唆使自己的老婆找个能干的男人拉帮套,自己乐得在外逍遥自在,这样也形成了事实上的二夫一妻制。三是自己软弱无能,外来的男人十分强霸如胡匪之流,硬是挤进自己家,霸占了自己的老婆,自己家无可奈何地形成了二夫一妻制。

一般的男主人都对拉帮套这种婚姻心存嫉妒,但又无可奈何。拉帮套者也多数感到名不正、言不顺,但一来和这家女人有了感情,生了孩子,舍不得走开。二来有的人无家可归,无处可走,只好在人家忍辱负重,了此残生。

拉帮套的人一般住在主人家的偏厦房或者下屋内,不和男主人同桌吃饭,常常是自己坐在灶前快速吃完了就去干活儿,总觉得身在屋檐下,不得不低头。

但有的女人很重情义,常常在拉帮套者年龄渐大时,在过年或者过节的重要时刻,把两个男人招到一起,宣布哪个孩子是谁的,随谁姓。这在关东山叫"擗儿女"。

这种现象在旧时代的长白山麓、松花江畔的山村中被视为合理合法现象,人们容忍它的存续。

电视连续剧《情债》,就是描绘东北拉帮套的婚姻生活的。但,解放后,此俗在颁布婚姻法后已完全废除。拉帮套成为长白山中松花湖畔的一种逝去的民俗文化。

23. 滑雪撵鹿

　　如果是冬季,我们乘坐松花湖上的雪道爬犁在湖上游览时,如果能够穿越时空,回到清朝时期,那么,我们就会轻易听到松花湖两岸的山林中传来一阵阵尖厉的呼哨声,就会看到一群群梅花鹿从山上汇聚到山谷,像雪崩似的顺沟而下,后面紧跟着一位位飞速追赶的猎人。当鹿群踅上山坡时,后边的猎人则像林中鹰隼般灵巧地追上山坡;当鹿群被逼上沟谷时,后边的猎人则呼啸着衔尾而至。猎人在鹿群腾起的雪雾中时隐时现,快似闪电,场面惊心动魄,令观者目瞪口呆。这就是古代长白山区猎人的滑雪撵鹿。

　　松花江畔的冬季长达半年,到处是冰封雪裹的世界。过去居住在松花江畔的满族人冬季的生产活动基本是雪地狩猎。为了能够顺利地在山岭沟壑遍布的山区追踪捕获野兽,他们发明了利用木板承载身体在雪地上滑行的方法。这种木板猎人叫踏板,利用踏板在雪地顺坡滑行叫滑雪。

　　清朝自从在吉林市设立吉林打牲乌拉总管衙门后,向清朝皇宫进贡活的梅花鹿就成为猎户们的必要任务。捕捉活的梅花鹿比较困难,一般不用圈套,因为圈套容易将梅花鹿勒死。用陷阱的捕获率也不高。最有效的办法,是脚蹬滑雪板追赶梅花鹿,直到把梅花鹿撵得筋疲力尽,就可以活捉了。这种狩猎方式叫"踏板撵鹿"。现今的滑雪活动大概是从以前猎人踏板狩猎活动中演化过来的。

狩猎者的滑雪板一般用柞树的木质表层制作。这一层的柞木板材质硬,不易磨损,韧性大,有弹性,不易折断。制作滑雪板的木板要先按照规矩做成板型,再放到开水锅中煮,或者放到热灰中煨,将滑雪板的前尖煨成上翘45度的形状，然后在中间部位钉上皮条，以便绑到脚上。

　　猎手在高山密林中用的狩猎滑雪板一般长160厘米左右，较短，宽15厘米。滑雪板底下绷上野猪皮，滑雪时顺毛，速度极快。

　　猎手滑雪追踪梅花鹿，常常要长距离追踪。梅花鹿腿长，善奔跑，在雪地奔跑的平均速度也要超过每小时50公里。猎手脚踏滑雪板追赶梅花鹿要具备高超的滑雪技术，要在飞滑过程中躲避树木、灌丛、沟谷、悬崖，乱石塘等。有时猎人需要脚蹬滑雪板飞跃沟谷，飞跃岩石。猎人为了捉到一头活的梅花鹿，常常要追赶百多里路才能把鹿追趴下。有的猎手还可能在追鹿过程中跌下悬崖，遭遇雪崩而丧生。有的猎手的滑雪杖顶端都拴着一根牛皮弦，平时是滑雪杖，急用时可以将滑雪杖煨成弓形，将弓弦一挂，就形成了一张硬功。

24. 松江放排

激流澎湃的松花江上，一架架木排从上游顺流而下，构成了清朝至丰满水电站建成历史阶段的特殊风景。那时从上游顺水放下来的木排到吉林市需要十几天时间，如果放到草原或者哈尔滨、伯力等地方，则需要几个月的时间。所以放排人必须在木排上搭个草棚，用以遮风避雨。松花湖区山高林密，是我国主要木材产地。旧社会陆路交通断绝，木材运输主要靠水运，这就产生了松花江放木排的行当。

上游木帮将木材砍伐下来后先顺山势串进松花江中，这些散放进松花江的原木叫"放羊"。放排人将这些"放羊"的木材集中到一起，按照不同的树种和规格，钉成木排，然后每个木排上由一名放排工驾驶，组成一条长龙，集体向下游流放。一般的航船船舵安置在船尾，就如鱼的尾巴，用以调节方向。但是，打头的木排的舵都是放置在前边。所以，关东有民谣说："松江放排真是怪，五尺大舵安前边"。这是因为松花江上多的是激流险滩。如果把舵放在后边，很可能让木排在激流险滩中撞个粉身碎骨。若把五尺大舵安放在木排前，则不一样。放排人既可用大舵当篙点拨礁石，又可以用舵快速调整方向，避免在激流中触礁、抢滩和搁浅。

25. 走艉艐

　　艉艐,又作威呼,系满语发音,指小船。满语汉译为独木船。它是松花江畔自古流传下来的一种诗意化了的水上运输工具。《黑龙江外记》曾有记载,"威呼"形状似梭,大的可以容纳五六人,小的可以容纳二三人。剡木两头为桨,形状似柳叶底圆舷平,两头尖并向上微翘。常为独木做成,即所谓"刳木为舟"。舟宽仅容膝,头尖尾锐,载数人,水不及舷。中流荡漾,快如箭。如遇河水暴涨,则联二为一,制成方舟,其大可渡车马。威呼由于在江河中行驶速度快,因此汉人称之为"快马了",而用木板联成的则称为"对子船"。

　　明清时期,吉林松花江流域尚未大面积开发,森林遍布,江河纵横,采集人参和狩猎的满族人常常携带着用桦树皮做成的小艉艐前行,这种小艉艐只容纳一人,两手做桨即可划行。

　　艉艐载人亦载物。松花江畔的满汉民族夏季用艉艐做交通工具,如若运送过江车马,只需把两只大些的艉艐并连在一起,上面搭上木板即可。冬季江河封冻后,即将艉艐拉上岸来,用作马槽饲喂牛马。早些年,松花湖畔许多屯落的人还用马槽做水上捕鱼和交通的工具,这是沿袭了满族的艉艐传统。清代,松花江边的渔民采捕

东珠(珍珠)和捕鱼都离不开艍艒。据有关史料记载,吉林打牲乌拉负责采珠捕鱼工作的400余只船只中艍艒就占了359只,足见艍艒的重要。

艍艒不仅是满族先人创造的小船,也是一种历史文化载体,它承载着松花江畔的水上历史风情。乾隆皇帝于乾隆十九年(1754)东巡吉林时,曾写下了《吉林风土杂咏十二首》,其中第一首便是《威呼》:

取诸涣卦合羲经,舴艋评量此更轻。

刳木为舟剡木楫,林中携往水中行。

饱帆空待吹风力,柔橹还嫌划水声。

泥马赊枯尤捷便,恰如骑鲤遇琴生。

乾隆歌咏威呼的御诗一出,御前大臣立刻唱和。文渊阁大学士兼工部侍郎刘纶写道:

苇航不信咏蒗经,独木真逾三板轻。

横比龙梭池作跃,挟疑马皂陆堪行。

厂边老树空腔影,江上平波滑笋声。

来往松花绿痕剪,胶杯小窝陋庄生。

内阁大学士、户部尚书、军机大臣汪由敦和道:

落叶浮沤匠意经,刳来独木体原轻。

凭教有力趋能负,好放中流稳独行。

击汰浪花翻雪色,贯槎星汉泻风声。

但容刀处看飞渡,不待前溪新水生。

汪由敦咏《威呼》的诗写得最好,语言清新流畅,凸显了威呼的轻盈快捷如同一把刀剪一样剪开碧水,冲起浪花,犹如雪色,承载着人在激流中自由穿梭。

清末宣统年间沈兆禔在《吉林纪事诗中》写道:

刳木为舟似叶轻,张帆荡桨任纵横。

飙轮一样梭穿急,赢得威呼自在行。

在松花江畔的满族生活中，与艅艎相近的还有扎哈。满语扎哈，也是小船的意思。其区别是艅艎是独木船，而扎哈不是独木的，它比艅艎还要小，更加轻捷。也有的艅艎和扎哈是用桦树皮做成的。穿山越岭携带更加轻便。

威呼还是松花江畔满族的一种古老的体育活动工具。由划船变成一种游戏和体育竞技项目，就是满族的"赛艅艎"。满族老年人说，早年捕鱼采珠是松花江畔满族人世代相传的职业。每年农历七月十五这天，按满族风俗，都要举行纪念祖先和庆贺丰收的活动。赛艅艎，就是满族先人的庆祝和祭祀活动之一。

在城镇，由于远离江河，满族的"赛艅艎"就成了"赛旱船"。人们扎起彩船，吊在身上，手滑木桨，载歌载舞，这就是划旱船。划旱船，是聚居农牧区的满族弃渔从牧后的一种纪念性娱乐活动。

清代赛艅艎不但是儿童的游戏和大人节庆期间的娱乐活动，而且还是重要的军事体育项目。有资料记载，吉林水师营就常常举行赛艅艎活动。活动分水上和陆上两种。

水上比赛时，即各组固定人数乘舟划桨竞渡松花江。以快捷者为胜。陆上比赛时，5人一组，两组同时进行。4人朝前一人背对之，成员左右手共握两根竹竿，竹竿前后运动，如同在船上持桨划水，全队人同步疾跑，边跑边喊："伊勃棱格（前进、前进），哎嗨哟！"通过口号来掌握节奏和速度，为首者胸部撞终点线为胜。

松花江流经长白山千山万岭，因而成了过去人们主要交通要道。艅艎成了主要的交通工具。不过，由于运输的需要，小小的原始艅艎已经不能满足要求，于是，长达数丈的大型船只和轻快便捷的对子艅艎便成了松花江中的运输主力军。

对子艅艎由两只长有丈余的木船相连组成。逆水行舟时，可拆开航行，这样省力又快捷，顺水行舟时，则两条船并驾齐驱，上边铺垫木板，可以装载更多的货物。当然，松花江上许多激流险滩处的运输工作，还是要靠单只艅艎运输。到了平坦处，就有专门的对子艅艎停泊在那里等候。

26. 松湖水怪

世界上,凡是有高山湖泊或者荒野大泽的地方,几乎都有媒体报道发现了什么水怪。譬如苏格兰的尼斯湖水怪,中国新疆的喀纳斯湖水怪,中国东北的长白山天池水怪,四川的列塔湖水怪,俄罗斯西伯利亚钱尼湖水怪等等。

最近几十年来,松花湖水怪现象不时爆出,引发了科学界和舆论界的密切关注。

喜欢到松花湖垂钓的吉林市孔氏兄弟从20世纪80年代起,每年夏天都在松花湖边野营钓鱼。他们对记者说,2007年7月27日9时许,他俩露宿湖畔起床后准备支竿钓鱼,突然看见前边的湖面上有什么东西,位置在松花湖金龟岛与他们所在地中间,距岸边大约150米。哥哥说,因为距离太远,看得不是很清楚,它是从南向北游,大约1分钟后就不见了。弟弟说,我们确实看见湖中突然出现了奇怪的东西,估计有10米长,露出水面的是3个黑点,成一条直线向前游,没有水花! 不知这是什么东西。

松花湖区海浪屯的渔民付英启在十几年前划船到海浪口捕鱼时,忽然发现前方50米左右的水面上拱出一个黑乎乎的东西,有磨盘大小,游动时带出很高的水棱子,中间是很深的水沟。付英启是老渔民,知道松花湖中肯定有不知名的大家伙,自己的渔船若被这东西拱一下,肯定得翻船。所以吓得他鱼也不打了,立即掉头划船回了家。

小海浪屯年过80岁的胡守仁老人是世居海浪屯渔猎为生的满族人。20世纪六十年代,他在渔业队出湖打鱼时,偶尔会看见湖面上突然鼓起一二尺高的大水包,呼呼向前游,速度极快,后面拉起很深的浪沟。那肯定是湖中极大的水族,但不知是什么，因为他始终没有看到过那东西的真面目。

松花湖上有几位游艇驾驶员，曾多次载客在金龟岛附近发现湖中忽然冒出个很大的东西，速度像快艇，从自己的船头前横向游过去，露出两米多长的脊梁，黑乎乎的，油光闪亮。船上的游客看见那东西都惊叫起来。但是等大家准备好相机

拍照时，那怪物已经隐入水中不见了，水面只留下很高的浪沟。大家猜测，这家伙最少要有十米长。另一位年岁较大的驾船师傅说，他载着游客在湖中游玩时，曾多次遇见松花湖水怪，有一次发现三个黑点浮出水面，游动速度极快，脊梁上露出长长的脊鳍，每条怕有20多米长，和他驾驶的游艇长短差不多。

松花湖畔杨木沟五队一老年人说，他是湖畔的老渔民，多次看见过湖怪。几十年前他划着船到湖中心去下网，船忽然猛烈地颠簸了一下子，差点翻了个儿，等他稳住身子时，只见一个很大的黑家伙哗啦一声向前游去，约有碾盘粗，十几米长。大概方才自己的船划得速度太快，船底一下子撞到这家伙的身上，它一抖身子，就差点儿把我的船拱翻了。

这位老人还说，他在杨木沟口的湖面上几次看到过松花湖水怪。他说不独他看到过，这渔村的男女怕不下上百人都看见过水怪。他说，有一年的冬季，他们几个人下湖在冰面凿冰捕鱼，忽然听到远处冰面咔嚓嚓剧烈响起来，整个松花湖面的冰层

都剧烈地颤抖起来。忽然，不远处的冰层被什么东西拱起来有二尺高，稀里哗啦地响着，一直响到他们的身边，那拱起的冰层来到他们的身边不远处稍微停顿了一下，又忽然斜刺里向前快速拱去。这东西过去后，松花湖上三尺多厚的冰裂了一个大口子，宽处有三四米，窄处也有一米左右，只见黑黝黝的江水从豁口出漾出来，景象十分吓人。

杨木沟村五队的另一位渔民说，有一次他们参加婚礼的上百人都看见松花湖中忽然冒出了个很大的黑家伙，顶着波浪快速前进。杨木沟五队是背山面湖而居，湖中有什么动静，抬眼一看，一览无余。那天，贺喜的人群中有个人忽然瞭了湖上一眼，就看见了水怪。他一喊，大家就全看到了。那东西老远看都有一头牛那么大的

一块露出水面，游动的速度非常快，是顺着松花湖主航道的方向游动的。游了好久，才没入水中。但它带起的巨大的扇形浪沟，却好长时间才在平静的湖面消失。

杨木沟五队有个叫罗强的渔民，有天驾船载着几名渔民出湖捕鱼，忽然一个说不出形状的大家伙从船前不远地方横向游过，谁也不知它是从什么地方冒出来的。那东西的脑袋和脖子露出水面足有两三米，向前游了几百米后隐入湖中不见了。它顶起的波浪足有二尺高，身后拉起了深深的大水沟，样子十分骇人。船上的渔民都看见了。

五百多平方公里的松花湖区时常会听到五花八门的有关松花湖水怪的传闻。你若不信，可是湖区有许多人言之凿凿，目击者有男有女，有老有少，有知识分子，也有工农群众，更有来自松花湖游览的外地游客。

根据目击者叙述的情景看，可对松花湖水怪概括为三种意见：

一为蛟龙说。有的目击者根据自己发现的水怪形状，认为那是湖中的龙现形。传说松花江中古代就有龙嘛！持这种观点的人多为湖区的老年人。

二为巨鳖说。有的目击者根据自己在湖中发现的水怪情景，坚持说那水怪是巨鳖。曾经在丰满水电站修建前跑水路的老船工和放排人说，松花江中原有磨盘大、笸箩大、锅盖大的巨鳖。尤其是额赫岛附近，原来的松花江额赫岛哨口（险滩）悬崖下有一巨大的平踏踏的礁石，往来行船和放排的船工经常看到那块巨大的礁石上有一些巨大的鳖在那里晒太阳，一旦遇到上游有船和木排放下来，那些巨鳖立即潜入江中。有的动作慢吞吞的，有的则立起身子像车轮一样滚下松花江。老水手们讲，那些大鳖最小的也有锅盖大，最大的怕有碾盘大呢！如今松花湖蓄水发电已经70多年了，那些发现的巨鳖肯定现在长得更大了。坚持巨鳖说的青壮年们的根据则是，20世纪七十年代曾有一辆医院救护车载着五个人从封冻的松花湖冰面行驶，因

陷进龙龕口而坠入几十米深的湖中。入水救援打捞的两名潜水员第一次潜下水去不久就浮上来，说水下有几只磨盘大的巨鳖正在撕食那几名溺水者。人不敢靠前。后来又增加了两名潜水员，并且携带了利器才集体潜下水去，驱走了巨鳖，将尸体打捞上来。围观者说，后来打捞上来的尸体的确衣衫破碎，血肉模糊，面目全非。

三是巨鱼说。有人怀疑最近几十年间频频发现的松花湖水怪是松花湖中的巨鱼。因为松花湖的前身是松花江。松花江早在清朝就出产一种身体巨大的鲟鳇鱼，是清皇室必征的松花江贡品。为此，吉林市北郊的舒兰市至今保留着清代修建的饲养鲟鳇鱼的黄鱼圈。鲟鳇鱼在松花江和黑龙江中繁衍生息，是东北内陆河中的巨无霸。2009年5月，黑龙江抚远县江段的渔民在进行捕捞作业时意外发现了一条鲟鳇鱼。由于它身躯巨大，捕捞过程中严重受伤，当送到抚远县鲟鳇鱼繁育中心时，已经奄奄一息。鲟鳇鱼繁育中心的工作人员对这条鲟鳇鱼实施了人工取卵，并进行了背鳍切片实验，发现这条鲟鳇鱼年龄约为87岁，身长达3.8米，体重186公斤，并被制作成标本。据说，这是黑龙江鱼展馆成立以来，制作展出最大的一条鲟鳇鱼标本，被称为"祖母级"标本。2013年9月9日，中央电视台又报道：6月7日上午，黑龙江抚远县一渔民捕获到一条长约5米、重620斤的野生鲟鳇鱼。鲟鳇鱼是世界濒危物种，渔民立即拨打报警电话，抚远县边防大队官兵，帮助渔民将鲟鳇鱼妥善安置到岸边深水区，并组织警力现场看护。目前，这条鲟鳇鱼已经被送往鲟鳇鱼繁育养殖基地进行治疗。另外据了解，这条雌性鳇鱼即将产卵，被捕捞上来时身上有多处外伤。伤愈后将对其进行人工孵化、繁育和放流工作……

坚持巨鱼说的人认为，松花江中自古就有鲟鳇鱼，现在被大坝隔到上游的鲟鳇鱼由于松花湖水域辽阔，食物丰富，因而肯定繁衍得更加旺盛，成长的个头也更大了。哲学家说，一切皆有可能。说不定哪位游客在游览松花湖时会有幸邂逅湖中的鲟鳇鱼，并且抢拍下鲟鳇鱼的画面。或者可一解松花湖多年来的水怪之谜。

笔者曾以此观点说于湖区众人，然而，坚持蛟龙说和巨鳖说的人说，松花湖中不但有巨大的鲟鳇鱼，而且也有巨鳖和蛟龙！

27. 棒打狍子瓢舀鱼

长白山麓松花湖畔有许多谚语,生动有趣,含义深刻。比方说松花湖畔就自古流传着"棒打狍子瓢舀鱼,野鸡飞进饭锅里"的谚语。许多山东、河南等关里人,都是听了这些谚语,才下决心拖儿带女、背井离乡闯关东来的。

"棒打狍子瓢舀鱼,野鸡飞进饭锅里",是描绘过去人烟稀少的长白山麓、松花江畔野生动物资源丰富,野兽不怕人。过去的东北,尤其是山区,森林茂密,人烟稀少,野生动物众多。特别是狍子这种生性好奇的动物,不知人类为何物,常常在遭遇人时要近距离审视一下,研究一下。这时候,如果人类拿起木棒突然袭击,就可以打死几十斤重的大狍子。

说到鱼类,早年闯关东的人说,无论松花江中还是山溪河流中到处都生长着成群结队的鱼儿,因为从来没有人捕捞过,因而多的是。站在岸边一看,大小鱼儿缕缕行行,一帮一群的。只要拿个水瓢、笊篱或者土筐到水中,看准了,就可以下手捞到。在山中干活时,用镰刀削一根树枝做鱼叉,看准了扎进河中,就会扎到尺把长的细鳞鱼。至于松花江边,每到鱼儿咬汛的产卵期,用镰刀和铁锹就可以砍到游到岸边的鲤鱼、鲫鱼和鲶鱼等。

至于那些美丽的大野鸡,更是多得像麻雀一样,田间地头和场院里,到处可见。冬季,大雪漫天,食物匮乏时,野鸡们会成帮结伙地飞到居民的苞米楼子和场院的草垛旁,寻找粮食充饥。到夜晚,野鸡们看到人们在野外点起的火堆,就一群群地咯咯地叫着,往火中飞扑。就像自动飞到饭锅里一样。可见早年的关东山多么富饶。

28. 春天捣一棍，秋来吃一顿

"春天捣一棍，秋来吃一顿"，是长白山麓松花湖畔的一句有趣的谚语。

原来，松花湖畔的山中草木繁茂，野生动物繁多，年复一年的死亡腐烂后就变成了厚厚的腐殖土，加之长白山火山喷发后落下的厚厚的火山灰，就变成了长白山特有的黑钙质土壤。老人们说，关东的黑土地千百年来无人开垦，土质十分肥沃。扒开草丛树叶抓一把土看一看，黑黝黝的，松松软软，油光闪亮，好像攥一把能挤出油来似的。

早年间，整个东北特别是长白山麓松花江畔人烟稀少，满目荒野，无人管辖。因而，闯关东的人喜欢"放火烧荒"——到了春天种地的时节，只要放一把火，烧出一块荒地，这块地就归自己所有了。刚开垦的黑土地只要用棍子在上面捣出个坑，撒下种子，无论什么庄稼到秋来都会丰收。是玉米，就会结出牛角似的大苞米穗子，是高粱，就会长出火把一样的高粱穗子，是大豆，就会结出满棵儿的累累豆荚。那是种什么收什么的土地，根本不用像关内一样，耕耙耘锄，累个三春带六夏才能秋收。

但老百姓说的"秋来吃一顿"指的却不是普通庄稼，而是指的角瓜、面瓜。东北的黑土地特别适合瓜类生长，如果春天在黑土地上捣一棍，撒下瓜种，那怕只是一棵瓜秧，到秋来就会收获两三个好几斤重的大瓜。尤其是那些满含淀粉的窝瓜、玉瓜，蒸一个或者熬一个，足够一家人吃一顿的。你看长白山和松花湖待人多热情！

29. 白山雪蛤

剑侠小说中常有如此传奇情节：某武林高手因重伤或中毒，命悬一线，危在旦夕。幸亏得到长白山千年雪蛤食之，于是，患者起死回生……由此，引发好多读者的探究，长白雪蛤究竟是什么神物？

雪蛤，学名林蛙。中国林蛙属欧洲林蛙的中国亚种，商品名哈士蟆，广泛分布于中国东北山

区，包括长白山脉、小兴安岭大部、张广才岭腹地。生长在长白山麓松花湖畔的雪蛤属长白山林蛙，又名白山雪蛤，品质最佳，被列为易危物种。它富含4种激素、9种维生素、13种微量元素和18种氨基酸，是集药用、食补，美容功能于一体的珍稀两栖类动物。

长白雪蛤肉质细嫩，易为人体消化吸收，适合各种年龄特别是体弱多病者及老人食用，具有很高的食补价值。长白雪蛤因味道鲜美、营养丰富，在明、清两代已成为皇家贡品，被列为宫廷"八珍"（参、翅、骨、肚、蒿、掌、蟆、筋），"四大山珍"（熊掌、雪蛤、飞龙、猴头）之列。

雪蛤油有润肺养阴、补肾益精、健脑益智、平肝养胃、抗衰驻颜，延缓衰老等功效，常用于身体衰弱、产后气虚、肺痨咳嗽、病后失调、神疲乏力、精神不足、心悸失眠、盗汗不止、痨嗽咳血等

症状。

　　雪蛤含有雌醇、辛酮等激素类物质具有同化激素作用,可促进人体内的蛋白质合成,尤其是免疫球蛋白的合成,明显降低感冒次数和其他疾病的发病率。因而能提高人体免疫功能。雪蛤还具有抗衰老的功效:其丰富的蛋白质、氨基酸、微量元素、维生素（A、B、C、D、E）和矿物质,对肌体生长发育、延缓衰老和健身强体等方面有很重要的作用。另外,雪蛤还具有美容养颜功效。雪蛤油经充分溶胀后释放出胶原蛋白、安基酸和核醇等物质,可促进人体特别是皮肤组织的新陈代谢,保持肌肤光洁、细腻、保持肌体的年轻态、健康态。其胶原蛋白与人体皮肤有较好的亲和力,极易被皮肤吸收,对防止手足皲裂、保湿、晒后修复、除皱、止痒、淡化色斑、头发护理以及促进伤口愈合都有较好的功效。

　　为了提高长白山雪蛤的产量,松花湖区的所有山沟河汊全部建起了林蛙养殖场,以人工繁殖和山林管护看养的形式,使白山雪蛤的种群数量越来越大,品质也越来越好。每当松花湖区的春季,你可在山中随处可见的水塘中听到如鼓蛙鸣,看到一群群黑色的蝌蚪在春水中畅游。夏秋季节,倘若你在湖区的山林间徒步旅游,无论山林水泽,你都有可能看到一只只林蛙正在林间草丛捕食昆虫呢!

江湖同源

1. 天水松花江

松花湖,是江城吉林的掌上明珠,因而,我们说松花湖就必须要说吉林市。

松花湖,是松花江风情万种的窈窕淑女,因而,我们说松花湖,就不得不述说吉林市的松花江。

松花湖是现代的,但松花湖又是历史的。

现代的松花湖,只有七十多年的历史,在地球上的自然山水历史中,它也许只

是个幼稚的孩童,只是个对世界充满着好奇,充满着憧憬,充满着光明希冀的少女,但是作为松花湖之母的松花江,却绝对可以算得上饱经历史沧桑的自然圣母。它可能与长白山同龄。自然界的山水本是同命相连。有水必有山,有山必有水。山水相依,山水相连,山水相映,这是大自然的宿命。

所以,当千万年前的长白山造山运动在地球的此端,在世界的东方,在中国的东北开始创造横跨东北的长白山脉的时候,上帝就已经在它的千山万壑间刻画出了这条与长白山相依为命的松花江。

远古的松花江,奔流在东北的大荒之地,因而无名。

东晋至南北朝时,松花江始称"速末水",下游称"难水"。

隋唐时期,松花江上游称"粟末水",下游称"那河"。

辽代,松花江全河上下游均称"混同江"、"鸭子河"。

金代,松花江上游称"宋瓦江",下游称"混同江"。

元代,松花江上下游统称为"宋瓦江"。

明朝宣德年间始名"松花江"。

松花江本名出自于南源东北亚地区最高峰的长白山主峰长白山天池。因其从海拔2744米的高处垂落,故被祖先用女真语(满语)命名为"松阿察里乌拉",即"天上的江"。"松阿察里"汉语音译"松花",意为天上。"乌拉"汉语意为江。合二为一,汉译为"大上的江",即"天河"的意思。

据说,清乾隆十九年(1754),爱新觉罗·弘历东巡时登上龙舟,在吉林水师营的护卫下溯江而上,站在船楼上眺望着从万山丛中奔腾流淌的松花江,只觉得气势磅

礴，震撼心灵，于是信口赞道："真乃铜帮铁底的松花江也！"

松花江发源于长白山天池，流向西北，在吉林省扶余县三岔河附近与嫩江汇合，折向东流，称松花江干流，在同江附近汇入黑龙江，最后在俄罗斯境内的额霍斯克海注入太平洋。全长1927公里，穿越辽宁、吉林、黑龙江和内蒙古四省区。支流有头道江、二道江、辉发河、饮马河、嫩江、呼兰河、牡丹江等，流域面积54.56万平方公里，超过珠江流域面积，占东北三省总面积69.32%。径流总量759亿立方米，超过了黄河的径流总量。

松花江流域范围内山岭重叠，林海苍茫。蓄积在长白山、大兴安岭，小兴安岭等山脉上的木材，总计10亿立方米，是中国面积最大的森林区。矿产蕴藏量极为丰富，除主要的煤炭外，还有金、铜、铁等。

松花江呈反S形流经吉林市。所以，松花江是东北的母亲河，更是吉林市的母亲河。

松花江如一条巨龙，自长白山天池冲破闸门，腾跃而出，奔腾而下，一路携带头道江、二道江、辉发河、饮马河以及千山万壑之水，小憩于松花湖后，一头钻出丰满大坝，蜿蜒蟠曲，穿城而过吉林市，留下了一个神奇的反"S"轨迹，使吉林市形成了自然的太极图谱。

吉林市自1673年濒临松花江建起成了第一座军事古城后，被称为"吉林乌拉"（满语：沿江的城池）。1682年，清康熙皇帝东巡吉林，在松花江上检阅水师时，慷慨赋诗《松花江放船歌》，其中有"连樯接舰屯江城"句，于是，吉林市也因了这条松花江，而成为被康熙皇帝命名的"江城"。

因而，吉林市是"由江而来、沿江而建、依江而展、因江而美"。

2. 大明船厂

阿什哈达摩崖石刻,是一个洋溢着诱人魅力的名字,一个蕴含着历史底蕴的美丽故事。

哈达,满语是山峰、山梁。阿什哈达是满语"一山忽分为二"的意思。阿什哈达摩崖石刻坐落在通往松花湖坝下吉丰滨江公路一侧。它的嶙峋峭壁上,有五百多年前大明朝辽东都司指挥使、骠骑将军和造船总兵官刘清,命令部下两次镌刻上了他三次率兵在此为大明国家建造兵船的事迹。

透过风雨侵蚀的斑驳字迹,我们的耳畔仿佛轰然响起了松花江水的如雷涛声。在这涛声中,时有搬运工人的抬木号子和造船工匠们的锛刨斧凿的砰砰之声。透过历史的风雨,我们仿佛看到大明的战舰正整齐地排列在岸边,船上樯桅如林,旌旗猎猎……

第一处石刻刻于明永乐十九年(1421),虽历经风雨,石刻上字迹清晰可辨,上有三行阴刻楷书,碑文是"骠骑将军辽东都司指挥使刘清"。

第二处石刻刻于明宣德九年(1432),在崖壁上有一条上圆下方的碑形线,中间高122厘米,宽62厘米,刻线内有七行文字,因刻楷书,字体大小不等。由于久经风雨剥蚀,花岗岩面风化较重,字迹多模糊不清,经认真仔细辨认,碑文为:

湖畔群山

任庆仕摄

钦委造船总兵官骠骑将军辽东都指挥使刘清。

永乐十八年领军至此。洪熙元年领军至此。宣德七年领军至此。本处设立龙王庙宇永乐十八年创立。宣德七年重建。宣德七年二月三十日。

碑文明确记载了刘清三次率军来吉林市造船和兼任造船总兵以及修建龙王庙,重建龙王庙的具体时间。

阿什哈达摩崖石刻距今已近六百年的历史,为保护这一古迹,1984年,省、市、区文物部门在此地修建两亭,分别冠名"摩崖阁"和"阿什亭"。在摩崖碑侧建立了展览馆。它是进入松花湖区的第一历史古迹。

3. 大清船厂与吉林水师

　　吉林市临江门至温德河口一带，曾是大清帝国的造船厂遗址。1656年，清朝第二位坐上金銮殿龙椅的顺治皇帝，为加强东北防务，钦调宁古塔将军沙尔虎达到吉林设厂造船，并筹建八旗水师。时兵将仅两千。船厂地址从大明的朱雀山下阿什哈达江段，下移至温德河口至临江门一带。船厂东西532米、南北60米，两年后，吉林船厂造船44只。

　　大清船厂的造船工匠和水师官兵都在临江门一带江岸安营扎寨，于是岸边的军帐，便被称为"船营"。直到现在，船营的名字依然保留，不过，它已经变成了吉林市一个以老船营旧址为中心的行政区。

　　大清船厂一直支持到1910年吉林水师营撤销，但吉林市从此留下了船厂船营的名字。

　　自吉林市区奔赴松花湖景区，驱车过临江门大桥时，正经过威震关东的大清帝国水师驻地。

4. 朱雀山

朱雀山是康熙皇帝东巡吉林时在临江门设黄帷大幄祭奠长白山神和松花江神之后，御封的吉林四大灵山之首。朱雀山位于吉林市南郊，号曰"前朱雀"，海拔817米，现已建成朱雀山国家森林公园，距国家级风景名胜区松花湖仅2公里。自吉林市区进入松花湖景区之前，首先看到的是巍峨的朱雀山群峰和美丽的朱雀山国家森林公园。

大清康熙皇帝东巡吉林时曾御封的吉林四大灵山是：前朱雀、后玄武、左青龙、右白虎。朱雀山即"前朱雀"，位列四大灵山之首。因位于吉林市之南，故称前朱雀。

传说，清太祖努尔哈赤在统一东北女真各部时，经常率部来朱雀山打猎，并在朱雀山中猎获一头长白山稀世珍兽悬羊，故朱雀山又被誉为"努尔哈赤围场"。至今山中仍留有猎户营遗址和重新修建的"努尔哈赤猎户营"。朱雀山又是盛产长白人参的地域，"朱雀人参"名闻天下。传说，努尔哈赤曾带领侍卫和爱妃乌拉那拉氏阿巴亥到朱雀山中，采得一苗稀世参宝——龙参，自此雄心大发，决定龙行天下，横扫华夏。于是，朱雀山又名"老汗王参苑"。大清建国后，朱雀山也被划为专供皇族食用的贡参之地。山中仍有"打牲乌拉总管衙门"派出参丁居住的"打牲乌拉棒槌营"。

1999年7月2日，吉林市江城晚报记者文连元到松花湖采风，猛然间，东顾朱雀山时发现了一个奇迹：朱雀山居然是一尊宝像庄严，栩栩如生的卧佛。文连元当场命名其为"朱雀睡佛"。自朱雀山下的吉丰公路到丰满镇沿途，回首往顾，总会看到朱雀睡佛清晰的身影。7月3日，吉林市《江城晚报》以整版篇幅刊载了"朱雀睡佛"的照片和文连元对朱雀睡佛的描述。两天后，省内外各大媒体竞相摘转《吉林市发现朱雀睡佛》的图片和文字。从此，朱誉睡佛名闻遐迩。

5. 北 山

　　北山，即大清皇帝康熙御封的吉林四大灵山之"后玄武"，原名九龙山，因在吉林乌拉古城之北，故俗名北山，或北大山。

　　北山是吉林市最著名的寺庙园林风景名胜区。

　　如果乘车沿长吉高速公路进入吉林市区，那么你刚刚驰上越山路立交桥，就会立刻被右侧一大片高楼大厦环围的青山绿林和明湖广场所吸引。这就是北山公园景观区——难得的都市中的天然森林式公园。

　　北山公园占地面积128公顷，1924年张作相任吉林督军兼省长时开始修建，历时3年方建成。解放后又经修复与扩建，现已成为闻名全国的旅游胜地。公园内建有诸多的亭、桥、廊和榭。吉林八景中，即有"北山双塔"、"药寺晚钟"、"德碑夕照"和"揽辔飞虹"四景。

　　北山公园内峰峦叠翠，绿树葱茏，湖波荡漾，游艇如梭。亭台楼阁，掩映其间；皇家圣踪，装点其内；文物古迹，闻名遐迩。

　　北山庙会盛名东北。自古即有"千山寺庙佳东北，北山庙会胜千山"之誉的吉林北山，是远近香客朝山进香，拜庙祈神的福地。自清代建成了关帝庙、玉皇阁、药王庙等寺庙群后，庙会至今已延续200多年。

6. 龙潭山

康熙皇帝当年御封的四大灵山之左青龙即龙潭山。龙潭山原名尼什哈山,位于吉林市东部,与朱雀山、北山及小白山合称吉林四大灵山,因地处吉林乌拉古城之左,即为"左青龙"。

龙潭山,雄踞于松花江东岸,山势雄浑,树木葱茏,山水相映,风景秀丽,是著名的旅游胜地。因山中有一龙潭,故得名龙潭山。

龙潭山上有古城,系2200多年前的扶余国建立的山城,后为高丽国占据并维修,故又称高丽山城。唐朝时被大将薛礼率兵攻破。至今《薛礼征东》的故事仍在龙潭山下流传。明末清初太祖努尔哈赤平定海西女真扈伦四部之乌拉部时曾兵败,只身逃进龙潭山,幸在一千年古树下隐蔽而躲过了追捕。乾隆皇帝东巡吉林时游龙潭山,御封此古树为"神树",并游龙凤古寺,为观音堂题匾"福佑大东"。光绪皇帝为龙潭题匾"挹娄泽恰"。乾隆皇帝还曾题诗龙潭山——《尼什哈山》:

吉林城东十二里,尼什哈山巍岌嶬。度江览景一登峰,红绿清秋错如绮。精蓝大士乃白衣,何代补陀飞至此。天池澄湛万山巅,翠樾倒影波中美。

旱不知竭涝不盈,亦不飞流落涧底。地灵雱萦固其宜,兆叶维鱼谁所始。

龙潭山主峰海拔388.3米,因其最高,故名南天门。登上南天门山巅可隔江俯瞰吉林市全城。据记载,早在元明清时期,龙潭山之东北侧有条小河,其中生长着一种奇特的小鱼,鳞片逆生,俗称"倒鳞鱼",传为龙种,所以龙潭山又被称作"尼什哈(满语,意为'小鱼')山"。

现在,龙潭山已被国家定为"龙潭山遗址公园"。

7. 小白山

　　小白山,系康熙皇帝御封吉林四大灵山之"右白虎",位于吉林市西南郊,由三座隆起的山峰组成。整个山形如同俯卧的老虎,故又称"白虎山"。又因山势如同长白山,故名小白山,被大清朝定为祭祀龙兴之地长白山的国祭之地。清雍正年间,雍正皇帝敕命在小白山上建立望祭殿,内设"长白山神位",供大清皇朝祭祀。乾隆东巡时,曾登临小白山望祭殿亲祭长白山之神。其后,大清皇帝不能亲临祭祀时,即钦派皇亲国戚或者国家重臣代皇帝每年来小白山望祭长白山神。伪满洲国傀儡皇帝爱新觉罗·溥仪作为清朝末代皇帝,也曾于1934年10月24日,在伪大臣陪同下,从长春到吉林市小白山望祭殿焚香叩拜,这也是最后一个皇帝最后一次来小白山望祭长白山。

8. 寒江雪柳·吉林雾凇

天公独此意，
赐我大江流。
晓雾凝高树，
霜滋誉九州。
——王彦增

吉林雾凇与桂林山水、云南石林和长江三峡同被誉为"中国四大自然奇观"，但吉林雾凇却是这四处自然景观中最为特别的一大奇观。

每当雾凇来临，吉林市松花江两岸"忽如一夜春风来，千树万树梨花开。"柳树挂银絮，松树绽玉菊，枯草被琼花，把人们带进如诗如画的仙境。江泽民同志1991年在吉林市视察期间恰逢雾凇奇观，于是欣然秉笔，写下"寒江雪柳，玉树琼花，吉林树挂，名不虚传"之句。1998年江泽民又赋诗曰："寒江雪柳日新晴，玉树琼花满目春。历尽天华成此景，人间万事出艰辛。"

北国江城，每到冬季千里冰封，万里雪飘。曾经碧波荡漾的松花湖，而今白雪皑皑、冰冻如铁，但冰层下面几十米深的湖水却仍然保持着4℃的水温。湖中水温和地面温度竟然相差30℃左右，于是就形成了丰满镇以下的市区几十里

不封冻的江面。丰满水电站大坝之下，江水滔滔奔流，汹涌澎湃地穿过吉林市区。温差使江水雾气翻涌，使几十里江面上如烟弥漫，似云袅袅，缠缠绵绵，久不消散。

沿江十里长堤，苍松林立，杨柳抚江。江面产生的大量雾气不断飘向岸边的树木草丛，遇冷后便以霜的形式凝结在粗细不同的树枝上、草叶上，形成了大面积的雾凇奇观。

由于吉林市拥有得天独厚的自然条件，所以吉林雾凇又具有持续时间长、厚度大、出现频率高的特点。每年从12月下旬到翌年2月底，都是来吉林市观赏雾凇的最佳时节。据吉林市气象部门提供的资料显示，雾凇最多时一年可出现60余次。在冰封雪裹的严冬时节，草木都已凋零，万物失去生机，然而雾凇奇观却总能"忽如一夜春风来，千树万树梨花开"地降临北国江城。那琼枝玉叶的婀娜杨柳、银菊怒放的青松翠柏，千姿百态，娇柔妩媚，让人目不暇接。

吉林雾凇仪态妖娆、独具丰韵。当雾凇出现的时候，夹江两岸，十里长堤，杨柳结琼花，松柏绽银菊，万物披银戴玉，千树冰肌玉骨。恍惚间，雾凇奇景仿佛把人们带进虚幻的仙境，让许多有幸身临其境的中外游客啧啧称奇，赞不绝口。

松花湖丰满大坝之下、朱雀山阿什哈达摩崖石刻之滨的吉丰公路沿松花江而筑。路旁的树木首先接受寒江热雾的沐浴。于是，"一江寒水清，两岸琼花凝"。这里成了观赏雾凇的绝佳之地。每当冬季来临，吉丰公路车水马龙，人潮熙攘，江畔"万缕银丝"。

9. 天外来客·吉林陨石

　　世界上最大的陨石——"中国一号"以及全世界十几个国家送来的各类陨石标本,收藏在吉林市陨石博物馆中。

　　吉林市陨石博物馆位于吉林大桥南端的世纪广场南侧,是中国第一个以展出陨石雨为专题的博物馆。

　　据报道:1976年3月8日——三八国际劳动妇女节那天的下午15时许,随着一阵震耳欲聋的轰鸣,犹如天女散花,一场世界历史上罕见的陨石雨,降落在中国吉林省吉林市北郊。其中,一号陨石落在吉林省永吉县桦皮厂公社靠山村(现更名为金家村)十队村东。陨落点的地理坐标为东经126°12′52″,北纬44°01′31″。一号陨石穿过了6.5米深的土层(斜距),在砸入冻土层的过程中,受阻破裂。

　　一号陨石主体部分重1170公斤,呈棕黑色,上有气印,是吉林陨石雨中最大的,也是目前全世界所保存的石陨石中最大的,为世界级的资源实体。其余碎块重约600公斤。主体标本上有数条平行的、处于不同发育阶段的熔沟。

（此图和说明来自吉林市陨石博物馆）

（此图和说明来自吉林市陨石博物馆）

　　吉林陨石降落在吉林市和永吉县附近方圆500平方公里的范围内。当时共收集到陨石标本138块，碎块3000余块，其最小一块落入一农夫背后的柴堆内。收集到的陨石总重2616公斤。

　　吉林陨石就其数量、重量、散落范围以及科技含量，在世界上都是罕见的。

　　经测定，吉林陨石的母体原是太阳系火星与木星之间小行星带中的一颗行星，年龄约为46亿年。大约在800万年前，在运行时和其他星体相撞，发生了一次大爆裂，脱离出小行星带而落到地球表面。

　　据科学分析，吉林陨石属于橄榄石，即古铜辉石球粒陨石。它由近40种矿物组成，含有18种元素，是极为珍贵的宇宙样品。

　　吉林陨石雨降落时，铺天盖地，呼啸之声几百里以外清晰可闻。落地的巨响和震波，震碎了无数居民住宅的玻璃窗。场面之宏大，威力之巨猛，如同原子弹。然而，竟无一人一畜的伤亡，可谓一奇。

　　吉林陨石雨软棱之大，重量之巨，数量之多，形状之奇，标本收集之丰均居世界首位，它为当代世界科学界带来了大量宇宙信息，是关东大地旅游观光的一道独特景观。

　　据说，谁看眼这位天外来客，谁就会鸿运当头。

图书在版编目（CIP）数据

东方之梦松花湖 / 王天祥著. –– 长春：吉林文史出版社, 2016.9
ISBN 978-7-5472-3354-2

Ⅰ.①东… Ⅱ.①王… Ⅲ.①湖泊－介绍－吉林市Ⅳ.①K928.43

中国版本图书馆CIP数据核字(2016)第192462号

DONGFANGZHIMENGSONGHUAHU

书 名	**东 方 之 梦 松 花 湖**
著 者	王天祥
出 版 人	孙建军
责任编辑	程 明
封面设计	李岩冰 张 娜
制 版	王丽洁
出版发行	吉林文史出版社
电 话	0431-86037509
地 址	长春市人民大街4646号 邮编：130021
网 址	www.jlws.com.cn
印 刷	长春市彩王星印刷有限公司
开 本	720mm×1000mm 1/16
印 张	20.5
字 数	380千
版 次	2016年9月第1版 2016年9月第1次印刷
书 号	ISBN 978-7-5472-3354-2
定 价	40.00元